영어공부 어떻게 할까

영어 사용 설명서

늘지 않는 영어에 대한 마지막 해답을 찾다!

영어공부 어떻게 할까

영어 사용 설명서

이광희 지음

한국문화사

영어공부 어떻게 할까

영어 사용 설명서

1판 1쇄 발행 2018년 1월 12일
1판 2쇄 발행 2024년 2월 28일

지 은 이 이광희
펴 낸 이 김진수
펴 낸 곳 한국문화사
등   록 제1994-9호
주   소 서울시 성동구 아차산로49, 404호(성수동1가, 서울숲코오롱디지털타워3차)
전   화 02-464-7708
팩   스 02-499-0846
이 메 일 hkm7708@daum.net
홈페이지 http://hph.co.kr

책값은 뒤표지에 있습니다.
잘못된 책은 구매처에서 바꾸어 드립니다.
이 책의 내용은 저작권법에 따라 보호받고 있습니다.

ISBN 978-89-6817-592-3 03740

오류를 발견하셨다면 이메일이나 홈페이지를 통해 제보해주세요.
소중한 의견을 모아 더 좋은 책을 만들겠습니다.

머리말

'영어를 잘하려면 어떻게 해야 하나요?' 살면서 가장 많이 받았던 질문 가운데 하나입니다. 사실 그것은 필자가 늘 스스로에게 던졌던 의문인 동시에 오랜 세월 가르침을 주신 스승님들께 끊임없이 드렸던 질문이기도 합니다.

수업을 하다 보면 의도한 것은 아니지만 학창 시절에 겪은 영어 공부의 좌절, 극복, 성공, 뭐 이런 얘기를 가끔 들려줄 때가 있습니다. 그럴 때마다 사뭇 진지해지고 심지어 숙연해지기까지 하는 학생들의 반응이 정말 인상적이었습니다. 그리고 곧바로 이어지는 그들의 놀랍도록 무서운 집중력…. 참 흥미로운 연결이라는 생각을 했습니다. 언젠가 이 이야기들을 정리해서 책으로 펴내야겠다는 마음을 먹게 된 계기가 되었지요. 말하자면 이 책은 '한 언어로서의 영어, 그리고 그 학습에 관한 이론과 실제'에 관하여 어느 보통의 학습자가 먼저 겪은 경험의 소산이라고 할 수 있겠습니다.

영어 공부에 지름길이 있다고 한다면 별로 동의할 생각이 없습니다. 학습자의 연약한 마음을 교묘히 이용한 방법들은 부질없는 희망과 쓰린 좌절감을 가져다줄 가능성이 크기 때문입니다. 하지만 포기하기에는 너무 이릅니다. 지름길이야 없을지언정 가야 할 길은 분명히 있는 까닭입니다. 아무쪼록 이 책이 그 가야 할 길을 정도(正道)로 믿고 찾으려 하는 이들에게 조금이라도 도움이 된다면 더 바랄 것이 없겠습니다.

지은이 씀

차례

- 머리말 / v

PART 1 ___ 소리 - 듣기와 말하기

귀를 뚫는다는(?) 것 1 - piercing 아님!	3
귀를 뚫는다는(?) 것 2	11
귀를 뚫는다는(?) 것 3	22
영어의 시작 - 발음기호	28
영어를 영어답게 - 억양	36
분절음과 파닉스	44

PART 2 ___ 밑천 - 어휘

생짜배기와 무데뽀	51
우리는 생각하는 동물이다	60
핵심의미와 확장	68
핵심의미 파악훈련 1 - 우려내기	74
핵심의미 파악훈련 2 - 어원분석	81
완벽한 동의어는 없다!	87

PART 3 ___ 규칙 - 문법

5형식. 득(得)인가 독(毒)인가? - 그리고 우리에게 문법이란?	97
감각동사 다음에는 형용사만?	106
명사, 관사에 관한 오해와 진실	112
want to는 항상 wanna로?	119
어휘와 문법의 상관관계	124

뒤가 중요한 것이여! 129
관계대명사 - 확인이냐 추가냐? 134
If ~ will - 틀렸으니까 틀렸다? 139
가정법의 진실 (심화편) 146

PART 4 ___ 문자 - 읽기와 쓰기

두 가지 정보처리 모델 155
살짝 무거운 것으로 선택 161
담화와 은유 168
INPUT과 OUTPUT 177
칼럼으로 배우는 영어 I - Language 186
칼럼으로 배우는 영어 II - Human Body 195
칼럼으로 배우는 영어 III - The Earth 203
칼럼으로 배우는 영어 IV - Animals 209
칼럼으로 배우는 영어 V - American History 215
칼럼으로 배우는 영어 VI - The Universe 221
칼럼으로 배우는 영어 VII - Fine Arts 228
칼럼으로 배우는 영어 VIII - Education 236
칼럼으로 배우는 영어 IX - Life & Society 247

PART 5 ___ 상식 - 영어사

[æsk, 애스크]와 [ɑsk, 아스크] 255
간추린 영어사 I - 인구어, 게르만어, 그리고 영어 259
간추린 영어사 II - 고대영어 시대 265

간추린 영어사 Ⅲ - 중세영어 시대	271
간추린 영어사 Ⅳ - 현대영어 시대	277

PART 6 ___ 기타 - 생각들

국보 1호는 한글이다	287
스스로에 대한 확신	294
토종이냐 수입이냐	300
혹시 우리 애가 천재?	303
외국어 간 학습 난이도 - 어문학계열 적성 테스트	309
사회지도층과 공인	313
양단간(兩端間)	316

• 부록/ 절대어휘 2000   319

PART 1

소리 - 듣기와 말하기

귀를 뚫는다는(?) 것 1
- piercing 아님!

이야기의 시작

불행인지 다행인지 저는 고등학교 정규 과정을 끝까지 마치지 않았습니다. 그럴 수밖에 없었던 이유야 여러 가지가 있었겠지만, 지금에 와서 되짚어 생각해 보니 꼭 잘했다고만은 할 수 없을 것 같습니다. 다행히 학업을 다시 시작할 수 있게 해준 나라의 학력 인증 제도가 있었기에 망정이지, 아니면 영어학 박사니 영문과 교수니 하는 지금의 모습은 상상조차 못 했겠지요. 그러니 혹시 이 책을 읽고 있는 독자 가운데 여건이 어려워 학업이든 뭐든 그냥 놓아버릴까 하는 분이 있으시다면 다시 한번 신중하게 잘 생각해 보시길 권유하고 싶네요. 누가 그랬다지요. 죽을 것처럼 힘든 순간도 포기하지 않고 견디다 보면 어느새 다 지나가 있고 아름다운 추억으로 남게 된다고요. 제 영어공부를 얘기를 하려다 보니 끄집어낸 옛날 일이었네요. 그 얘긴 이쯤 하기로 하지요.

'S종합영어'와의 만남

검정고시로 고졸 학력을 간신히 만들어 놓으니 입영 통지서가 날아왔습니다. 가야지요, 뭐. 그렇게 시간이 흐르고 군대를 다녀와서 1995년 영문과에 입학하기 전 영어는 놓지 않고 계속 공부했던 것 같습니다. 어디 가서 실력을 측정할 곳은 없었지만 영어라고 하면 은근 꽤나 자신이 있었거든요. 사실 그 자신감은 어느 한 권의 책에서 비롯되었습니다. 제 또래의 분들이라면 아마 대부분 기억하실 건데요, '성문종합영어'라고 지금도 견실히 존재하는 책이지요. 이래저래 한 열 번 정도는 본 것 같습니다. 나중에 영문과를 졸업하고 입시학원에서 이 책을 강의했었는데 참 감개무량하더군요. 저는 지금도 저의 영어를 만들어준 디딤돌 가운데 하나로 이 책을 꼽는 데 주저하지 않을 수 있습니다. 게다가 저자이신 고 송성문 선생님께서도 국보급 문화재를 국가에 기증하시는 등 훌륭한 일을 많이 하셨다 들었습니다. 여러모로 지면을 빌려 다시 한번 감사드립니다. 지금도 종합영어는 제 방 책장 좋은 자리에 고이 잘 모셔져 있답니다. 근데 놀라운 사실 중의 하나는 주변의 많은 선배 교수님들도 과거 자신의 소중했던 그 비밀스러운 학업 일지에 저와 마찬가지로 이 책의 존재를 은밀히 잘 간직하고 있더라는 것입니다.

종합영어의 위력

영문과 1학년 때였습니다. 원래는 학력고사를 치러야 했던 세대의 사람이 군대를 다녀와서 24살에 수능이라는 바뀐 입시 체제로 입학을 했으니 많이 어색했죠. 아래위로 열 살은 사회에서는 다 친구라고들 하지만, 10대 20대만 하더라도 한 살이 크지요. 그런 까닭에 나이 어린 스무 살짜리 동기들은 저를 아저씨처럼 대했습니다 (지금이야 뭐 같이 늙어가네요... 연락들 좀 하쇼). 그렇게 시간이 흘러가다 마침내 첫 중간고사 기간이 되었고 우리는 그때의 모든 대학 신입생들처럼 교양영어라는 과목의 시험을 보게 되었습니다. 영문과를 비롯한 전체 1학년들이 같은 시험을 보게 되었는데요, 당시의 교양영어는 기억하시다시피 독해와 문법이 위주를 이루었습니다. 절대 만만치 않았죠. 게다가 독해는 수능영어와는 차원이 본질적으로 다른 아주 고답적(archaic)이고 형이상학적(metaphysical)인 에세이식 글들의 잔치판이었습니다. 수능 시행 2년차의 95학번 동기들은 개요 파악 위주의 공부만 하다가 갑자기 사상과 철학 등의 추상적이고 관념적인 내용에 정신을 못 차리는 것 같았습니다. 근데요, 이상하게도 저는 할 만하더라구요. 전체 평균보다 제 성적은 거의 20점 정도 높았던 기억이 납니다. 상대평가로 순위를 매겨보니 거의 탑이었지요. 저는 그 공을 아직도 '성문종합영어'라는 책으로 돌리는 데 있어서 조금도 망설이지 않을 확신이 있습니다. 만일 지금 그 책을 공부하고 있는 분이 있으시다면 진짜 열심히 하라고, 정말로 괜찮다고 말해주고 싶습니다. 물론 저는 해당 출판사의 누구와도 일면식이 없습니다.

아! CNN – 종합영어의 한계

그런데 문제는 젊은 유학파 출신 이(李) 모 교수님 시간에 발생했습니다 (세상일 참 알 수 없지요. 이후 저도 모교의 교원이 되어 그때 그 스승이셨던 이 교수님과 책도 내고 유튜브, K-MOOC 강좌도 공동으로 제작했으니 말입니다). 과목명이 뭐였더라. 20년도 넘은 일이라 기억이 잘 안 나길래 예전에 발급받은 성적증명서를 보았습니다. '언어연습1'이라는 과목이고 성적도 괜찮았네요. 쑥스럽지만 성적표까지 공개하면서 이 얘기를 하는 것은 그때의 기억이 지금까지도 너무나도 큰 충격으로 남아있음을 생생하게 전하기 위함입니다.

성명: 이광희			생년월일: 19**년		
인문과학대학			영어영문학과		
교과구분			교 과 목 명	학점	학점
주전공	전공	전공			
			1995년도 1학기		
1.22			영어회화 1-1	2.0	A+
1.22			언어연습1	1.0	A+
1.22			영미단편소설	3.0	A0

열정이 넘쳤던 그 유학파 교수님은 인문관 1층 시청각실에서 진행되었던 강좌의 학기 첫 시간에 'VHS 비디오테이프'를 하나 들고 오셨습니다. 요즘은 파일을 USB에 담아오든지 아니면 클라우드(cloud) 등의 웹하드에 저장을 했다가 수업 시간에 끄집어내서 쓰겠지만, 그래도 그때는 그 묵직한 플라스틱이야말로 구하기도 힘든 최고의 시청각 자료였지요. 딱 틀어 주시는데, 웬걸.... 쏼라~ 쏼라~ CNN 뉴스 방송이 나오지 않겠습니까? 한 2분 정도 지났을까요, 교수님은 들은 내용을 요약해서 적어 내라는 겁니다. 정말이지 황당 그 자체였습니다. 볼때기며 귓불이며 얼마나 빨개졌던지요. 고개를 푹 숙인 채 한참을 망설이다 주위를 둘러보았습니다. 주재원이나 외교관인 부모님을 따라 외국에서 살다 온 특별한 신분의 특례 입학 친구들 두서너 명 빼고는 다 저하고 별반 차이가 없는 것처럼 보였습니다. 혹시 수능영어 앞부분에 있었던 듣기평가를 기억하시나요? 아무런 잡음이 없는 완벽하게 방음이 이루어진 녹음실에서 그것도 목소리가 너무나도 좋고 게다가 정통 아메리칸 표준영어를 구사하는 원어민의 그 티 없이 맑은 음성을 말이지요. CNN은 말이죠, 이건 뭐, 완전

딴판이었습니다. 그림을 보니 기자가 등장하고 거리에서 누군가를 취재하는 것 같기는 한데, 옆으로 차는 빵빵거리며 시끄럽게 지나가고, 더군다나 입에다가는 무슨 모터를 달았는지, 말은 또 어찌나 빨리하던지요. 저에게 그토록 힘과 용기를 주었던 그 종합영어는 미안하게도 이 시간 아무런 능력도 발휘하지 못하고 있었습니다.

나름의 분석

무엇이 문제였을까요? 대부분의 영문과 신입생들이 그러하듯 수능영어 성적은 완벽했는데 말이지요. 일단 두 가지의 분명한 사실이 관찰됩니다.

> 첫째, 아무런 잡음이 없는 녹음실에서 비영어권 화자를 측정하기 위해 담아진 인위적인 소리는 실제로 현장에서 들을 수 있는 소리와는 거리가 있었다.
> 둘째, 읽고 쓰는 문어체[문자] 영어(written English)의 꽤 높은 수준이 사실은 그보다 오히려 더 쉬울 수 있는 구어체[음성] 언어(spoken English)의 수준으로 자연스럽게 연결이 되지 않았다.

결국, 저는 CNN을 극복하기 위해서 이 두 문제를 해결해야만 했습니다. 즉, '현장감 있는 영어를 일단 들을 수 있도록 해야 하겠다'라는 것이지요. 다시 말해 문자 언어와 음성 언어가 저의 뇌 속에 함께 공존하도록 하는 어떤 수단을 취해야만 했던 것입니다.

당시 집 TV에 CNN 대신 주한미군방송인 AFKN이 흐릿하게 나오기는 했습니다. 하지만 소용이 없었습니다. 화질이 좋지 않은 데다 하나도 들리지 않았고, 또 군대 방송이라는 편견이 너무 큰 바람에 학습의 동기가 제대로 유발되지 않았기 때문이었죠. '차라리 영문과에 오지 않았더라면 어땠을까' 하는 후회마저 들었습니다. 그렇게 대학 생활을 시작하자마자 저는 엄청나게 큰 난관에 봉착하였고, 한동안 좌절감과 무기력감에 빠져 갈피를 못 잡은 채 이리저리 방황하게 되었습니다.

그렇지만 대학도 가뜩이나 늦게 들어간 마당에 이제는 돌이킬 수가 없었습니다. 그다지 명석한 머리도 아니었고, 언어 습득의 결정적 시기(critical period)라고 하는 차원에서 볼 때도 한참이 지난 나이였지만, 어떻게든 전공자로서 반드시 극복을 해야만 했습니다. 사실 그 극복의 과정이야말로 제 주변의 많은 사람이 시도 때도 없이 제게 물어오는 '영어를 어떻게 하면 잘하나요'라는 질문에 대한 의미 있는 답이 될 것 같기도 하네요.

'찍찍이'의 추억

수업이 끝난 어느 날 오후, 맥주나 한잔 하자는 친구들 틈을 몰래 빠져나와 한양대역에서 지하철 2호선을 타고 시청으로 갔습니다. 교보문고를 가기 위해서였지요. 뭔가를 해야만 했으니까요. '다락원'에서 나온 'CNN라이브'라는 월간 잡지였는데 CNN 뉴스의 스크립트와 방송을 녹음한 카세트테이프를 묶은 형식이었습니다. 참 소중한 만남이었지요. 나중에 영어 강사가 되었을 때도 저는 그때의 자료를 바탕으로 CNN 강의를 많이 했으니 말입니다. 이후에는 제가 강사로도 10년 넘게 활동한 ㈜YBMnet(당시 YBMsisa)의 월간 학습지 'CNN ez'를 정기 구독하기도 했었구요. 요새는 CNN 홈페이지에서 학습용 콘텐츠를 무료로 제공하기도 하더군요. 정말 순식간에 세상이 완전히 달라진 것이지요. 아무튼 집으로 돌아오는 발걸음이 많이 설레었습니다.

일단 테이프를 미니 카세트 플레이어에 넣고 틀어보았지요. 솔직히 yes, no, but, you know, I mean, sorry, thank you … 뭐 이런 말 빼고는 거의 하나도 안 들렸습니다. 어차피 큰 기대는 안 했지만, 어쨌든 그날은 너무나도 속이 상해 그냥 잤습니다.

다음 날 비장한 마음으로 학교에 갔습니다. 가는 내내 어떻게 이 CNN이라는 녀석을 정복할 것인가에 대한 깊은 고민뿐이었지요. 오후 수업이 끝나자마자 지하에 있었던 인문대도서관 (저희는 그때 그곳을 '인도'라고 불렀습니다) 으로 갔습니다. 그리고 일부 청취 고수들 사이에 유명했던 이른바 '찍찍이'를 처음으로 하기 시작했습니다. 테이프를 틀어놓고 받아 적기를 시도하는데 못 들은 부분이 있으면 재생 도중 계속 되돌리기(▶▶) 버튼을 반복해가며 '찍~' 소리가 나도록 누르는 것이지요. 저는 지금도 기회가 닿을 때마다 영어 청취 관련 강의를 무척 선호하는 편인데요, 요즘은 노트북이나 스마트폰을 사용해서 무한반복이나 구간반복을 힘들이지 않고 할 수 있으니 얼마나 편한지 모릅니다. 근데 그때는 그 '찍~' 소리 때문에 귀가 다 얼얼할 정도였습니다. 자다가도 '찍~' 하는 환청인지 꿈인지를 많이 겪었습니다. 겨우 한 단락짜리 뉴스 대본이었는데요, 한 백 오십 단어쯤 됐겠네요. 교재에 나와 있는 스크립트를 어떻게든 보지 않고 다 적어보기로 했지요. 전공자로서 밝히기 힘든 부끄러운 고백이지만 지금도 분명히 기억합니다. 오후 4시에 들어가서 저녁 먹고 조금 빈둥거린 시간은 있

차마 버릴 수 없는 추억인지라 지금도 책상 서랍에 보관 중인 찍찍이(?)들과 당시 보던 월간 학습지 중의 하나. 위 사진의 기기는 한참 이후의 것들로 초기에 사용하던 한 5대 정도는 과다 사용으로 인해 망가졌음.

PART 1 소리 - 듣기와 말하기 | 9

었지만, 지하철 마지막 열차를 타고 서울 양천구에 있는 집으로 돌아오기까지 6시간 이상을 낑낑대었습니다. 다 받아 적었을까요? 군데군데 이빨이 빠진 양 끝끝내 받아 적지 못한 말들이 수두룩 했구요. 억지로 받아 적은 단어조차도 나중에 되짚어 사전을 찾아보았더니 영어 어휘 목록에 존재하지도 않는 말이었습니다.

  그때의 그 경험과 당혹감, 절대 잊을 수 없는 기억이었죠. 영어 선생이 되고 나서 한 몇 년 있다가 도저히 안 되겠다 싶어 대학원에 진학해서 언어 습득론 및 교수법, 그리고 영어학의 각 분야에 걸친 최신 이론을 공부하는데 그때의 그 일이 문득문득 떠오르더라구요. 도대체 무엇이 문제였을까요?

귀를 뚫는다는(?) 것 2

인접한 소리는 지지고 볶인다

조금 과장이 되긴 하겠지만 살짝 실험을 하나 할게요. 다음에 들려드리는 아주 짧은 영문이 무엇일까요? 물론 책이라 소리가 안 나니, 전 세계와 시대를 통틀어 길이길이 빛나는 최고의 문자 시스템인 세종대왕님의 우리말 '한글'과(p. 287 '국보 1호는 한글이다' 참조), 보통은 우리가 발음기호라고 부르는 소위 국제음성기호(IPA: International Phonetic Alphabet), 이 두 가지를 이용해 볼게요.

[아~슈레빈더 ㄹ~]
[aʃuɾɛbindər]

잠깐 옆으로 새서, 이참에 말씀드리면, 발음기호는 꼭 제대로 익혀 놓으세요. 보통 영어사전의 커버 안쪽에 잘 설명이 되어 있습니다. 혼자 하지 말고 누군가의 도움을 받아 자기 것으로 반드시 소화를 해두기 바랍니다. 아니면 부족하지만 이 책의 어설픈 가이드를 받아도 좋구요.(p. 32 '발음기호' 참조) 그 정도는 이미 마쳤다구요? 그러면 위의 발음기호 중에서

[ɾ]로 표시된 것도 아시나요? 일반영어 학습자로서 이 정도 알면 그동안 꽤 잘 배워 왔다고 보면 됩니다. 이거는요, '설탄음(flap)'이라고 하는 것으로 간단히 말해 water를 [워터]가 아니라 [워러], waiter를 [웨이터]가 아니라 [웨이러]와 같이 굴려서 발음할 때 들리는 우리말의 그 'ㄹ' 비슷한 소리에 해당한다고 생각하면 됩니다. 미국영어를 공부할 때는 사실 상당히 중요한 소리 가운데 하나이지요. 아무튼 그렇다 치구요, 좀 전에 제시하였던 문장을 다시 빨리 발음해 보세요. 무슨 내용일까요? 이제 정답을 드리지요. 바로 다음 문장을 미국식 영어로 빨리 읽어본 것이랍니다.

> I should have been there.
> 내가 거기 갔어야 했는데.

학교 다닐 적에 시험 참 많이 보았던 구문이지요? 우리가 달달 외우고는 했던 '과거에 이루지 못한 일에 대한 후회, 유감, 미련 등'을 나타내는 바로 그 'should have p.p.' 구문입니다. 그런데 그렇게 시험도 많이 보고 별표하고 형광펜 칠하며 암기했던 그 익숙한 구문이 안 들렸다면, 그것은 필시 여러분의 머릿속 깊숙한 곳에서 다음과 같은 너무나도 어색하게 서로 단절된 소리들이 제각각 메아리치고 있었기 때문일 것입니다.

> [아이 슈드 해브 빈   데얼~]
> [ai ʃud hæv bin   ðɛər]

그러나 불행히도 실제로 이렇게 말하는 미국인은 아무도 없답니다. 왜 그럴까요? 사실 '구문(structure)'이라는 게 무엇이겠습니까? 그것은 화자(speaker)들이 즐겨 쓰는 고정되고 익숙한 표현들의 뭉치입니다. 그리고 즐겨 쓰는 익숙한 표현은 많이 써서 닳고 닳게 되어 있습니다. 소위

'빈도 효과(frequency effect)'에 의해 자주 사용되는 소리의 연쇄는 갖가지 변화를 겪게 되는 것이지요.

말할 수 있으면 들을 수 있다

'아! 어째 영어만 이럴까'라며 한탄하거나 분노해 할 필요가 전혀 없습니다. 그렇다면 우리말을 예로 들어보지요. 좀 이상하게 들릴지 모르겠지만 영어가 이해가 안 될 때에는 우리말을 생각해 보면 이해하기 쉬울 때가 많습니다. 그것은 양자가 모두 인간의 언어라고 하는 공통 범주에 속하기 때문에 서로 공유하는 원리가 있기 때문입니다. 참 신비로운 일이죠. 자, 다음에 제시된 우리말을 한번 봅시다.

　그러니까 있잖아…

여러분들은 위의 우리말을 어떻게 읽으시나요? 사람마다 여러 가지 버전이 있을 줄로 압니다. 남성과 여성이 조금 다를 것이고, 격식을 차린 정도에 따라 누구와 대화를 나누느냐에 따라서도 다를 터이고, 당연히 경상도, 전라도 등 지역에 따라서도 조금씩 다를 것입니다. 학교에 가면 각지에서 모인 영문과 학생들 덕분에 필자는 다양한 소리들을 들어볼 수 있었습니다. 기억나는 일부를 소개하면 다음과 같습니다.

　　a. [그니까이짜나]
　　b. [그이까(이)짜나]
　　c. [긍까짜나]
　　d. [(응)까짜나]

a에서 d로 갈수록 변화가 더 심하다고 느껴지네요. 뭐 이 책이 전문적으로 국어 음성학을 다루고 있는 서적은 아니니 너무 따지지는 말구요, 아마 대충들 동의하시리라 생각합니다. 그런데요, 재미있는 것은 이 소리들을 한 번 적어 보라고 시켰더니요, 한명도 빠짐없이 또박또박 '**그-러-니-까있-잖-아**'로 한결같이 적더라는 것입니다. 사람이 내는 소리(sound)라고 하는 것이 무엇입니까? 허파에서 발생한 기류(airstream)가 후두(larynx)와 구강 기관을 거치며 잠시 막히기도 하고 또 때로는 마찰을 일으키며 공기를 진동시키는 일종의 생리적, 물리적 현상이지 않습니까? 위에서 본 a~d는 그 물리적 소리를 그대로 옮겨 적은 것입니다. 그러나 우리의 뇌는 그 물리적 소리를 '그러니까 있잖아'로 우리의 언어 체계 속에서 다시 기호화하여 재해석하고 있었던 것입니다. 자, 바로 여깁니다. 아까 I should have been there를 다시 불러 옵시다. 원어민이 내는 자연스러운 속도의 발음이 들리지 않았던 것은 우리가 지금까지 이 과정을 거꾸로 하고 있었기 때문입니다. 실제로 들을 수 있는 원어민들의 발성 기관에 의한 물리적 소리를 전혀 경험하지 않은 상태로 한 단어씩 또박또박 게다가 그것도 한국어 시스템으로 생각되는 소리만을 고집스럽게 기대하고 있었으니 그 격차로 인해 실제의 소리가 들릴 리가 만무하지요. 중고교 학창 시절 연세가 지긋하신 영어 선생님의 [아이 슈드 해브 빈 데어르~]를 얼마나 열심히 따라했던지. 요즘 말로 정말이지 웃픈(?) 추억이 아닐 수 없습니다.

글쎄요, 한 번씩 그런 일이 일어나면 좋겠는데요. 기대하고 계세요. [아~슈레빈더~]가 여러분의 머릿속에 꽤 오랜 반복과 연습을 통해 체득되고 각인되었다고 합시다. 중얼거리다가 마침내 입 안 근육에 기억이 된 것이지요. 그러던 중 미국 드라마나 영화를 보다가 어느 날 갑자기 I should have been there라는 원어민의 대사가 귀에 확 들어올지도 모릅니다. 깜짝 놀라실 거예요. '어, 어거 들리는데?' 왜 그럴까요?

원어민처럼 말할 줄 아니까 들리기 시작하는 겁니다. 역설적으로 들릴지 모르겠지만 듣기(listening)는 말하기(speaking)로 최종 완성될 가능성이 높습니다. 이는 전문가들에 의해 이론상으로도 많이 논의되고 또 상당 부분 검증된 얘기랍니다. 마찬가지 차원에서 보면, 기억해서 스스로 쓸 수 있는 표현과 구문은 다른 텍스트에서도 반드시 쉽게 읽어지게 되어 있습니다. 읽기(reading)는 쓰기(writing)로 완성되는 것이지요. 말하자면 쓰고 말하는 생산 기능(production skill)이 오히려 읽고 듣는 이해 기능(comprehension skill)을 강화시켜 줄 수 있다는 것입니다.

원초적 본능과 그것을 찾아 줄 코치

그런데요, 사실 좀 절망일 수 있습니다. 원어민처럼 발음하는 것은 좋은데 어떻게 그 수많은 갖가지 문장들의 소리 변화를 다 익힐 수가 있느냐는 것이지요. 그렇지만 실망은 이르구요, 이렇게 한번 비유를 들어보겠습니다. 혹시 여러분 주변에 외국행 비행기를 단 한 번도 안 타봤는데 영어 발음이 원어민과 구별이 안 될 정도로 무지하게 좋은 친구들이 있으신지요? 아, 그러고 보니까 한 둘 있다구요? 그렇죠, 제법들 있을 겁니다. 좋습니다. 그러면 어떻게 그들은 그렇게 될 수 있었을까요? 수십만 영어 단어의 모든 조합과 그 소리의 연쇄를 일일이 기억할 만큼의 엄청난 메모리의 소유자라서 그럴까요? 절대 그렇지 않습니다. 그들도 처음에는 무척이나 당황해했을 것입니다. 그러다가 전혀 체계적이지 않게 어느 때부터인가 하나씩 하나씩 인접한 소리의 변화들을 체득해 나가기 시작했을 것입니다. 아마 그렇게 되고 있는 줄 자신도 몰랐을 겁니다. 시간이 흐르고 언제부터인가 자신도 모르게 그 작동 원리가 뇌와 목구멍과 입과 코에 스며든 것이지요. 사람마다 차이는 있겠지만 여러분들도 꽤나 영어공부를 하셨을 테니 한 번 물어보지요. 자, 다음 문장을 어떻게 읽으시나요?

> Glad to meet you.
> a. [글랫 투 미트 유]
> b. [글래 터 미~츄]

다른 것은 놔두시고 a와 b에서 밑줄 친 부분만 보세요. 코웃음을 치며 '나는 당연히 b처럼 읽지'라고 답할 겁니다. [미트 유]라고 또박또박 읽지 않고 어째서 [미~츄]라고 읽을까요? 중고등학교 때 영어선생님이 그렇게 읽으라고 시켜서 그럴까요? 그 기억이 너무 강렬해서 도저히 잊어지지 않는 것일까요? 그렇지 않습니다. 물론 처음에는 선생님의 가이드를 따라서 했을 수는 있지만 b처럼 읽는 것이 원어민, 한국인을 따질 것 없이 동일한 구강 기관을 소유하고 있는 우리 인간의 생물학적 본능에 더 부합하는 것이기 때문입니다. 이는 마치 '굳이'라는 우리말을 [구지]로 읽는 것과 마찬가지 원리입니다. 언어학에서는 이런 현상을 '구개음화(palatalization)'라는 어려운 말로 설명을 하지요. 여러분들도 한번 쯤 들어보셨을 겁니다. 많은 사람들이 '굳이 [구지]'를 보고 'ㄷ'이 'ㅈ'으로 바뀌는 현상이 구개음화라고 생각하기 쉽죠. 근데 그게 아니구요, 구개음화라는 것은 뒤따르는 모음인 '이' 소리로 인해서 혀끝이 윗니의 뒷부분에 접촉하여 생겨난 발음이던 'ㄷ'이 입천장의 보다 뒤쪽에 위치한 딱딱한 구개(palate) 쪽으로 밀려나가 'ㅈ' 소리가 된 현상을 일컫는 것입니다. 마찬가지로 영어에서도 다시 meet you를 보면 you를 시작하는 '이' 소리가 앞 단어의 마지막 자음인 혀끝소리 [t]에 영향을 미쳐 [tʃ, 취]처럼 구개 쪽으로 밀리게 한 것이지요. 정리하자면 한국어, 영어 할 것 없이 구개음화란 뒤따르는 '이' 소리의 영향으로 어떤 음이 구개 쪽으로 이동하는 작용을 말한다 이겁니다. 너무 재미없고 복잡한 얘기 같지요? 그런데요, 중요한 것은 구개음화라고 하는 이 복잡한 구강 내 메커니즘을 우리의 본능이 자연스럽게 수용한다는 것입니다. 일자무식의 원어민일지라도, 그래서 구개음화라는 말을 평생 한 번도 들어보지 못했을지라도, 그 원어민은 필요한 경우마다 너무나도 자연스럽게 이 구개음화된 소리를 낼 것입니다. 또 우리가 일상생활에서 '구개음화'라는 말을 사용하지 않는 것처럼 원어민들도 소위 생활영어에서 'palatalization'이라는 말을 사용하지 않는 것은 너무나도 당연한 얘기입니다. 장난삼아 한번 해 보세요. [구지]로 발음하는 친구를 향해 '어, 너 지금 구개음화 현상이 네 입속에서 일어나고 있구나'라고 말한다면 그 친구는 과연 뭐라고 할까요?

어떻게 생각하세요? 그리 절망할 일은 아니라고 말씀드리려는 겁니다. 일단 얘기를 정리해 봅시다. 우리는 지금 잘 듣기 위해서 잘 말하려고 하고 있습니다. 그리고 예상치 못한 여러 가지 소리의 물리적 현상들이 등장하고 있습니다. 하지만 그것은 인간의 생물학적 구조에 비추어 어느 순간 우리가 받아들일 수 있는 사항들입니다. 하지만 자동으로 되는 것은 아니구요. 처음에는 이러한 제반 과정의 기저에 놓인 이론을 잘 인지하여 가르칠 수 있는 교사에게 정확한 훈련을 받는 것이 절대적으로 필요합니다. 원어민이라고 다 되는 것은 아닙니다. 어린아이 같으면 아직 그 두뇌에 입력된 내용이 별로 없어서 본능적으로 흉내 낼 수 있는 능력이 우리보다 훨씬 좋기 때문에 원어민이라는 이유만으로도 도움이 될지도 모르겠습니다. 하지만 우리는 성인이기에 이미 모국어 체계로 형성된 우리의 지식과 인지 능력을 최대한 활용해야 합니다. 비교하고 고찰하고 스스로 느낄 필요가 있다는 것이지요. 제대로 된 영어 교사라면 바로 이 과정을 도와주어야 하는 것입니다. 아무리 원어민이라 하더라도 언어학과 영어학에 대한 체계적인 지식이 없다면 별 도움이 안 되는 이유가 바로 여기에 있습니다. 전공자라는 것이 그래서 필요한 것이고 잘 훈련된 교사가 그래서 절대적으로 중요한 것입니다. 프로야구 선수에게 왜 코치가 필요할까요? 분명 그 선수는 현재 코치보다 훨씬 좋은 기량을 가지고 있을 것입니다. 그럼에도 불구하고 훌륭한 선수라면 코치의 말을 경청합니다. 그와 똑같은 원리입니다. 우리는 코치(잘 훈련된 전공 영어 교사)를 찾아야지 선수(배경이 불확실한 원어민)를 찾아서는 안 되는 것입니다.

영어의 주요 음운현상 (심화편)

한정된 지면에 다 얘기를 할 수는 없고 영어에서 꼭 알아야 할 몇 가지 주요 현상만 소개해 드릴까 합니다. 앞에서 우리는 머릿속에 생각하는 소리와 실제의 소리가 다르다는 것을 알아보았습니다. 이를 그림으로 나타내면 다음과 같습니다.

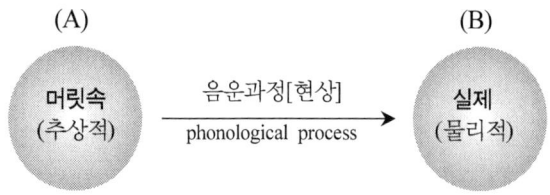

(A)는 머릿속에 추상적으로 생각되고 있던 발음입니다. 앞의 내용을 가져 오자면 [글랫 투 미트 유]에 해당하는 것이지요. (B)는 실제로 이 소리가 우리의 입에서 발현되는 물리적 단계입니다. [글래 터 미~츄]가 된 것이죠. 이걸 무슨 현상이라고 했지요? 그렇죠, 구개음화입니다. 이런 현상들을 중간에 있는 화살표의 음운과정(phonological process)이라고 하는 것입니다. 그러니까 원어민들은 본능적으로 자기네 나라 말의 음운 과정을 모두 알고 있는 것이고, 우리는 그것을 인위적으로 조금 배워서

학습의 속도를 진척시키려 하는 것입니다. 단, 이미 심화편임을 밝혀 놓았다시피 이 부분이 좀 부담스럽다 싶으시면 미련 없이 넘기시기 바랍니다.

(1) 동화(assimilation)

언어의 종류를 막론하고 음운현상의 대부분을 차지합니다. 앞서 보았던 구개음화(palatalization)와 설탄음화(flapping)도 사실은 동화의 일종입니다. 용어가 암시하듯 이웃한 말끼리 동화, 즉 닮아가는 현상입니다.

- 정도에 따른 분류
  - 완전동화(total assimilation)
    this show [ðis ʃou] → [ðiʃ ʃou]
  - 부분동화(partial assimilation)
    in court [in kɔrt] → [iŋ kɔrt]
    비음성은 그대로 유지하고 후속하는 [k]의 조음위치에만 동화
- 방향에 따른 분류
  - 순행동화(progressive assimilation)
    신문로 [신문노]
    open [oupən] → [oupm̩]
  - 역행동화(regressive assimilation): 대부분의 경우
    대관령 [대괄령]
    in court [in kɔrt] → [iŋ kɔrt]
    pancake [pænkeik] → [pæŋkeik]
- 설탄음화(flapping) [ɾ]
  - 강세모음과 비강세모음 사이에서
    fatty [fǽti] → [fǽɾi]
    I bought it [ai bɔ́t it] → [aibɔ́ɾit]

- 강세모음과 [l] 사이에서
  riddle [rídl] → [rirl]
  battle [bǽtl] → [bǽrl]
- 비강세모음 사이에서
  monitor [mánitər] → [manirər]
  comedy [kámədi] → [kaməri]

(2) 이화(dissimilation)

 동화(assimilation)와는 반대로 이웃한 소리를 서로 다르게 하는 현상입니다. 현대영어에서는 드문 현상인데, 주로 [ɚ] → [ə]의 현상을 말하는데요, 가령 surprise, thermometer에서 [r]을 빼고 [səpráiz], [θəmámitər]로 발음하는 것 등을 일컫습니다. 또 fifths [fifθs] 같은 단어를 발음해 보세요. [f], [θ], [s] 이렇게 연속된 세 개의 마찰음(fricative)은 아무리 원어민들이라도 한꺼번에 발음하기가 매우 힘듭니다. 그래서 일부러 소리를 바꾸어 [fifts, 피프츠]와 같이 발음한답니다.

(3) 탈락(deletion)

 중학교 시절 사전에서 본 clothes의 발음 [klouðz]가 안 되어서 혼난 적이 있는데 나중에 보니까 원어민들은 그냥 간단하게 [ð]를 탈락시켜 [klouz]라고 하더군요. 우리가 힘들면 그들도 힘들긴 마찬가지인 모양입니다. 또 아주 흔한 탈락으로 빠른 발음에서 강세 음절 앞의 [ə] 소리를 빼는 현상이 있습니다.

	천천히	빨리
parade	[pəreid]	[preid]
corrode	[kəroud]	[kroud]

suppose   [səpouz]   [spouz]

(4) 삽입(epenthesis)

우리말의 사이시옷 같은 현상이라고 생각하면 쉬운데요, 음을 첨가하는 것으로서 역시 발음상의 편리를 위한 것이지요.

something [sʌ́mθiŋ] → [sʌ́mpθiŋ]
length [léŋθ] → [léŋkθ]

(5) 치환(metathesis)

음들의 순서를 서로 뒤바꾸는 것으로서 이 역시 조음(articulation)상의 편리를 위한 것으로 빈번한 현상입니다. 아이들이 spaghetti의 발음을 어려워해서 [spəgéɾi]로 해야 할 것을 [pəsgéɾi]로 하는 것이 치환의 대표적 사례입니다. 어른들도 예외는 아닙니다. 원어민들 가만 보세요. '처방하다'라는 의미의 영단어 pre scribe와 그 명사 pre scription을 거의 대부분 뒤바꾸어서 per scribe와 per scription처럼 발음하는 것을 어렵지 않게 들어볼 수 있습니다.

어떠셨나요? 어려우니 읽지 않아도 된다고 하면 꼭 읽는 분들이 있더라구요. 하지만 짝짝짝~. 잘하신 겁니다. 사실 위에서 다룬 음운현상 정도만 알아도 영어를 영어답게 듣고 말하는데 상당한 도움이 됩니다. 알고 듣는 것과 모르는 상태로 계속 들어서 간신히 깨우치는 것 사이에는 엄청난 시차가 존재할 수 있음을 잊어서는 안 됩니다. 집에 앉아 가만히 삼라만상의 이치를 깨우치려 도를 닦는 것보다는 차라리 학교에 가서 검증된 교육을 받는 것이 아무래도 시간상 빠르지 않을까요?

귀를 뚫는다는(?) 것 3

진본성(authenticity)

 '진본성'이라는 것은 '**진짜 본토**에서 사용할 수 있는 **성질**'을 이릅니다. (말의 특징을 잡아 이해하기 쉽게 필자가 만든 설명으로 아주 틀린 것도 아님) 즉, 교실에서 배운 것을 실제로 가지고 나가 보았더니 잘 먹히더라 하는 것을 이르는 말이지요. 따라서 어떠한 교재가 되었든 또는 강의가 되었든 외국어교육이라는 것은 이 진본성에 관한 고려 없이는 논의 자체가 안 됩니다. 무엇이든 따로 노는 것은 좋지가 않잖아요. 앞에서 CNN 얘기를 꺼낸 이유가 바로 그겁니다. 말하자면 저는 다행스럽게도 대학교 1학년 때 교수님이 들고 오신 이른바 진본성 있는 교재(authentic material)의 충격 요법을 처음으로 우연히 받은 것입니다. 만일 그때 그 획기적인 제 인생의 사건이 없었더라면 저는 아마도 지금 매우 찝찝하게 '읽기는 되는데 듣기는 안 되는' 어정쩡하고 불안불안한 영어 선생 생활을 하고 있을지도 모르겠습니다.

흥미가 당기는 것으로

꼭 영어뉴스가 아니라도 됩니다. 영어 선생이 되어서도 저는 일부러 저 자신을 훈련하기 위해 청취 수업을 많이 잡았는데요, 어떤 학생들은 빌 게이츠(Bill Gates), 스티브 잡스(Steve Jobs), 버락 오바마(Barack Obama)와 같은 유명 인사들의 연설문을 배우면서 그야말로 부르르 떨더군요. 쉽게 감동하는 스타일이죠. 저는 좋은 거라고 생각합니다. 교육학 이론에도 나오는 얘기지만 사람이 너무 메마르면 사실 학습도 잘 안 됩니다. 순수하고 호기심 어린 자세가 아무래도 공부하기에는 좋지요. 또 어떤 학생들은 소위 '미드, 영드'라고 하는 외국 드라마에 푹 빠져 있던데요, 아, 글쎄 어느 틈에 보니까 영어가 가르치는 저 이상으로 쑥 늘어 있더라구요. 옛말에 좋아하는 사람 못 당해낸다는 말도 있지 않습니까? 그러니 영화가 됐건 요리 프로그램이 됐건 스포츠 중계가 됐건 일단 진짜 현지에서 사용되는 진본성 있는 자료로 꼭 도전을 시작해 보도록 하세요.

암기는 나쁜 게 아니에요

소위 학습법 강사들의 얘기를 가만히 들어보면 암기를 나쁜 것으로 취급하는 경우가 많던데, 저는 꼭 그렇게 생각하지 않습니다. 학문의 수준이 올라갈수록 암기하지 않고 모두 논리로 풀어서 이해한다고 생각하면 오산입니다. 영어영문학과 박사과정 학생들 노상 하는 게 뭔 줄 아세요? 제가 보기에 한 80%는 암기입니다. 종래의 이론에 대한 전반적 지식과 또 그것을 암기하는 과정 없이는 자신의 논문을 창의적으로 쓸 수가 없기 때문입니다. 제가 존경했던 학문적으로도 널리 알려진 한 교수님께서 한번은 사석에서 이런 말씀을 하시더군요. "이 친구야 나라고 어떻게 앉자마자 집중이 되나. 안 읽어지는 것을 억지로 외워가면서 한 세 시간 끙끙대야 비로소 머릿속에 닫혔던 문이 열리면서 창의력의 날개가 솟아나기 시작한다네." '아! 나만 그런 게 아니었구나.' 정말이지 다행이다 싶은 생각이 들며 그 이후 저는 더욱더 힘을 내서 학업에 정진하고자 노력했던 기억이 납니다. 여러분, 암기를 두려워하지 마세요. 그저 매우 좋은 겁니다. 연설을 잘하는 연사는 연설문의 대부분을 암기한 상태로 청중과 호흡하며 말하는 것이고, 강의를 잘하는 선생님은 50분 수업 내용의 대부분을 암기한 상태로 즉석에서 다양하게 응용해가며 학생들과 호흡을 맞추는 것입니다. 물론 내용에 대한 이해가 선행되어야 하는 것은 두말할 나위가 없겠지만요.

청취와 암기

근데 왜 이렇게 암기 얘기를 하느냐구요? 이게 청취 공부하고 직접적으로 관련이 있기 때문입니다. 이제부터 중요한 얘길 할 테니 잘 들어보세요. 그리고 사실 이것은 일부 저 자신의 얘기이기도 합니다. 앞에서 진본성있는(authentic) 교재를 택하라고 했습니다. 학교든 학원이든 동아리든 독학이든 아무튼 죽기 살기로 단어 다 찾아가면서 한 페이지 청취 공부를 했다고 칩시다. 그다음이 문제입니다. 대개의 경우 만족해하며 다음 페이지로 넘어갑니다. 그러면 절대 안 됩니다. 더 최악의 경우는 오늘의 공부는 여기서 끝이라며 내일을 기약하다가 삼일 사일 일주일 뒤로 미루어지는 것입니다. 그건 진짜 끝입니다. 평생 서점에서 새로운 교재만 사다 영어공부는 종 칠 가능성이 큽니다. 반드시, 뉴스라면 앵커, 드라마라면 배우를 최대한 흉내 내며 따라해 보시고 꼭 '암기'하십시오. 양이 중요한 게 아닙니다. 만일 반 페이지가 자신의 암기 가능 하루 용량

이면 그거만 하세요. 그게 차라리 낫습니다.

노량진에서 임용고시 대비 강좌를 운영할 때의 일입니다. 그때는 임용고시에 청취 항목도 있어서 저는 수업 실연 연습도 시킬 겸 일주일에 A4 한 장 분량의 CNN 대본을 나누어주며 살짝 지도해 주었습니다. 그리고 지나가는 말로 일 년 동안 한 오십 장 받게 될 텐데 웬만하면 외우도록 노력해 보라고 했나 봅니다. 꼭 그런 얘기를 흘려듣지 않는 친구들이 있지요. 오히려 제가 감동을 받았습니다. 진짜 다 외우려 했던 모양이에요. 그 친구는 나중에 수석 합격이라는 소식을 당당히 전해왔습니다.

그게 이렇습니다. A4 한 장이 약 3분짜리 대본이니, 산술적으로 50장을 외우면 3×50=150분, 즉 2시간 30분을 쉬지 않고 떠들 거리가 생기는 겁니다. 여러분 지금 영어로 한 1분만 말해 보세요. 됩니까? 바로 여기에 지극히 단순하면서도 무식한(?) 개인적 노력의 비밀이 숨어있는 것입니다. 자, 이제 외운 것을 글로 적어 보세요. 여러분은 A4 50장 분량을 적을 수 있는 막대한 내용을 보유하고 있는 것입니다. 그런데요, 우리 인간의 두뇌라는 게 참 희한하게도 외운 것을 그대로 말하거나 적지 않고 오히려 이리저리 응용해서 막 다른 내용을 만들어 낼 수가 있습니다. 그게 늘어가고 익숙해질수록 원어민의 직관(intuition)에 점점 더 근접해가는 것입니다. 그때쯤 영문법 책 괜찮은 거 하나 정독하면 시스템까지 완벽하게 갖춰서 비로소 영어 잘한다는 소리도 듣게 되는 겁니다. 만일 그와 같은 상태로 영어 면접을 본다고 생각해 보세요. 또는 영어 에세이를 쓴다고 생각해 보세요. 벌써 힘이 솟는 것 같지 않습니까? 학원에서 하는 것처럼 '이렇게 저렇게 대답하라, 이렇게 저렇게 쓰라…' 글쎄요, 말은 쉽지요. 실제 현장에 가면 후들거리는 느낌에 생각 하나도 안 납니다. 평상시 체득된 내용만 본능적으로 내가 뭘 말하는지 뭘 쓰는지도 모르게 나오는 겁니다. 그리고 면접관들은 그런 평소의 나를 관찰해서 합격점을 주게 되는 것입니다.

어떤 강사를 만나서 어떤 책을 만나서 영어를 정복한 사람은 아무도 없습니다. 우리는 잊고 있었습니다. 그 훌륭한 강사가 그렇게 되기까지의 노력이, 그 좋은 책이 그렇게 쓰이기 전까지의 인내가, 그 좋은 것을 좋게 되도록 만들었다는 사실을 말입니다. 그리고 노력과 인내는 실제적인 차원에서 암기와 엄청나게 관련되어 있다는 사실을 또한 말입니다.

모르는 말은 들리지 않는다

CNN 얘기를 가까운 사람들에게 가끔 해주었더니 사무실에서 노상 CNN을 틀어놓고 사는 친구가 있습니다. 물론 나쁜 것은 아닙니다. 영어라는 언어가 리듬이 있기에 그것에 익숙해지기 위해서는 이렇듯 신선한 내용으로 매일 귀를 적시는 것도 나쁘지는 않습니다. 그런데 저의 동창인 그 친구의 어휘력을 제가 잘 압니다. 이 자리를 빌려 말해주고 싶은 게 있네요. "친구야, 아무리 들어도 모르는 단어는 절대로 들리지 않는단다." 물론 같은 장면을 수백 번씩 보면 몇 개 정도 깨우칠 가능성은 있습니다. 근데 같은 장면을 우연히 몇백 번 볼 때를 기다리다가는 세월이 다 흘러가 백발이 될지도 모릅니다.

그렇기 때문에 '(1) 정해진 교재를 반복하며 매일 조금씩 대본 전체를 암기할 것인가 (2) 날마다 새로운 내용이 흘러가면서 귀를 적시도록 신선한 공부를 할 것인가'에 대한 답은 당연히 (1)번입니다. 그러니 이것 때문에 고민하지 마시고 (1)부터 시작해서 어느 정도 완성이 되었다 싶으면 (물론 엄청난 각고의 노력이 필요하지만) (2)의 과정으로 넘어가 그야말로 영어라는 것이 다른 문화를 익히는 하나의 도구로 전락해버리는(?) 쾌감을 경험하시기 바랍니다. 그때는 별다른 노력 없이도 영어를 쓰면 쓸수록 느는 그런 신비로운 상황이 될 수 있습니다.

Memo

영어의 시작
- 발음기호

아버지의 과외수업

돌이켜 보면 제가 영어를 전공하게 된 것은 1985년 어느 봄날 아버지와 가졌던 약 1시간의 과외 시간으로부터 출발하는 것 같기도 합니다. 중학교 1학년이 되던 해였지요. 그때는 대개가 다 그랬지만 중학생이 되어서야 처음으로 알파벳을 배웠습니다. 네 줄이 그어진 노트에 인쇄체 대문자, 소문자, 거기다가 필기체 대문자, 소문자를 정말 열심히 연습했죠. 새로 배우는 문자가 얼마나 신기하고 멋져 보이던지 뜻도 없는 말을 만들어서 연습장에 막 그려보기도 했던 기억이 납니다. 그러던 어느 날인가 아버지가 사전을 한 권 사 오시면서 저더러 밥상을 들고 이리 와 보라는 겁니다. 그러시더니 사전의 앞표지를 펼쳤는데 그 안쪽에는 발음기호 목록이 있었습니다. 우리말 자모음(字母音)과 대조해가면서 아버지는 간략하게 발음기호 읽는 법을 가르쳐 주었습니다. 제 인생에 처음으로 아버지에게 공부를 배웠던 기억으로 평생 머리를 떠나지 않는 추억입니다. 나중에 아버지가 이 글을 읽으시면 어떤 생각이 나실지 모르겠지만, 아빠가 함께 앉아서 자식의 공부에 관심을 가졌다는 것 자체가 제게는 정말 크고 소중한 일로 느껴졌던 것 같습니다. 사실 저희 아버지는 그 연세의 많은 분들이 그러하신 것처럼 대학을 나오지 못하셨습니다. 물론 열심히 벌어서 이런저런 사교육에 부지런히 노출시키며 아낌없는 지원을 해주는 것도 중요합니다. 하지만 제게 고졸 학력의 아버지가 그러하시었듯 잠깐이라도 어린 자녀와 시선을 한 곳에 고정하는 그 경험이 훨씬 더 큰 파장을 만들어 낼 수도 있다고 생각합니다. 긴 시간이 지나 어쨌든 저는 결국 영문과 선생이 됐으니까요. 그렇게 영어를 처음으로 접한 14살의 봄이 그럭저럭 흘러갔습니다. 발음기호 덕분에 뭔가 익숙해진 느낌으로 늘 사전을 부담 없이 옆에 끼고 살면서 수시로 이것저것 뒤적거리면서 말이지요.

조기 교육에 대하여

물론 저희 때라고 해서 초등학교 조기 교육이 없었던 것은 아닙니다. 집안 형편이 넉넉한 일부 아이들은 영어 과외를 미리 받기도 하였습니다. 친한 친구 중에 치과 의사 선생님을 아버지로 둔 애가 하나 있었는데, 6학년 때 일입니다. 제 느낌에 그 친구가 글쎄 영어 노래를 줄줄 하는 겁니다. '클레멘타인'이라고 왜 되게 구슬프고 아름다운 거 있잖아요. 기억을 되살려 한번 불러 볼까요?

> 넓고 넓은 바닷가에 오막살이 집 한 채
> 고기 잡는 아버지와 철모르는 딸 있네
> 내 사랑아, 내 사랑아 나의 사랑 클레멘타인
> 늙은 아비 혼자 두고 영영 어디 갔느냐

어디서 누구한테 배워왔는지 한동안 영어 배우러 다닌다는 소리는 들었는데 이거를 영어로 부르는데 어떻게나 부럽던지요. 어린 소견에도 저에게는 미래에 대한 나름의 계획과 남자로서의 야망이 어렴풋이 있었나봅니다. '저 친구는 벌써 저렇게 앞서 나가는데 나는 어쩌지. 챙피해서 말도 못하겠네. 나는 A, B, C도 잘 모르는데…. 엄마한테 나도 과외 시켜 달라면 형편도 넉넉하지 않은데 속상해하시겠지?' 30년이 지나 그 친구와 연락이 닿게 되었는데, 역시 크게 성공했더군요. 미국에서 경제학박사 학위를 취득해 어느 대기업의 선임 연구원으로 재직하고 있다고 그러더라구요. 그 친구의 부모님이 그렇게 열심이시더니 결국 자식 성공시키신거죠. 옛날엔 참 친했는데, 언제 한번 찾아뵙고 인사라도 드려야겠어요. 물론 성공과 행복의 기준을 따지자면 논의가 한도 끝도 없겠지만 어쨌든 사회 통념상 그 친구는 분명 성공한 것이고 그 친구의 부모님이 가졌던 관심과 노력도 성공한 것이지요. 하지만 저라고 크게 뒤질 건 없잖아요. 적어도 '영어'라는 관점에서 보면 그 친구나 저나 마찬가지이니까요. 그러니 조기 교육을 무조건 폄하할 필요도 없을 것 같고, 또 그거를 훨씬 못 받았다고 해서 지나치게 부러워하거나 슬퍼하거나 또는 누군가를 원망할 일도 아닌 것 같다는 생각이 듭니다. 그래도 굳이 개인적인 견해를 밝히자면 능력이 허락하는 범위 안에서 자녀들로 하여금 다양한 경험을 해주도록 하는 게 더 중요할 것 같다는 생각이 듭니다. 교육이란 밭에 뿌리는 씨앗과도 같아서 어느 것이 더 잘 될지 알 수 없기 때문입니다. 따라서 최상품을 얻기 위해서는 최대한 많은 씨앗을 뿌리는 게 필요하지요. 다음은 그 유명한 지혜의 왕 솔로몬이 남긴 얘기입니다. 얼마나 의미가 있었던 말인지 성경의 일부가 되었습니다.

> Be sure to stay busy and plant a variety of crops, for you never know which will grow—perhaps they all will.   (Ecclesiastes 11:6)

반드시 바쁘게(열심히) 살면서 다양한 작물을 심어라. 왜냐하면 어느 것이 성장할지, 혹은 다 잘 될는지 (인간의 선견으로는) 알 수 없기 때문이다. (전도서 11:6)

아, 그리고 아까 그 친구가 1984년에 불렀던 그 '클레멘타인(Clementine)' 있잖아요, 오렌지의 한 품종이기도 하고, 여자 이름으로도 한때 유행처럼 많이 쓰였었죠. 우리말 가사에서는 아버지가 고기를 잡는데 딸은 시집을 갔는지 어쨌는지 어디 갔잖아요? 저도 어렸을 적에는 그런 줄만 알았는데 원곡은 그게 아니더라구요. 원래 이 노래는 가사는 1848년부터 1855년까지 미국 서부 개척시대에 일어났던 골드러시(gold rush)를 배경으로 하구요, 이주해온 광부가 수해로 딸을 잃은 후 그리워하는 내용이라고 합니다. 원래 광부이던 것이 우리나라로 번안되어 오면서 어부가 되었던 것입니다. 어쨌든 정말 슬픈 노래가 맞기는 맞네요. 말 나온 김에 저의 촌스러운 번역과 더불어 잠시 소개할까 합니다. 가락은 다 아실 테니 혼자 조용히 불러 보세요.

In a cavern, In a canyon,	동굴에서, 협곡에서
Excavating for a mine,	광산 채굴을 하며
Dwelt a miner forty-niner,	1849년 한 광부가 살았지요
And his daughter Clementine.	그의 딸 클레멘타인과 함께
Oh my darling, Oh my darling,	오 내 사랑, 오 내 사랑
Oh my darling Clementine,	오 내 사랑 클레멘타인
You are lost and gone forever,	세상을 떠나 영원히 갔구나
Dreadful sorry Clementine.	마음이 찢어진다 클레멘타인

International Phonetic Alphabet(IPA)

발음기호의 정확한 명칭은 '국제음성기호'로서 영어로는 International Phonetic Alphabet이라고 합니다. 보통은 이니셜을 따서 IPA라고 하지요. 앞서 아버지께 배웠던 저의 추억담을 잠시 들려드렸지요? 그리고 그것이 저의 삶에 얼마나 큰 영향을 미쳤는지도 말씀드렸지요? 만일 아직도 발음기호에 대한 확신이 없다면, 그리고 본인만 알고 자녀는 모르는 것 같다면 반드시 지도해 주시기 바랍니다. 세계 각국의 언어를 배움에 있어서 공통의 규약인 발음기호는 해당 외국어에 대한 초기 접근성을 훨씬 더 쉽게 해줄 것입니다. 마침 우리말 한글이 세계적으로 가장 훌륭한 표음문자인 덕분에 발음기호로 대치될 정도이지만 (사실 그 이유로 인해서 이 책에서도 발음기호 대신 한글 표기를 많이 사용하고 있습니다만) 그래도 몇 개 안 되는 발음기호까지 익혀두면 더할 나위 없이 좋겠지요.

모음(vowel)

우리말 '아, 야, 어, 여 …'에 해당하는 것들입니다. 아래 사각형은 우리 얼굴을 옆으로 봤을 때 입속(구강, oral cavity)이라고 생각하세요. 즉, 우측 하단(⑧)은 목구멍 쪽이 될 것이고, 좌측 상단(①)은 윗니 쪽이 될 것입니다. 그리고 우측 하단에서 좌측 상단으로 혀(tongue)가 있다고 상상해 보세요. 또 아까도 말씀드렸지만 한글이 음을 표시하는 데 기가 막히잖아요. 가장 유사한 음을 함께 표시해 볼게요.

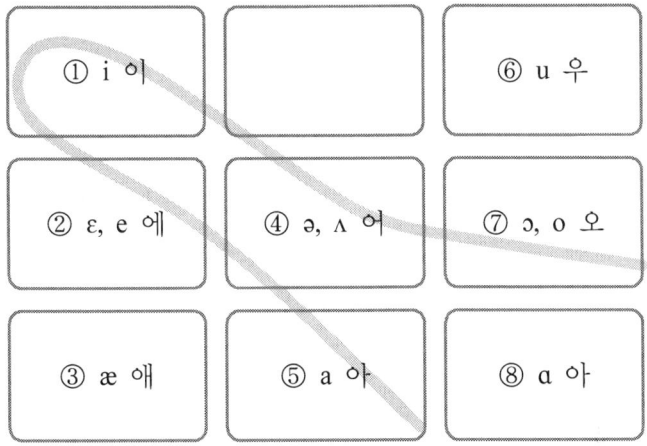

전문가들의 음성학, 음운론적 관점에서는 무지하게 결함이 많겠지만 그래도 일단은 이렇게 시작하는 게 가장 편할 것 같습니다. 도표는 구강의 측면을 가정한 것이라고 했지요? 즉, ①을 발음할 때 혀의 위치는 가장 높고 또 가장 앞에 위치하게 되어 윗니의 바로 뒤에서 소리가 날 것이고, ⑧을 발음할 때는 반대로 가장 낮고 가장 뒤의 위치, 다시 말해 목구멍 쪽에서 나는 소리가 되겠지요. 그리고 ②, ④, ⑦은 소리가 두 개씩 있는데, 각각 좌측의 소리인 ɛ, ə, ɔ가 우측의 소리인 e, ʌ, o에 비해 좀 약하게 내는 소리라고 생각하면 됩니다. 그리고 한 가지 더요. 우리나라 사전을 보면 발음기호를 사각괄호(square bracket, [ ]) 안에 넣고 외국의 사전을 보면 사선(slash, / /)을 이용하는데, 사실 정확히 말하면 사선을 이용하는 것이 맞습니다. 그렇지만 이 책에서는 편의상 사각괄호를 사용하도록 하겠습니다. 사실 추상적인 음소(phoneme)와 물리적인 음성(phone)의 차이를 반영하는 기호인데, 일반영어 차원에서 볼 때는 굳이 필요하지 않기도 하고 너무 복잡한 얘기이기도 하니 그냥 넘어가기로 하지요.

자음(consonant)

이 역시 우리말의 자음 'ㄱ, ㄴ, ㄷ, ㄹ …'을 이용하는 것이 편리할 겁니다. 정확히 기술하려면 (1) 조음(調音)하는 방법(manner), (2) 조음의 위치(place), (3) 유무성(voicing)의 여부를 따져 도표 같은 것을 그려야 하겠지만, 경험상 초보자에게 가장 쉬운 방법은 역시 우리말과 비교해가며 보는 것입니다. 따지고 보면 우리나라 사람만 가진 축복이지요. 물론 문제가 많고 우리말을 영어로 표기하는 과정에서 논란도 많이 있습니다만 일단 이렇게 시작이라도 해야 나중에 또 교정하고 정확하게 익힐 기회도 생기리라 생각합니다.

① ㄱ [g]   우리말보다 목구멍 쪽에서 발음
② ㄴ [n]   콧소리 확실히
③ ㄷ [d, ð]   ð는 이 사이로 혀를 살짝 내밀고
④ ㄹ [l, r]   r은 목구멍 쪽으로 [어ㄹ~]
⑤ ㅁ [m]   역시 콧소리 확실히
⑥ ㅂ [b, v]   v는 아랫입술을 윗니에 대고
⑦ ㅅ [s, ʃ, θ]   s는 [씨]에 가깝고
                    ʃ는 [쉬]에 가깝고,
                    θ는 이 사이로 혀를 살짝 내밀고
⑧ ㅇ [ŋ]   받침의 [응]하는 이응 소리
⑨ ㅈ [dʒ, ʒ, z]   dʒ가 그나마 지읒과 가장 가깝고
                    ʒ [쥬~]하며 늘어지는 소리
                    z는 목젖을 많이 울리면서
⑩ ㅊ [tʃ]   [취]에 가깝게
⑪ ㅋ [k]   …

⑫ ㅌ [t]	t가 좀 더 입천장의 뒤쪽에서 발음
⑬ ㅍ [p, f]	f는 아랫입술을 윗니에 대고
⑭ ㅎ [h]	…
⑮ 이 [j]	반자음 혹은 반모음
⑯ 우 [w]	반자음 혹은 반모음

영문과 전공 수업에서 이 모음과 자음에 대한 얘기를 하나씩 끄집어내서 하자면 한 달도 모자랄 지경입니다만, 일단은 위의 내용을 알고 연습하는 것만으로도 충분하리라 생각합니다. 기회가 된다면 이런 부분은 원어민의 입 모양을 보면서 들어보면 가장 좋기는 한데요, 인터넷을 검색해 보면 관련 동영상을 어렵지 않게 찾아보실 수 있을 겁니다.

영어교사로서의 소양

혹시 영어 과외를 받고 계신가요? 그러면 선생님께 우리말 지읒(ㅈ)과 비슷한 정도로 흔히들 여기는 영어의 세 자음 [dʒ, ʒ, z]의 차이가 어떻게 되는지 여쭤보세요. '그건 중요하지 않아'라고 말씀하시거나 살짝 모르시는 것 같은가요? 글쎄요, 무슨 말씀을 해드려야 할지 모르겠습니다. 아무튼 저는 영어 선생님의 지식적 소양을 구별하는 최소한의 척도로 이 기준을 종종 사용하고 있습니다. 영문과 교수인데 글은 읽어도 회화는 안 되고, 피아노과 교수인데 연주는 돼도 반주는 안 된다고 말한다면 여러분은 뭐라고 하시겠습니까? 저는 여기까지만. 판단은 여러분 각자의 몫입니다.

영어를 영어답게 - 억양

말하기의 시대

아시다시피 요즘은 말하기(speaking)가 대세입니다. 어학시험은 물론 영어 면접까지 우리는 말하기를 도통 피할 방법이 없습니다. 오죽하면 대학에서도 영어전용 수업을 의무화하여 영어가 불편한 교수님들이 곤란한 경우가 종종 생기곤 합니다. 문어체 영어(written English)와는 분명히 구별되기 때문에 글로 쓴 것을 그대로 읽는 것이라고 단순하게 생각하다가는 정작 시험, 면접, 수업 현장에서는 머릿속에서 우리말을 영어로 번역하느라 정신이 없을 수도 있습니다. 게다가 주위의 시선을 많이 의식하는 우리네 정서를 고려해 볼 때에도 과거 이해력(comprehension) 위주의 지필 시험보다는 확실히 더 부담스러운 것이 사실입니다. 이 책에서는 이미 CNN 스크립트의 암기를 통한 얘기할 거리의 확보, 즉 input을 통한 output의 분량 확보를 강조한 적이 있습니다. 그것을 기본적인 전제로 깔고 여기에서는 말하기에 관한 실제적이고 기술적인 내용을 다루어볼까 합니다.

자연스럽다는 것

스피킹을 잘하는 방법은 뭘까요? 해법은 간단합니다. 그냥 학교에 가서 선생님의 물음에 답변하듯이 많이, 그리고 정확하게 알고 있는 내용을(input) '자연스럽게' 말하면(output) 됩니다(???). 뭐라고? 저의 이 허망한 답변에 좀 어이가 없으실지도 모르겠습니다. 그게 말처럼 그렇게 자연스럽게 잘 안 된다는 이유에서일 겁니다. 그러면 도대체 그 자연스럽다는 것이 무엇일까요? 많은 요소들이 이 자연스러움에 관련될 수 있겠지만요, 일단은 녹음된 답안을 평가하는 채점자들이나 또는 현장의 면접관들이 듣기에 '영어답게' 들려서 전반적인 인상(overall impression)을 좋게 하는 것이 무엇보다도 중요합니다.

언어학자들은 영어를 영어답게 들리는 첫째 요인으로 억양(intonation)을 꼽고 있습니다. 왜, 가끔 보면 동물이 주인의 말을 알아듣는 것처럼 보일 때가 있죠? 그건 개나 고양이가 단어의 뜻을 분별해서 그런 것이 아니라 사전에 학습되어 익숙해진 억양을 바탕으로 이해하는 것이라고 합니다. 그만큼 억양은 그 자체만으로도 정보를 전달하는 힘이 있다는 것이지요. 자, 그럼 하나씩 살펴볼까요?

하강조의 억양(falling intonation)

영어에는 크게 보아 하강조의(falling) 억양과 상승조의(rising) 억양이 있습니다. 하강조의 억양이란 종결형이라고도 하는 것으로 평서문의 대표적인 억양이라고 할 수 있습니다. 편안한 중간 음조로 시작해서 문장의 마지막 '내용어(content word)'를 한 번 올렸다가 내리는 것이지요. 그럼 또 내용어가 뭔지 알아야 하겠지요? 말 그대로 내용, 즉 문장의 중요 정보를 포함하고 있는 '명사, 형용사, 동사, 부사'를 이르는 말입니다. 연습을 해 보시죠. 가령 다음과 같은 문장이 있다고 합시다. 어떤 단어를 올렸다가 내려야 할까요?

    I'd like to for|get| them.   (shifting)

그렇습니다. 마지막 내용어인 forget에서 강세를 받는 -get를 올렸다가 them에서 그 음조(tone)를 밑으로 떨어뜨리면 됩니다. 그래서 하강조 중에서도 이를 특히 shifting이라고 합니다. 하나를 더 보지요.

    I'd like to |know.   (gliding, sliding)

이 경우는 마지막 내용어가 know입니다. 그런데 know는 한 음절이므로 앞의 경우처럼 shifting을 할 수가 없습니다. 그래서 know라는 한 음절짜리 이 단어를 미끄럼을 타는 생각으로 세게 쳤다가 흐르듯이 내리면 됩니다. 그래서 하강조의 이런 억양 패턴을 gliding 혹은 sliding이라고 하는 것입니다.

  shifting이 됐건 gliding이 됐건 이렇게 생각하면 됩니다. 단거리 경주를 하는 선수가 골인 지점 직전에서 허들을 하나 넘는 것처럼 말입니다. 이것이 바로 가장 일반적인 영어 억양 가운데 하나인 하강조인데요, 죽~ 같은 톤으로 시작해서 가다가 마지막 단어(내용어)의 강세 위치에서 톤을 올렸다 내림으로써 발화의 '종결'을 의미하게 되는 것이지요.

상승조의 억양 (rising intonation)

이번에는 상승조의 억양(rising intonation)에 대해 알아보도록 하겠습니다. 문장의 끝에서 푹 떨어지는 하강조의 억양을 terminal intonation contour라고도 하는데 terminal이라는 말에서 느낄 수 있듯 그것은 발화가 종결되었음을 의미합니다. 그렇다면 상승조의 억양은 당연히 non-terminal intonation contour라고 할 수 있겠지요. 무엇을 의미할까요? 그렇습니다. 종결된 것이 아니라 무엇인가가 계속 '이어져야 함'을 의미합니다. 즉, 상대방의 대답을 기다리는 것이지요.

가장 대표적인 상승조의 억양으로 일명 yes-no question이 있습니다. 질문에 yes나 no로 답을 해야 하는 의문문이지요. 예를 들어봅시다.

   a. Are you ready?
   b. Will you read it for me?

위의 두 문장은 평범한 톤의 중간 음조로 시작했다가 어느 한 단어에서부터 끝까지 죽 올려서 말해야 합니다. 그러면 상대방은 yes나 no를 사용해서 대답을 하겠지요. 어느 단어에서 올려야 할까요? 방금 전에 알려드렸는데 혹시 내용어(content word)라는 말이 기억나시나요? 영어에서는 마지막 내용어가 문장의 강세를 받는다고 했으므로 a는 ready에서, b는 read에서부터 올려서 읽어야 합니다.

억양 자체의 정보

이처럼 영어에서는 억양 그 자체가 정보를 줄 수 있기 때문에 우리가 문장의 어순을 바꾸지 않고서도 상대방의 대답을 기다릴 수 있는 것입니다. 한 문장을 예로 들어 설명을 해 볼까요?

It's time for the class to end.

자, 마지막 내용어가 동사 end입니다. 이걸 올렸다 내리면 그냥 '오늘 수업 마칩니다'와 같은 평서문이 되지만, 계속 올리고 있으면 '마칠 시간 인가요?'와 같이 yes나 no의 대답을 기다리는 의문문이 되게 됩니다. 실전 회화에서는 여간 편한 게 아니지요.

억양이라는 것이 간단한 것 같지만 정확한 의사소통을 위해서는 꼭 알아야 하는 내용입니다. 가령 Sit down, please이라는 명령문을 하강조로 듣는 것과 상승조로 듣는 것에 어떤 차이가 있을까요? 상승조라는 것은 상대의 의견을 기다리는 것이라고 했습니다. 따라서 듣는 이의 의향을 구하는 상승조가 훨씬 공손하게 들릴 수 있는 것입니다. 어느 정도 수준이 되면 단어의 뜻만 외운다고 영어가 되는 것이 아닙니다. 잘못하다가는 사오정(?)이 되기 십상이기 때문입니다.

억양 총정리 (심화편)

위에서 말씀드린 것에 약간 더 첨가해 노트 형식으로 영어의 억양에 관한 것을 정리해 보았습니다. 심화편이라고 했지요? 일반 학습자들은 어렵거나 지루해지면 다음에 힘이 생길 때까지 굳이 읽지 않으셔도 되겠습니다. 하지만 알기만 알면 더없이 좋겠지요? 만일 스피킹 학원에 가서 이런 거 배우셨다면 훌륭한 선생님에게 잘 배우신 거라고 보면 됩니다.

내용어와 기능어

- 내용어(content word): 문장강세(sentential stress)를 받음
  명사, 동사, 형용사, 부사
  대명사(의문, 지시), 감탄사

- 기능어(function word)
  대명사(인칭, 관계, 재귀), 조동사, 관사, 전치사, 접속사

Prator式 Intonation (*Manual of American English Pronunciation*)

- low tone = 1, normal tone = 2, high tone = 3
- 231: 서술문(평서문, declarative sentence), 명령문(imperative sentence), 6하의문문(wh-question), 감탄문(exclamatory sentence), 인사(greeting)
- 233: yes-no question, direct address(부르는 말), or/and로 연결되는 말, tag-question
- 232: comma 앞

- 메아리의문문(echo question): 231, 233의 패턴을 서로 바꾸는 것으로서 '재확인, 놀라움' 등을 나타냄

  A: I'm reading a book.
  B: What? ↗ (233, 메아리의문문, 재확인)
  A: I'm reading a book.

  <비교>
  A: I'm reading a book.
  B: What? ↘ (231, 6하의문문, 무엇인지 물어봄)
  A: *War and Peace.*

부가의문문(tag questions)과 억양(intonation)

- 부가의문문의 세 가지 형태

Pattern	Statement	Tag	Polarity
Pattern A	positive	negative	opposite polarity
Pattern B	negative	positive	
Pattern C	positive	positive	same polarity

기본적으로 진술(statement)과 부가의문문(tag)의 극(polarity)이 교차하여, 긍정에는 부정으로, 부정에는 긍정으로 덧붙이나, 상기의 도표에서 보듯 pattern C와 같은 동일 극성을 사용할 경우도 있으므로 주의를 필요로 함

- 부가의문문의 억양

  화자의 진술에 대한 확신의 여부에 따라
  - 상승조: 진술에 대한 정보를 요청할 때
  - 하강조: 진술의 내용이 명백하여 청자의 동의를 요구할 때

We are going the right way, ↗**aren't we?** ~ I hope so.
It's cold, ↘**isn't it?**

- Pattern C의 경우
  - 긍정의 진술에 대한 긍정의 부가의문문은 화자가 진술된 정보를 이제 막 인지하게 되었음을 의미

I can't help you just at the moment. ~ You are busy, ↗**are you?**
~ Very busy, I'm afraid.
Kevin is out in his new car. ~ Oh, he's bought one, ↗**has he?**
~ Yes, he got it today.

cf. 메아리 부가의문문(echo tag)
- same polarity
- 상대방이 한 말에 대한 관심을 나타냄 (Oh, really?)
- 억양은 대개 상승조이나, 하강조를 사용할 경우는 화자가 내용에 관심이 없음을 나타냄

We're moving house soon. ~ ↗**Oh, are you?**
My brother can't drive. ~ ↗**Can't he?**

분절음과 파닉스

Segment

우선 segment라는 말부터 알아봅시다. 우리말로 '분절음'이라고 하는 것인데요, 말 그대로 '분절된 음'입니다. 가령 제 이름 '이광희' 가운데 '광'이라는 우리말 한 음절(syllable)은 'ㄱ(초성) + ㅘ(중성) + ㅇ(종성)'으로 이루어져 있지 않습니까? 그때 그 각각의 소리 하나하나, 즉 'ㄱ, ㅘ, ㅇ'을 분절음(segment)이라고 하는 것입니다.

Sejong the Great

당연한 소리가 아니냐고 물으실지도 모르겠는데요, 그러나 조선 최고, 아니 세계 최고의 언어학자이셨던 세종대왕께서 분절음이 모여 하나의 음절을 만든다는 이 당연한(?) 사실을 발견하시기까지는 얼마나 오랜 시간이 걸렸는지 모릅니다. 그 사실을 깨달으신 다음에야 새로이 스물여덟 글자를 만드신 것이지요. 우리가 당연하다고 여기는 것은 이미 그렇다고 교육을 받아서 음절의 구조를 알고 있는 것에 불과한 것이구요. 여러분,

스마트폰 등을 이용해서 소리를 녹음한 다음 음성 편집용 어플(application)로 돌려보면 다음과 같은 음성 스펙트로그램의 모습을 볼 수 있습니다.

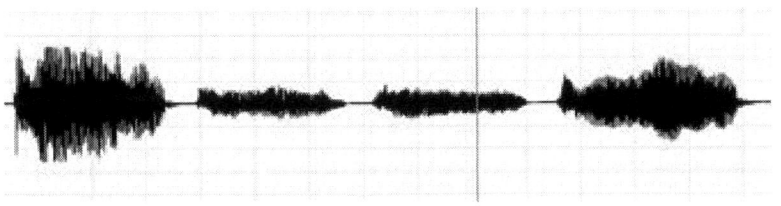

이게 뭘 뜻하는가 하면요, 소리라는 것은 연속된 파동이라는 사실을 그래프를 이용해서 시각적으로 보여 주는 것입니다. 좀 복잡한 얘기이지만 수학의 함수를 생각해 보세요. 연속된 곡선의 좌표 값은 무한하지 않습니까? 근데 킹 세종께서 그 특징을 캐치하시어 초, 중, 종성으로 구분하신 것은 어마어마한 발견입니다. 연속된 물리적 소리를 단편적인 추상적 소리로 가정하여 구분을 하신 것이지요. 한글의 자모, 그리고 우리가 영어를 배울 때 사용하는 발음기호라는 것이 다 그 단편적인 가정의 소리인 것이지요. 같은 표음문자라도 우리가 이 책에서 논하는 영어하고는 사실 비교도 안 될 만큼 세종대왕님의 그것은 놀랍도록 정밀한 발견이셨지요. 나중에 이 책에서 위대한 세종대왕님과 우리의 한글 얘기를 다시 한 번 할까 합니다.

영어의 분절음

영어의 경우도 마찬가지입니다. 다만 우리말과의 차이가 있다면 한 음절의 초성(onset)으로 세 개의 자음까지 연속해서 올 수 있다는 점이죠. 가령 '단거리 경주'를 의미하는 영단어 sprint [sprint]라는 말을 따져 봅시다. 모음(vowel)인 철자 i 앞에 s, p, r이라는 세 개의 분절음이 가능하지 않습니까? 이 사실을 안다면 sprint라는 1음절의 단어를 우리말처럼 인식해서 [스 프 린 트]처럼 4음절로 발음하지는 않겠지요? 주르륵~ 흘러가게 [스린트], 이렇게 1음절로 연습해 보시기 바랍니다. 사실은 영어 학습에서 이와 같은 음절구조에 대한 지식의 부재가 초동 단계의 학습자에게 영어를 영어답게 말하도록 하지 못하게 하는 커다란 원인 중의 하나입니다. 그런데 흥미로운 사실은 원어민이라면 그 교육 정도에 관계없이 이 분절음들이 음절 내의 초성으로 존재하는 구조와 순서를 명확히 그들의 두뇌 속에 무의식적으로 인식하여 1음절로 발음하고 있다는 것입니다. 당연히 분절음이라는 용어는 모를 테지만요.

분절음의 증거

연속된 음이 분절될 수 있다는 증거는 소위 말실수(slips of tongue)에서 찾아 볼 수 있습니다. 우리도 왜 '*불*타는 *질*투'를 '*질*타는 *불*투'처럼 실수해서 말하기도 하지요? 마찬가지로 영어에서도 가령 half-*f*ormed *w*ish로 말해야 할 것을 잘못해서 half-*w*armed *f*ish로 발음하는 일이 있습니다. 그것은 바로 화자가 f와 w라는 소리를 그의 두뇌 목록 속에 별개로 저장하고 있다는 간접적인 증거가 되는 것입니다. 이런 말실수를 두음전환(spoonerism)이라고 합니다. 영국인 W. A. Spooner라는 사람이 하도 그런 실수를 자주 했다는 데서 유래했기 때문이랍니다.

또 하나의 증거로 Pig Latin이라는 게임이 있습니다. 한 단어의 초성을 그 단어 끝으로 갖다 붙인 다음 거기에다가 다시 -ay를 덧붙여 말하는 게임인데요, 가령 strong이라는 단어가 있다면, 초성에 해당하는 str을 떼어 뒤로 일단 붙입니다. 그러면 ong-str이 되겠지요? 거기다가 -ay를 붙여 ong-str-ay가 되도록 만들면 되는 됩니다. 그러면 swivel은 어떻게 될까요. 그렇습니다. ivel-sw-ay가 되겠지요. 우리한테야 뭐 별로 재미없을 것 같아 보이기도 하지만 어찌 됐건 어린 아이들이 이런 게임을 할 수 있다는 것은 그들이 음절의 내부구조에 대한 본능적이고도 암시적인 지식을 보유하고 방증이 되는 것입니다.

파닉스 ~ 개월 완성

요즘 유초등 영어교육 광고를 보면 '파닉스(phonics)'를 가르쳐야 한다고 난리들이 아닙니다. 오늘 잠시 보여드린 것이 비로 말하자면 파닉스의 극히 일부라고 할 수 있습니다. 즉, 그것은 원어민의 음성, 음운론적 직관을 익히는 것입니다. 결코 쉬운 것이 아니랍니다. 책 몇 권으로, 규칙 몇 개로 되는 것이 아니란 말입니다. 무엇보다도 해당 교사가 음성학, 음운론과 같은 언어 이론에 정통해야 하는 것은 필수 중의 필수입니다. 그리고 학습자가 많은 시간동안 해당 언어에 반복적으로 노출되어야 하는 것은 두말할 나위가 없습니다. 그러니 '파닉스 ~개월 완성'같은 말은 좀 어설픈 농담이 아닌가 하는 생각이 듭니다. 더 걱정스러운 것은 애들한테 다른 나라말 파닉스 가르치겠다고 우리말 파닉스가 엉켜버리게 되지는 않을까하는 점입니다. 유창성(fluency)만큼이나 중요한 것은 정확성(accuracy)입니다. 발음이 좀 어설프면 어떻습니까? 정확한 내용을 무게감 있게 전달하는 능력이 더 중요하지 않을까 싶습니다.

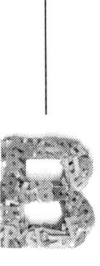

PART 2

밑천 - 어휘

생짜배기와 무데뽀

나는 엉터리 학원 강사였다

이글거리는 눈빛, 이제는 꼭 영어를 정복하고 말겠다는 굳은 결심과 의지. 학원 강사 시절 늘 접하던 수강생들의 모습이었습니다. 저 역시 불타올랐죠. 그런데 애석하게도 몇 달 후의 모습은 허탈감과 좌절뿐이었죠. 우리는 최선을 다했는데, 교재도 최고의 것이라고 하는 것을 썼는데, 또 나는 소위 인기 강사라 하여 수강생도 가장 많고 학원에서도 음으로 양으로 많이 밀어 주는데, 대체 왜 학습자들은 중도에 포기할까? 혹시 나의 친절함과 자상함이 예전만 못해서 그랬던 건 아닐까? 더 웃긴 개그를 준비해야 하고 감동적인 스토리를 준비해야 하는 걸까? 끝없이 저를 괴롭히던 딜레마였습니다. 돈은 어느 정도 버는 것 같은데, 이상하게도 늘 마음이 편하지 않은 겁니다. 사실 굉장히 괴로웠다고 표현해야 맞을 겁니다. 내가 과연 전공자로서 아는 게 뭘까, 이런 생각이 머리를 떠나지 않았습니다. 그런데 인생이란 게 어른들이 말씀하였듯 참 희한하더라 말입니다. 영어 속담에 이런 게 있지요.

> It's an ill wind that blows nobody any good.
> 아무에게도 이익을 가지고 오지 않는 바람은 없다.

다른 말로 해 보면 '갑의 손해는 을의 득', 뭐 이런 좀 얌체 같은 번역이 있기도 하구요. 아무튼 '안 좋아 보이는 어떠한 상황이라고 할지라도 나중에 따지고 보면 유익을 위한 하나의 합일점으로 귀결하기 위한 필연적 과정이었다' 뭐 이런 얘기죠. 그러니까 21세기로 막 접어든 그 무렵, 제가 했던 강사로서의 그 답답한 고민이 이제 와 생각하면 바로 그런 것이 아니었나 싶습니다. 마침 저의 모교인 한양대와 미국의 Oregon 대학이 공동으로 주관하는 TESOL(국제공인영어교사) 프로그램이 개설되었고, 목마름을 해결할 수 있는 기회라고 생각한 저는 1기 수강생으로 등록하게 되었습니다. 그리고 저는 이 과정을 통해서 난생 처음으로 가르치고 배운다는 것이 하나의 이론으로서 연구될 충분한 가치를 지닌 이른바 '교수법, 습득론'이었다는 것을 처음으로 접하게 됩니다. 가장 큰 충격은 단 한명도 서로 똑 같을 수 없는 교실 내 학습자들의 갖가지 변인을 전혀 고려하지 않고 그동안 일방적으로 나의 스킬만을 강요했다는 사실을 깨닫게 된 것입니다. 수업을 지배해야 한다고 끝없이 선배 대(?)강사들에게 배웠는데 그게 얼마나 학습을 방해하는 요소였던가를 알게 되었던 것입니다. 수업이라는 것은 학생들이 강사의 멋진 쇼를 감상하기 위해 있는 것이 아니었는데 말입니다. 학습의 촉진자와 공동의 목표를 가진 협력자와 조력자로서 나날이 발전하는 학습자들을 위해 저는 변모해야 했습니다. 열심히 하라고 채근대며 신파같은 감동만 주려 했지 왜 안 되는지의 이유를 찾아 주지 못했던 것이죠. 어휘(vocabulary) 얘기를 하려다 보니 옛날 얘기가 나오게 되었습니다. 어찌 됐건 그 일이 계기가 되어 석사, 박사까지 하게 되고 모교의 강단에 서서 교수님이라는 소리도 들어보는 행운과 영광을 누리게 되었으니 역경과 고민은 인생의 항로를 보다 나은 곳으로 바꾸기 위해서 꼭 필요한 모양입니다. 물론 그 바람을 맞는 순간만큼은 어떠한 위로도 힘이 되지 않을 만큼 힘들고 눈물겨운 것이었지만요.

문맥적 의미 파악의 양적 진실

영어 교수이론의 많은 대가들이 있습니다만, 오늘 어휘 공부와 관련해서는 특히 David Nunan이라는 분의 서적을 참고하려고 합니다. 기존의 방대한 내용을 잘 정리해서 실용적으로 사용될 수 있도록 해주신 분이지요. 아마 영어 선생님들은 Practical English Language Teaching이라는 책을 한권씩 다 가지고 계실 겁니다.

단어를 생짜배기로 그냥 외우지 말고 반드시 문맥을 통해 익혀야 한다는 말, 많이 들어보았을 겁니다. 좋은 얘기고 맞는 말이기는 합니다. 자, 그래서 재미있는 동화책 하나를 선정해서 읽기로 했다고 칩시다. 읽혀지나요? 아닙니다. 분명히 베스트셀러라고 해서 구입했는데 딱딱하고 졸리기만 합니다. 왜 그럴까요? 학자들에 의하면 문맥적으로 어휘의 뜻을 유추해내기 위해서는 주어진 읽기 자료의 어휘 중 98퍼센트를 이미 알고 있어야 한다고 합니다. 만일 그게 50단어짜리였다면 모르는 단어는 안정적으로 한 개까지만 허용된다는 얘기가 됩니다. 대학에 진학하려는 학생들이 치르게 되는 수능영어를 예로 들자면 독해문제 한 지문당 모르는 어휘가 최대 두세 개 정도만 허용된다는 말이지요. 그 이상이 넘어가 버리면 확률적으로 해당 지문의 내용을 정확히 파악할 가능성이 현격히 떨어진다는 겁니다. 물론 이 역시 사람마다 시쳇말로 촉이 다르니까 일률적으로 적용되기에 무리가 있기는 하겠지만, 통계적으로 어느 정도 확립이 된 내용이니 진지하게 고려할 필요는 있어 보입니다.

생각해 보니, 어렸을 적 아버지께서 보시던 두꺼운 시사 월간지를 화장실에서 큰일을 볼 때마다 힘주며 들여다보던 기억이 납니다. 분명 다 한글인데, 읽어도 무슨 소리인지 도통 알 수가 없었죠. 완벽한 한국어 화자임에도 불구하고 전부 다 한국어로 된 텍스트를 읽기에는 여실히 부족함을 드러냈던 장면입니다. 그러다가 중학생이 되었을 무렵, 어느 날 갑자기 그 내용들이 읽는 대로 이해가 되기 시작하는 겁니다. 분명히 들어 본 적이 없는 말인데도 무슨 뜻인지 대충 윤곽이 잡히기 시작하더란 말입니다. 그렇습니다. 저는 어느새 나머지 98퍼센트의 의미를 알고 있는 지식인(?)으로 성장해 있었던 것이었습니다. 그래서 그깟 2퍼센트 정도의 무식함이야 무리 없이 소화를 시킬 수 있었던 겁니다. 머리가 트이기 시작한다고 하나요? 그때부터 다른 공부들도 갑자기 잘 되기 시작하더군요. 돌이켜 보면 부모님들이 '그 집 아들 공부 잘해서 좋겠어'라는 말을 심심찮게 듣기 시작한 게 제 기억에 바로 그 미지의 2퍼센트를 스스로 처리할 수 있는 능력이 생기기 시작한 그 때와 시기적으로 일치하는 것 같습니다. 우리는 언어를 너무나 당연한 본능의 일부로 여기지만 세상의 모든 학문이 언어를 매개로 한다는 점을 감안할 때, 그 2퍼센트의 장벽을 극복하는 신기로운 경험은 비단 영어공부에만 한정된 얘기는 아니리라 생각합니다.

생짜배기와 무데뽀는 과연 필요한가

그러면 모르는 것 빼고 그 나머지 98퍼센트는 어떻게 확보할 것인가라는 문제가 남게 됩니다. 아마 대부분이 공감하는 과거의 학습 경험일 텐데요. 영어 단어와 한국어의 일대일 매치 무데뽀 생짜배기 암기법 말입니다. 그 지겹던 단어 시험을 대비하며 무수히 했던 것들이죠. 어찌 보면 인간의 감성을 무시하며 오직 우리 뇌의 좌반구(left hemisphere)만을 혹사하여 보냈던 그 나날들입니다. 그러다 보니 이런 우스꽝스러운 일도 생기더라구요.

  robin   유럽산 지빠귓과 울새속의 총칭
  blackbird (유럽산) 지빠귓과의 명금(鳴禽)

robin과 blackbird는 영미인들에게 아주 전형적인 새의 명칭들 중 하나로 인식되고 있는 지극히 보통스러운 명사들입니다. 사실 이런 단어를 익히게 하는 가장 좋은 방법은 그 새들을 최소한 그림으로라도 눈앞에 보여주면서, "이게 바로 robin이고, 이게 바로 blackbird야"라고 가르쳐 주는 것입니다. 그런데 우리는 어떠했습니까? 계속 중얼거리고 백지에 써가며 '유럽산 지빠귓과 울새속의 총칭, 유럽산 지빠귓과 울새속의 총칭, 유럽산 지빠귓과 울새속의 총칭 …' 혹시 이렇게 외우지 않았나요? 머리 따로, 마음 따로, 손 따로, 눈 따로, 이렇게 말이지요. 가공할 만한 위력을 지닌 우리의 두뇌에 이 단어들의 대상물(referent)이 전혀 떠오르지 않도록 말입니다. 당연히 이런 식의 무데뽀와 생짜배기는 전혀 도움이 되지 않는 방법입니다. 스트레스만 가중시킬 뿐이지요.

 하지만 그와 같은 무식한 상황만 아니라면요 이 소위 말하는 생짜배기 번역식 암기법을 꼭 무시할 수만은 없습니다. 가령 'student=학생, elephant=코끼리, teacher=선생님, giraffe=기린'과 같은 일대일 매칭 암기를 결코 나쁘다고만 할 수는 없다는 거지요. 사실 생짜배기로 구구단을 외웠기에 나중에 수의 개념들이 이해되기 시작한 것과 마찬가지로 우리는 학습의 초기에 이유도 뜻도 없이 무엇인가를 암기해야만 하는 시절을 꼭 필요로 합니다. 아까 David Nunan이라는 교수님을 잠깐 언급했었지요? 그 분 책에 보면 이런 무데뽀식 암기를 의도적 학습(deliberate learning)이라고 합니다. 그런데 이렇게 말씀을 하시네요.

> Like the other strands, no more than 25 percent of the course time should be given to this particular strand. It is an essential strand of a course but it should not overwhelm the other strands.
> 다른 방법들처럼, 수업의 25퍼센트 이상이 이 특정 방법에 할애되어서는 안 됩니다. 그것은 수업의 필수적인 과정이지만 기타의 요소를 압도해서는 좋지 않습니다.

안 좋다는 얘기 같지만 교수님의 설명을 잘 곱씹어 보면, 적어도 수업의 일부는 의도적인 학습에 할애될 수밖에 없다는 것이고 또 이러한 단계는 필수적(essential)이라는 겁니다. 이를 우리들의 어휘 공부에 적용시켜 보면 어떨까요? 적어도 우리 실정에 최소한 2~3천 어휘 정도는 이런 식으로 시작해도 나쁘지 않다는 얘기가 됩니다. 대체로 학원 앞을 지나다니는 중고등학생들이 테스트에 대비하며 이렇게 외우며 다니는 것 같은데요, 생짜배기와 무데뽀식 단어 암기법이 결국은 어느 정도 필요할 수밖에 없다는 것이지요. 물론 그 목적이 2퍼센트를 잡기 위한 98퍼센트의 용량 확보라는 대의를 잊으면 안 되겠지만 말입니다. 그러니 그간 해왔던 이런 공부를 너무 폄하하거나 비난할 필요는 없습니다. 사실 우리는 그간 잘 해왔던 겁니다. 다만 꿰어지지 않은 구슬이 되어 따로 놀았던 것뿐입니다. 이제 우리는 무엇을 외울 것이며 어떻게 외울 것인지를 고민해봐야 할 것 같습니다.

절대어휘(absolute vocabulary)

'절대어휘'라… 좀 있어 보이나요? 반드시 무조건적으로 외워야 하는 어휘의 목록을 지칭하는 말로 제가 만들어 낸 말입니다. David Nunan의 의도적 학습과 맥락을 같이 하는 부분이죠. 대단한 비밀은 아니구요, 쉽게 구할 수 있는 자료를 하나 알려 드릴게요. Nunan 교수님도 자신의 책에서 소개했더라구요. AWL이라고 Academic Word List(학술적 어휘 목록)의 준말인데요, 인터넷에다가 한번 쳐 보세요. 뉴질랜드 빅토리아 대학의 Averil Coxhead 교수님이 역시 같은 학교의 대학원생 시절 자신의 석사 논문 중의 일부로 제안 했던 570단어입니다. 영어로 쓰인 방대한 양의 텍스트를 컴퓨터에 넣고 돌려서 가장 많이 사용되는 어휘 570개를 추린 것이지요. 참 지혜로운 발상인 것 같습니다. 어차피 무데뽀로 외울 거, 확률적으로 출현 가능성이 높은 말부터 암기하는 것이 당연히 효과적이겠지요. 이후로 그분은 계속 발전의 발전을 거듭하여 모교의 교수가 되었음은 물론 세계적인 어휘 학습의 대가가 되신 분이지요. Nunan 교수님처럼 98퍼센트까지는 아닌데요, 이 Coxhead 교수님도 전체 어휘의 95퍼센트를 모르면 합리적 이해(reasonable understanding)가 불가능하다고 주장을 하십니다. 뭐 98이나 95나 사실 학습자들에게는 그게 그거죠. 어쨌든 절대어휘는 반드시 필요하다는 사실을 재확인하는 셈이지요.

절대어휘 목록은 어디 가서 구하나

위에서 소개해드린 AWL 570만 가지고서는 사실 좀 부족합니다. 그럼 어디 가서 지혜로운 절대어휘 목록을 구할까요? 참, 그리고 인터넷에

검색해 보니까 AWL 570에 친절하게 번역을 달아 올려놓으신 선생님들이 꽤 있으시더라구요. 대신 감사를 드립니다. 여러분들도 고맙게 출력해서 점검들 해 보세요.

자, 다시 돌아와서 일단 우리 자신의 책꽂이를 한번 둘러보십시다. 어떤 것들이 있나요? 사전, 단어장, 교과서, 원서 교재, 뭐 무지하게 많죠. 하나씩 죽 넘겨보세요. 혹시 교재의 어휘만 따로 목록으로 정리해서 책 후반부에 모아 놓은 것들을 찾을 수 있겠습니까? 만일 그런 게 있다면, 빙고! 그걸로 시작하세요. 저자의 입장에서는 독자를 위해서 하지 않아도 될, 티도 안 나는 매우 고단한 수고를 하신 겁니다. 우리는 그 비타민을 냉큼 흡수하기만 하면 되는 거죠.

이마저도 여의치 않으신다면, 아주 간편한 방법이 또 있습니다. Daum이든 Naver가 됐건 각종 포털은 영어사전을 제공하고 있는데요, 거기 보면 또 이런저런 어휘 목록들을 만들어서 서비스하고 있습니다. 제가 자세히 훑어보았는데요, 정말 세상 좋아졌다는 생각을 많이 했습니다. 원어민의 생생한 발음을 들려주는 것은 물론, 예문에다가 동의어, 반의어, 주의할 점 등 너무나도 좋은 정보를 함께 제공하더라구요. 적절히 계획을 세워서, 또 단어장 등의 추가 기능을 활용하면 진도 체크도 되고 참 여러모로 재미있고 유익할 것 같아요.

또 한 가지 가장 쉬운 방법. 주변에 영어 선생님들을 한번 찾아보세요. 그분들은 분명히 갖가지 좋은 자료들을 은밀히(?) 가지고 있을 겁니다. '기본어휘, 필수어휘' 뭐 이런 제목들로 소장하고 계신 자료와 그에 따른 조언을 정중히 부탁해 보세요. 자신의 실력과 권위를 인정하고 찾아오는 학습자에게 거절을 할 선생님은 없으리라 생각합니다.

지금까지 절대어휘에 관해 이런저런 말씀을 드렸는데요, 만일 이 과정이 이미 완성이 되신 분이라면 '나는 다행이네'라고 생각하면서 이번 얘기는 그냥 웃고 넘어가시길 바랍니다. 그런데요, 잊지 마세요. 너무나도 쉬워 보이는 것에 너무나도 황당하게 때로 발목을 잡힐 수도 있음을 말이지요.

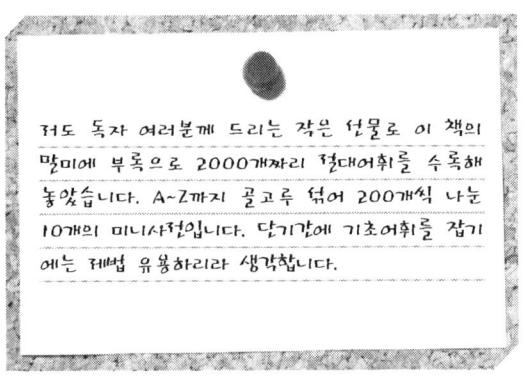

저도 독자 여러분께 드리는 작은 선물로 이 책의 말미에 부록으로 2000개짜리 절대어휘를 수록해 놓았습니다. A~Z까지 골고루 넘어 200개씩 나눈 10개의 미니사전입니다. 단기간에 기초어휘를 잡기에는 제법 유용하리라 생각합니다.

우리는 생각하는 동물이다

2000개라니? 사람을 뭘로 보고

 생짜배기와 무데뽀로 어휘를 암기하고, 그 암기한 것을 바탕으로 숱하게 단어 시험 봐서 또 점검하고, 대부분의 경우 이런 식의 단어 암기를 중고등학교 시절에 많이들 겪어 보았을 것입니다. 당시에는 '왜 이걸 해야 하나' 방향도 목적도 없는 것처럼 느껴질 수도 있지만 이런 식의 학습도 의도적 학습(deliberate learning)이라 하여 초동 단계에서는 부분적으로 꼭 필요할 수밖에 없는 과정이라고 말씀드린 바 있습니다. 지난 20여 년간의 강의 경험상, 사람마다 조금씩 다르겠지만, 성인이 된 이후 머릿속에 남아 있는 어휘 목록은 대체로 2000단어 내외인 것 같더군요. 거기다가 대학에서 각자 전공에 따른, 또는 현재의 직업에 따른 자신만의 특수 목적성 영어 어휘를 합치면 대졸 학력 일반인의 평균적 어휘 수준이 개략적으로 산출될 수 있을 것 같습니다. 설마 하시겠지만 제가 가지고 있는 절대어휘 목록으로 점검을 해 보면 사실이 그렇습니다. 물론 언제나 그 수치에만 머물러 있었다는 뜻은 아니니 너무 기분 나쁘게는 받아들이지 마세요. 두뇌의 활동이 가장 왕성하던 고교 졸업 직후, 또는 취업이나 진학 혹은 유학 준비 기간 등의 시기라면 1~2만개를 상회하거나, 어쩌면 원어민의 어휘력을 능가하는 그야말로 머리가 반짝반짝 하는 경우도 분명 있었을 것입니다. 누군가 그랬지요, 망각도 축복이라고. 그래서 아픔과 슬픔을 잊을 수 있기에 우리는 또 살아가는 거라고. 근데, 이 애써서 공부한 단어들은 거기에서 좀 빠졌으면 좋겠는데, 대체 왜 우수수 어느덧 다 날아가 버린 것일까요? 과장, 차장, 부장 자리에 이제 떡 하니 앉아 있는데, 요즘 입사하는 후배들 영어 실력이 장난이 아닌지라, 괜스레 위축도 좀 되고, 아이고 요즘 같으면 취직도 못 했겠다 그런 생각도 들고 말이지요.

그렇습니다. 우리는 망각의 동물입니다. 저처럼 영어로 밥 먹고 살아야 하는 직업을 가지지 않은 다음에야 날마다 접할 기회도 없는데, 한때 만개 이만 개까지 상승했던 그 빵빵한 어휘라고 해서 언제나 머리에 착~ 붙어있어야 한다고 생각하는 것 자체가 오산이지요. 그런데요, 잘 생각해 보면 그 보존의 기간이나 양을 좀 더 늘리거나 확보할 수 있었던 방법이 아주 없었던 것만은 아니었습니다.

공부가 가슴 설렌다고?

누구나 각자의 머릿속에는 절대로 잊히지 않는 추억들이 있습니다. 일상사에서 일어났던 대부분의 일들이 세월이 감에 따라 옅어지고 흐려짐에도 그 추억들만은 이상하게도 머릿속에 단단히 고정되어 있지요. 왜 그럴까요?

일단 쉽사리 생각될 수 있는 그 첫째 이유는 그 일이 너무 강한 추억이나 감흥으로 남아있기 때문일 것입니다. 가슴 떨리는 순간들, 눈물과 기쁨의 순간들을 어찌 잊을 수 있겠습니까? 근데요, 우리네 삶이 전부 이런 순간들로만 채워져 있다면 우리의 심장은 너무나도 벌떡거리는 나머지

과잉흥분으로 인해 단 하루도 평온하게 살아가기가 힘들어질지도 모릅니다. 학생들에게 있어서 날마다 해야 하는 공부가 이런 심장 떨림의 연속이라면 아마도 대학을 들어가기도 전에 무슨 병에 걸릴 겁니다. 저 같은 경우에는 평생을 공부를 업(業)으로 삼고 살아왔지만 학업은 늘 고통스러운 시간의 연속이었습니다. '자질이 없는 놈이 했으니 그렇지'라고 하신다면 할 말이 없습니다만, 그래도 저는 그렇더라구요. 가끔 '나는 공부가 제일 쉬웠고, 가장 가슴 벅찼으며, 내일 맞이하게 될 학업에 가슴이 설레어 잠을 이루지 못했다' 뭐 이렇게 말하는 분들도 있던데요, 글쎄요, 저는 그렇지 못했습니다. 영화도 보고 싶고, 산에도 가고 싶고, 하루 종일 엉덩이를 붙이고 앉아 있자니 얼마나 갑갑하던지요. 또 내일, 다음 달, 이번 학기에 처리해야 하는 갖가지 일들과 약속된 원고를 마감일 전까지 완수해야 하는 부담감 등, 뭐 어쩌다 보람이야 있기는 있었지만 그렇다고 사랑하는 연인을 살 떨리게 기다리는 것 마냥 가슴 설레거나 그러지는 않더라구요.

유의적(meaningful) 학습

어떠한 일이 우리의 뇌에 단단히 보존되어 있는 두 번째 이유는 그 기억의 조각들이 다른 조각들과 더불어서 서로 유기적으로 얽혀있기 때문입니다. 이를 교육학 이론으로 말하자면 정보가 서로 따로 놀지 않고 유의미하게(meaningfully) 서로 체인망처럼 얽혀 있기 때문입니다. 이 내용과 관해서 유명한 이론으로 Ausubel의 포섭이론(subsumption theory)이라는 것이 있습니다. 다음은 저의 박사학위 논문 중 일부인데요, 저의 주장을 펼치기 위하여 인용하여 나름대로 쉽게 풀어 설명하였던 포섭이론에 관한 내용이 마침 있어서 소개해드릴까 합니다. 혹여 딱딱하게 느꺼질지도 모르지만 잠시 한번 보시지요.

이광희 박사학위 논문 '경계 스위치 모델' 51-52쪽 중

그러면 기계적 학습과 대비하여 Ausubel(1968: 108)이 제시한 다른 하나의 모형인 유의적 학습이란 어떤 것인지 살펴보자.

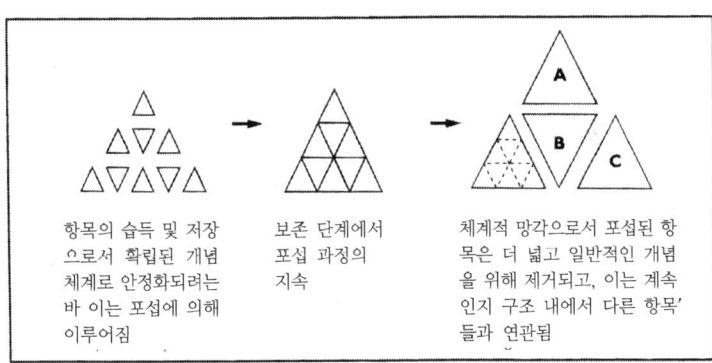

유의적 학습 (Brown 2007: 92)

먼저 그림의 좌측을 보자. 새로 유입되는 정보라고 할 수 있는 삼각형들은 포섭(subsumption)이라고 하는 유의미한 과정을 거쳐 중간 단계의 보다 큰 삼각형으로 결합된다. 이제 그림의 우측에 주목하여 보자. 중간 단계에서 결합된 삼각형들이 점선의 모양으로 변한 뒤 사라지는 모습을 볼 수 있다. 그리고는 인지 구조(cognitive structure) 내의 다른 큰 삼각형들과 동반하여 보다 더 광범위한 개념을 형성하는 모습을 볼 수 있다. 그림에는 보이지 않지만 이렇게 만들어진 더 큰 삼각형은 다시 그와 동일한 크기의 삼각형을 만나 한 차원 더 높은 크기의 삼각형을 형성하게 될 것이다. 이와 같은 과정에서 발생하는 포섭된 항목의 체계적 망각(systematic forgetting), 그래서 그로 인해 그보다 더 크고 일반화된 상위 개념을 향해가는 모습이 마치 인지문법

에서 하위 도식이 상위 도식을 거쳐 최상위 도식을 향해 가는 것과 대단히 흡사해 보인다. 개별화된 모습의 하위 도식들은 그것들의 공통점을 추출한 보다 추상화된 상위 도식으로 일반화되고, 그 일반화된 도식은 다시 같은 위계(hierarchy)의 도식과 만나 상층부로 일반화되어 종국에는 최상위 도식을 향해 나가는 모습이 그림에서 작은 삼각형들이 계속해서 더 큰 삼각형으로 결합되고 그 과정에서 내부의 디테일은 없어지는 모습과 많이 닮아있다는 것이다. 결국 Ausubel (1968: 108)이 말하는 그 체계적 '망각'이란 우리의 입장에서 적용하여 보면 역설적이게도 학습자의 장기 '보존'을 가능하게 하는 인지 메커니즘을 말하고 있는 것이다.

<출처>

Ausubel, David. 1968. *Educational psychology: A cognitive view*. New York. Holt, Rinehart & Winston.

Brown, H. Douglas. 2007. *Principles of Language Learning and Teaching*. (5th ed.) Pearson Education, Inc.

Lee, Kwanghee. 2013. *Boundary Switch Model: A Study of Boundedness in English Nouns and Verbs*. Ph.D. Dissertation. Hanyang University.

이 설명에 따르면 결국 우리의 머리에 들어온 (영어 단어를 포함하여) 그 수많은 정보들이 서로 얽혀 더 큰 포괄적 상위의 정보로 합치되고 그 과정 속에서 체계적 망각이 일어날 때에만 유의적, 즉 유의미한 학습이 가능하다고 합니다. 반대로 우리의 두뇌에 유입된 정보가 (물론 영어 단어를 포함해서) 따로 놀면서 서로 의미 있게 얽히지 못하면 그것은 혼자 외톨이처럼 다니다가 시간이 차면 슬금슬금 도망가서 체계적 망각이 아니라 영원한 망각이 되고 마는 것입니다. 예를 들어볼까요? 다음은 앞에서도 한번 언급하였던 무데뽀 중의 무데뽀 암기 사례들입니다. 우리

머릿속에 떠오르는 어떠한 실세계(real world)의 대상물(referent)도 없이 그저 문자(영어) 대 문자(한글)라는 상징 혹은 기호를 서로 무의미하게 매치하여 억지로 쑤셔 넣는 격이지요. 내일 혹은 모레 있을 시험을 위해서 단기 기억 저장소에 잠시 있다가 사라져 버릴 그런 것들 말이지요.

robin   유럽산 지빠귓과 울새속의 총칭
blackbird (유럽산) 지빠귓과의 명금(鳴禽)

그래서 만일 여러분의 머리에 원래 일만 개의 어휘가 있었는데 지금 현재 이천 개밖에 없다면, 그것은 바로 그렇게 따로 놀은 외톨이 정보의 영원한 망각으로 인한 결과일지도 모르는 것입니다.

 정보가 무의미하게 유입될 가능성에 대한 또 하나의 사례를 보시지요. 우리는 별로 의식하고 있지 못했지만 특히나 주입식 교육이 판을 치는 이곳에서 우리는 늘 이와 같은 강제적 학습의 피해자이기도 했습니다. 이를 확실히 보여주기 위해 여기서 간단한 어휘력 테스트 하나만 하도록 하겠습니다. 아래에 주어진 영단어의 우리말 번역을 한번 말해 보시지요.

① staple   ② clerk
③ nursery ④ grocery

뭐라고 답을 대셨나요? 자, 답을 드리지요. 두 개씩 답을 제시할 텐데요, 앞의 것은 사전적 정의이고 뒤의 것은 저의 답입니다.

     사전   이광희
① staple 꺽쇠   호치키스(스테이플러) 심

② clerk   점원   매장의 언니, 아저씨, 이모 등
③ nursery   탁아소   아이들 놀이방
④ grocery   식료품점   동네슈퍼, 가게

물론 뭐 표준어가 아닌 '호치키스' 같은 말을 사용한 것은 좀 그렇지만요, 위의 비교는 우리가 '생각하는 동물'이라는 엄준한 절대 명제를 얼마나 잊고 살면서 자의든 타의든 기계가 되어 공부하는지 너무나도 잘 보여주고 있습니다. 실제로 앞서 소개한 유의적 학습의 Ausubel은 이를 두고 기계적 학습(rote learning)이라는 말을 이용해 설명을 했습니다. 자, 그럼 하나씩 보지요.

① 여러분 이제껏 사무실에서 흔히 볼 수 있는 그 호치키스라는 도구에 넣는 어떤 것을 '꺽쇠'라고 단 한번이라도 불러본 경험이 있으신가요? '어이, 김 대리 나 꺽쇠(?) 좀 건네줄래?'라고 한번 말해 보세요. 김 대리는 뭐라고 할까요?
② 옷을 사러 갔는데, '이봐요, 점원(?) 이리 좀 와 봐요'라고 말하면 그 점원이 과연 올까요? 오히려 기분 나빠 하지 않을까요?
③ 여기가 뭐 북한도 아니고 우리의 소중한 아이들을 정말 탁아소(?)에 맡겨 놓을 겁니까?
④ 엄마가 저녁을 지으시면서 '얘야, 간장이 떨어졌구나, 저기 식료품점(?)에 좀 다녀오련', 이렇게 말씀하시는 경우가 있을까요? 그러면 여러분은 '네, 엄마, 제가 식료품점(?)에 얼른 갔다 올게요' 이렇게 답하시나요?

포섭이론, 유의미한 학습, 뭐 이렇게 있어 보이는 고급스러운 어휘들을 사용할 것까지도 없다고 봅니다. 우리는 그동안 우리가, 또는 우리의 과

학이 이제 극히 일부의 신비를 벗겨낸 것에 지나지 않은 그 놀라운 우주와도 같은 우리의 위대한 뇌(brain)와 인지(cognition)를 스스로 단차원적인 기계로 만들었던 것입니다. 그리고 어색하다고 생각하지도 않고, 열심히 연습장에 연신 써 대가면서, '유럽산 지빠귓과 울새속의 총칭(robin)'을 외웠고, 실제로 쓰지도 않는 우리말을 사전의 권위에 의지하여 '꺽쇠(staple), 점원(clerk), 탁아소(nursery), 식료품점(grocery)' 등의 무의미한 뜻을 암기하려 했던 것입니다.

　사실 그렇게 방치해 둔 사전도 문제는 문제입니다. 이삼십년 전이라면 통용되었을지도 모르는 말이지만 어쩐 이유에서인지 그들은 소위 업그레이드에 너무 무책임했습니다. 언어는 반드시 변하게 되어 있고 그래서 지금 이 순간도 변하고 있다는 사실을 안다면 이렇게까지 무책임한 뜻을 방기하지는 않았을 텐데요. 그래도 출판사만을 탓할 수 없음을 저는 너무나도 잘 압니다. 사전을 만드는 작업이 얼마나 많은 인력과 자금을 필요로 하는지, 그래서 국가적 지원 없이는 일개 작은 기업 수준에서는 할 수 없는 국책사업이라는 것을 잘 알기에 그렇습니다. 수많은 정치인들이 날마다 변화를 외치며 국력과 국격에 관해 논의하기에 앞서 진정 생각해 보아야 할 부분이지 않을까 싶습니다. 영국의 국력과 국격을 상징하는 중요한 자료 중 빼 놓을 수 없는 것이 옥스퍼드 사전(Oxford English Dictionary, OED)이라고 합니다. 그것이 왜 그러한지는 도서관에서 가서 단 한 단어라도 찾아보면 아마 금방 알 수 있을 것입니다. 차원이 다르거든요.

핵심의미와 확장

한끗 차이

어느 날 영어교육을 하는 모 방송에서 이런 강의 내용을 들어본 적이 있습니다.

> appreciate라는 영어 동사는 '감상하다'도 되고 '감사하다'라는 뜻도 된다. 우리말 받침 하나 차이에 불과하니 그대들은 참말로 신경 써서 외워야 하느니라!!

한마디로 어처구니가 없었습니다. 좋습니다. 그러면 appreciate이 자동사로 쓰인 다음 문장은 어떻게 번역할겁니까?

The price of gold has appreciated a lot these days.

주어로 사용된 금값(the price of gold)이 '감상'을 한 겁니까, 아니면 '감사'를 한 겁니까? 우리 독자 분들은 눈치가 빠르셔서 대략 눈치를 채셨겠지만 위의 문장은 '금값이 근래에 많이 올랐다'는 뜻입니다. 이와 같은 사례는 정말이지 빙산의 일각입니다. 그러면 어떻게 해야 할까요?

핵심의미(core meaning)를 파악하라

대부분의 어휘는 여러 갈래의 의미로 쓰이는 것이 사실입니다. 사전에 보면 여러 가지의 뜻이 그 사용 빈도의 순서에 따라 죽 나열되어 있는 것처럼 말이지요. 이러한 현상을 언어학에서는 어휘의 다의성(polysemy)이라고 합니다. 그런데 일반 학습자들도 꼭 알아두셔야 할 것은 이처럼 어휘가 여러 의미를 가질 때는 서로 전혀 무관한 의미가 아니라 어떤 핵심(core)이 되는 의미를 중심으로 확장(extension)되어 쓰인다는 것입니다.

자, 그럼 설명을 해 봅시다. 위에서 다룬 동사 appreciate의 핵심의미(core meaning)는 그 단어의 일부인 (이를 어근(root)이라고 합니다만) 'preci (=price)'에서 얼핏 보이듯 '가치(price)를 인정해주다'라는 것입니다. 그러면 만일에 뒤따르는 목적어로 예술 작품이 왔다고 칩시다. 작품의 가치를 인정해 주는 것이 무엇이겠습니까? 바로 '감상'이 되겠지요. 또 만일에 목적어로 누군가 나에게 베풀어 준 호의적 행위가 왔다고 칩시다. 그러면 그때는 '감사'가 되는 거지요. 이를 도식으로 다시 정리해 봅시다.

같은 단어 appreciate을 이용해서 계속 설명을 이어가도록 하겠습니다.

여러분 다음과 같은 설명을 많이 들어 보았을 겁니다.

> a. Thank you!
> b. Thank you for your help!
> c. I appreciate you! (X)
> d. I appreciate your help!
>
> → 영어 동사 appreciate은 thank와 달리 사람을 직접목적어로 쓰지 않는다, 그래서 a처럼 thank you라는 표현은 가능해도 c와 같이 appreciate you라는 표현은 영어에서 불가능하다. 시험에 잘 나온다. 조심해라!

이쯤 되면 appreciate이라는 영어 동사의 중요한 '용례'가 되어, 게다가 시험에도 잘 나온다고 하니, 밑줄 긋고 색칠을 하고 난리가 아니겠지요. 하지만 사실 그건 당연한 겁니다. 왜냐하면 진가를 인정하고 가치를 매기는 직접적 대상은 사람보다는 사물이나 행위가 되는 것이 의미상 자연스럽기 때문입니다. 그래서 appreciate의 목적어로 사람이 등장하는 것을 원어민의 직관이 거부해버렸던 것입니다.

앞서 제시하였던 '금값이 많이 올랐다'는 The price of gold has appreciated a lot these days라는 문장 역시 핵심의미의 확장으로 파악할 수 있습니다. 동작의 대상, 즉 목적어가 없다는 얘기는 주어인 '금값(the price of gold)의 가치가 인정을 받았다'라는 얘기겠지요? 그래서 '금의 가치가 많이 올라갔다 → 금값이 상승했다'와 같은 순차적 번역이 나오게 되는 것입니다. 자, 계속해서 다른 동사 몇 개를 연습해 보도록 하지요.

CHARGE

charge라는 동사의 많은 뜻들이 생각나시나요? 영한사전에서 볼 수 있는 charge의 뜻 몇 가지를 제시해 보겠습니다.

> charge   짐을 싣다, 담다, 지우다, 부과하다, 부담시키다
>   청구하다, 비난하다, 고발하다, 책망하다, 장전하다

한번 찾아보세요. 위에 제시한 의미 외에도 엄청나게 많습니다. 그러면 이거 어떡할 겁니까? 줄줄이 외울 수도 없고. 그렇게 되면 사실 외국어 공부는 포기해야 할지도 모릅니다. 이때 바로 우리에게 필요한 것이 핵심의미를 생각하는 것입니다. 우리가 외우기 편해서가 아니라 원어민들이 그들의 직관과 인지에서 그렇게 느끼고 이해하고 있어서이기 때문입니다. 자, 봅시다. 영어 동사 charge는 기본적으로 '어디에다 ~을 채워 넣다'라는 의미입니다. 만일 그 대상물이 배터리라면 '충전하다'가 될 것이고 (그래서 재충전은 recharge), 법정에서 이 말을 썼다면 '비난/고발하다'가 될 것이고, 그것이 권총이었다면 '장전하다'가 되겠지요. 그러니 이 단어에다가 dis-를 붙인 discharge는 그대로 반대의 상황에서 쓰여서 '짐을 내리다, 방전하다, 면제하다' 등의 의미가 되는 것입니다.

ARRANGE

여러분, 영어로 '꽃꽂이하다'라는 말을 어떻게 할까요? … (생각) … 바로 arrange flowers라고 합니다. 혹시 다음처럼 생각하셨나요?

'어, 내가 알기로 arrange는 '배열하다'인데 그럼 꽃을 배열했으니 그렇구나.'

그렇지요, 잘했습니다. 그렇게 하면 되는 겁니다. 즉, 여러분도 이미 알게 모르게 핵심의미 파악을 하고 있었던 것이라고 볼 수 있습니다. 우리는 새로운 훈련을 하는 것이 아니라 이미 본능적으로 하고 있었던 것을 지금 끄집어내고 있는 것뿐입니다. 사실 arrange의 핵심의미는 '삐뚤빼뚤했던 것을 일직선으로 하다'입니다. 그렇게 보면 다음에 제시된 arrange의 여러 의미가 하나의 점인 핵심의미로 귀결되는 것을 느끼실 수 있을 겁니다.

arrange   배열하다, 정리하다, 가지런히 하다
(머리를) 매만지다, 정하다, 준비를 하다
조정하다, 각색하다, 해결하다, 화해시키다

꼭 좋은 거라고 말할 순 없지만, 우리 왜 이 arrange라는 말 우리말에 섞어서 많이 쓰고 있답니다. 가령 부장님이 이렇게 말씀하실 수 있죠. '어이, 김 과장, 오늘 내 스케줄 안 엉키게 미리 확인해서 잘 좀 arrange해 놓도록 해요' 뭐 이렇게 말입니다. 그것도 다 따지고 보면 '스케줄을 일직선으로 하는' 것이라고 볼 수 있습니다. 근데 위에 보니까 '화해시키다'라는 뜻도 있습니다. 보통 때 같으면 '우와, 이런 뜻도 있었네, 형광펜 칠해 놓고 기억해야겠다' 이렇게 접근했을지도 모르겠습니다. 하지만 우리가 다루고 있는 핵심의미라는 관점에서 보면 이것도 전혀 새로운 뜻이 아니죠. '서로 다른 곳을 쳐다보고 있던 쌍방이 이제 같은 곳을 쳐다보도록 일직선으로 한다'면 그게 바로 '화해시키다'가 되는 것입니다.

다시 한 번 말씀드리지만 이것은 새로운 어휘 학습법이나 검증되지

않은 신출귀몰한 비법이 결코 아닙니다. 원어민의 두뇌에 그려질 것으로 추정되는 영상(image)을 그리고 느껴 본 것뿐입니다. 언어학에서는 이를 인지문법(cognitive grammar)이라 하여 활발하게 연구하고 있습니다. 따라서 어느 정도 단계가 되면 우리는 단어의 여러 의미를 제각각 외우는 것이 아니라 핵심의미를 느끼고 그래서 실제의 다양한 상황에 확장, 적용될 수 있도록 해야 할 것입니다.

핵심의미 파악훈련 1
- 우려내기

절대어휘 그 이후

    외국어로서의 영어, 즉 맨땅에서 시작하는 영어는 초동 단계에서 일단 최소한의 어휘 용량 확보를 위해 인위적 암기가 불가피할 수밖에 없음을 '무데뽀와 생짜배기'를 통해 이전에 말씀드린 바 있습니다 (저는 이것을 '절대어휘(absolute vocabulary)'라고 명명하였습니다). 그러나 이 절대어휘의 수준에서만 그치면 영어는 사실상 더 늘지 않습니다. 딱 그 수준의 일차원적 어휘력에 머물러 더 이상 망각되지 않기를 바라며 그야말로 소위 생존을 위한 최소한의 영어(survival English)나 하는 것이지요. 중학교 때까지 영어 잘 한다는 소리를 듣다가 고등학교 수준부터 정체기를 보이는 학생들의 원인이 대부분 이와 무관하지 않음을 저는 현장에서 수없이 목도하였습니다. 따라서 올바른 성장을 위해서는 절대어휘 이후의 단계가 필요하게 되고 바로 이것을 우리는 '핵심의미와 확장'이라는 내용으로 직전에서 다루어 보았던 것입니다. 이는 마치 우리가 우리말 어휘를 어렸을 적에는 뜻도 정확히 모른 상태에서 진공청소기처럼 막

흡입하다가 (절대어휘), 점차 중학생이 되고 고등학생이 되어 가면서 점 차로 그 속에 들어 있는 의미 단위를 깨닫게 되는 (의미의 확장) 것과 마찬가지입니다. 이후 우리 어휘력의 양적, 질적 성장은 그야말로 비약 적으로 이루어지게 되지요.

핵심의미 우려내기

핵심의미를 파악할 줄 알아야 기존에 알고 있던 어휘를 더 풍요롭게 쓸 수 있고 나아가 총체적인 어휘력의 신장에 기여할 수 있으며, 더 나아 가 원어민의 직관에 가까워질 수 있다고 하였는데, 그러면 그 핵심의미 를 어떻게 파악해야 할까요? 앞에서 영어 동사 charge와 arrange를 다룰 때는 핵심의미를 제가 먼저 제시해버려서 '그걸 어떻게 알고 해?'라며 의아하게 생각한 분들이 있었을지도 모르겠습니다. 자, 이제 스스로 하 는 법을 알려드릴게요. 먼저 '우려내기' 전법입니다.

ISSUE

사전을 한번 들추어 보세요. 눈에 익은 단어 하나를 찾아보지요. 영어 동사 issue를 한번 보겠습니다. 물론 이 말은 명사로 외래어화 되어 '논쟁 점, 문제' 등의 뜻이 이미 우리에게 익숙하게 통용되어 있습니다. 그런데 도 이 말이 동사로 사용되면 학생들은 많이 거북해 하더라구요. 제가 즐겨보는 'Essence 영한사전'은 동사로서의 영어 단어 issue의 여러 가지 의미를 다음과 같이 알려주고 있습니다.

issue (vt) ① (명령·법률 따위를) **내다, 발하다, 발포하다**
② (지폐·책 따위를) **발행하다**, 출판하다; (어음을) 발행하다
③ (식량·의복 따위를) 지급하다, 급여하다
(vi) ① **나오다**, 발하다, 나타나다, 유출하다, 분출하다
② **유래하다, 생기다**; 태어나다
③ 일어나다
④ 결국 ~이 되다, ~의 결말이 되다
⑤ (책이 되어) 발행되다

대개의 사전은 위에 밑줄 그어 표시된 것처럼 주요 의미를 별도로 표시해둡니다. 색깔을 칠해주는 사전도 있고, 볼드체로 나타내는 것도 있습니다. 자, 위에서 밑줄과 동시에 볼드체로 강조된 의미만 죽 훑어보시면서 핵심의미를 이제 한번 '우려내어' 봅시다. 우려내는 가장 좋은 방법은 죽 읽어 가면서 마음속에 그림을 하나 떠 올려 보는 겁니다. 자, 시작해 보세요. … (주요 의미를 천천히 읽으며 하나의 그림으로 우려내기) … 어떤 그림이 그려지세요? 조금씩의 차이는 있겠지만 여러분들의 머릿속에 그려졌을 것으로 추정되는 그림을 극도로 단순화시켜 표현한다면 아마 아래의 것과 거의 비슷하지 않을까 싶네요.

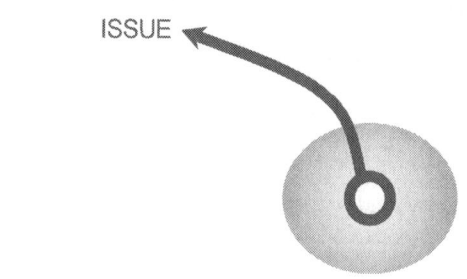

그렇습니다. 보시다시피 issue는 어딘가에 들어있던 것이 밖으로 나오는 동작입니다. 타동사(vt)라면 '밖으로 나오게 하다'가 될 것이고, 자동사(vi)라면 '스스로 밖으로 나오다'가 될 것입니다. 그리고 그게 바로 영어 동사 issue의 핵심의미(core meaning)가 되는 것입니다. 이제부터 여러분은 issue가 동사로 쓰였을 때 사전에 열거된 것처럼 '내다, 발하다, 발포하다, 발행하다, …' 등의 수십 가지 의미를 고통스럽게 외우는 것이 아니라, issue라는 동사가 우리의 인지(cognition)에 떠 올려 주는 영상(image) 혹은 도식(schema)을 느끼면 되는 것입니다. 그리고 그 영상이 어떤 환경에서 사용되느냐에 따라 좀 더 구체적인 의미는 우리가 삶을 통해 체득한 사전 지식(background knowledge)이 알아서 해결해 주게끔 되어 있습니다. 자, 다음을 보면서 연습을 해 보시죠.

ISSUE (밖으로 나오는 영상을 떠 올리며)

사용 환경	영상 적용		번역
a. 공적 기관	- 법을 밖으로 내다	→	발포[공포]하다
b. 출판사	- 책을 밖으로 내다	→	출판하다
c. 엄마의 배	- 아기가 밖으로 나오다	→	태어나다

그렇죠. 법률을 제정할 수 있는 기관이 어떠한 사항을 issue한다면 그것은 해당 법률을 공포하는 것이 될 테고, 만일 issue의 주체가 출판사라면 새로운 인쇄물을 출판 혹은 출시하는 것이 될 것입니다. 마찬가지로 엄마의 배를 사용 환경으로 가정한다면 '(아기가) 태어나다'라는 의미의 자동사가 될 수도 있는 것입니다.

우리가 외래어로 사용하고 있는 명사로서의 '이슈'도 마찬가지입니다. 그동안은 말없이 잠잠하게 있다가 갑자기 밖으로 분출되어 사람들의 이

목을 집중시키는 이 사회의 문제나 논점, 그게 바로 명사로서의 issue가 되는 것이지요. 이 역시 핵심의미로부터 얼마든지 확장해 낼 수 있습니다. 다만 지금까지 우리는 issue의 영상을 머릿속에 그리지 않았기에 그 단편적인 정보만 저장하고 있었던 것뿐이지요.

앞에서 제시된 issue의 사전적 의미에 나와 있지 않은 경우도 얼마든지 이런 방식으로 접근할 수 있습니다. 여러분, 여권 있으시죠? 한번 앞면을 펴 보세요. 아마 Date of issue라고 기재된 항목이 있을 겁니다. 한글로 뭐라고 쓰여 있나요? 그렇죠, 이 국외 신분증이 '밖으로 나온 날'이니까 당연히 '발급일'이 되는 것입니다. 그러고 보니까 문득 생각이 나네요. 일전에 의사 선생님 한분을 저녁 식사 자리에서 통역해드릴 일이 생겼습니다. 해외 봉사를 가신다면서 어떤 단체의 외국인 관계자와 동석한 자리였습니다. 그 의사 분은 당신도 영어를 웬만큼 하는데 그래도 혹시나 몰라 저를 부르셨다 하였습니다. 대화가 무르익어 갈 무렵, 그분은 어떤 얘기 끝에 '비자도 발급되었습니다'라고 말씀하셨고, 저는 별 생각 없이 'He has been issued a visa~'라고 통역해드렸습니다. 그랬더니 글쎄 그분이 얼굴을 붉히시며 '아니지, 아니지, 내 비자가 문제가 있다는 게 아니라 최근에 발급이 된 거라구요'라고 하시며 저의 통역을 지적하시는 겁니다. 참 어이가 없는 일이었죠. 많이 배우신 분들일수록 자신의 우물에 갇혀 있기가 쉽다더니 딱 그 경우이더군요. 하지만 저는 구태여 항변하지 않고 다른 말로 바꾸어서 다시 통역을 하였습니다. 아마 지금도 그 분은 저를 떠 올리시며 '그 친구 형편없더구만' 뭐, 이렇게 생각하고 계실지도 모르겠습니다.

자, 다시 돌아와서, 이제는 아래에 주어진 실전 예문들을 한번 보시면서 issue의 핵심의미, 즉 '무언가가 밖으로 나오는 영상'이 적용되는지 한번 시험해 보기 바랍니다.

a. A weak trembling sound *issued* from his lips.
그의 입술 사이로 약하게 떨리는 소리가 흘러 나왔다.
b. We must *issue* food and clothing to soldiers.
우리는 병사들에게 식량과 피복을 지급해야 한다.
c. A warrant has been *issued* for his arrest.
그에 대한 구속 영장이 발부되었다.
d. They *issued* a special set of stamps to mark the event.
그들은 그 일을 기념하기 위해 특별 우표세트를 발행했다.
e. the *issue* of blood from a wound
상처의 출혈

어떻습니까? 고개가 끄덕여지시지요? 그럼 그 다음에는요? 그건 여러분의 몫입니다. issue가 사용되는 다양한 환경에 (이제는 이것을 issue의 '용법'이라고 말할 수 있겠지만) 익숙해져서 여러분의 메모리에 각인이 되면 스스로 사용할 수 있게 되는 겁니다. 그리고 사용 빈도가 많아지면 많아질수록 issue라고 하는 영어 동사는 완전히 자신의 것이 되어 더 편해지겠지요.

그러면요, 앞에서 했었던 charge와 arrange도 사전을 펴 놓고 핵심의미 영상을 한번 그려보도록 하세요. 그리 어렵지 않을 겁니다. 아래에 제시된 제 머릿속의 영상과 한번 비교해 보시구요.

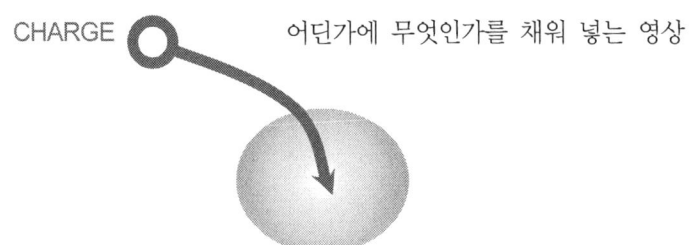

CHARGE — 어딘가에 무엇인가를 채워 넣는 영상

ARRANGE　　　　무언가가 가지런해지는 영상

　희소식 하나 전해드릴게요. 서점에 가시면 이렇게 기본 동사들의 다의성(polysemy)을 미리 해결해서 영상으로 이미지화 시켜 놓은 책들이 제법 있습니다. 그중 저도 즐겨보는 전 연세대 교수이신 이기동 박사님의 저서를 추천 드립니다 (저자명으로 검색해 보시면 여러 권이 나올 겁니다). 물론 저는 그분과 일면식도 없습니다. 정보가 곧 힘이라고 했던가요? 저는 그저 혼자만 알고 싶은 그 정보를 아낌없이 나누려 하는 것뿐입니다. 이상하게도 좋은 책들은 널리 알려져 있지 않더라구요. 가볍고 귀가 솔깃한 제목의 책은 불티나게 팔린다는데….

핵심의미 파악훈련 2
- 어원분석

이미 얘기하였음

　핵심의미에 대한 내용을 처음으로 접하면서 appreciate라는 영어 동사를 보신 기억이 날 겁니다. '감상하다, 감사하다'가 아니라 '가치를 평가하다'로 접근하시라고 했지요. 사실은 그때 제가 여기서 할 얘기를 살짝 던졌었는데, 눈치가 좀 있으신 분들은 벌써 알아채셨을지도 모르겠네요. 이번 시간에는 '우려내기' 전법에 이어 '어원분석'을 통한 핵심의미 파악훈련을 해 보도록 하겠습니다. 언급한 appreciate라는 말을 쪼개보면 다음과 같은 분석이 가능합니다.

```
appreciate =    ap        +    preci      +    ate
             접두사(to)      어근(price)      접미사(동사파생)
              → ~쪽으로 가격[가치]를 두다[평가하다]
```

　이 책에서도 영어사(英語史)에 관해 간단히 다루었지만(Part 5), 영어는 그야말로 침략에 의한 엄청난 변화와 수난의 결실로 완성된 언어입니다.

그 침략의 대부분을 차지하는 것은 다름 아닌 희랍어(Greek)와 라틴어(Latin)입니다. 마치 우리말의 많은 부분을 한자(漢子)가 차지하고 있는 것과 별반 차이가 없습니다. 위에서 분석한 appreciate만 하더라고 그렇습니다. 의미의 중심이 되는 어근(語根, root)을 기준으로 앞에 붙은 접두사(prefix)와 뒤에 붙은 접미사(suffix)가 보이는데요, 얘네들은 전부 라틴어에서 온 것들입니다. 보통 우리는 이러한 것들을 어원(語原, etymology)이라고 불러왔죠. 그리고 고급 학습자들의 전유물로만 여겨 온 것이 사실입니다. 근데 우리도 이제 이걸 좀 써야겠습니다. 보시다시피 appreciate의 핵심의미는 어원과 매우 밀접한 관계가 있습니다. 그리고 사실 이것은 너무나도 당연한 얘기입니다. 어원이 말 그대로 '말의 근원'을 의미한다면 최초로 사용된 그 의미를 중심으로 의미가 확장되었을 가능성이 무척이나 다분한 것이겠지요. 따라서 당연히 어원으로 파악할 수 있는 의미는 핵심의미와 직결되는 경우가 많습니다. '우려내기'가 주어진 다의적 의미를 통해 핵심의미를 유추해 내는 것이라면, 어원을 통한 방법은 단어 속에 숨어있는 어원의 명시적 분석을 통해 핵심의미를 보다 직접적으로 파악하는 것입니다. appreciate의 경우 preci-를 가만히 보면 우리가 알고 있는 price와 생김새가 비슷합니다. 물론 어떨 때는 모양이 많이 변해 알아보기가 힘들 때도 있습니다만, 아무튼 '가격(price)'을 의미하는 라틴어 pretium에서 온 이 preci-의 의미를 파악함으로써 우리는 '가치를 평가하다'라는 appreciate의 핵심의미를 직접적으로 뽑아낼 수 있게 되는 겁니다. 사실 arrange도 마찬가지입니다. range의 어원적 의미는 원래 '일직선으로 하다(put in a line)'라는 뜻입니다. 뭐죠? 우리가 우려냈었던 arrange의 의미와 정확히 일치하고 있습니다. 자, 그러면 이제 방법은 거의 다 됐구요, 실질적인 얘기 몇 말씀만 더 드리도록 하겠습니다.

우려내기냐 어원분석이냐?

소개해드린 두 가지의 방법 중 어느 것을 어느 때에 써야 할까요? 정답은 '그때그때 알아서 쓰면 된다'입니다. 이미 알고 계신 분도 있을 테지만 이것은 전혀 어려운 문제가 아닙니다. 하지만, 대체로 보면 능히 알고 있을 것이라 착각하는 기본 동사들, 가령 take, make, have, hold … 등은 '우려내기'를 사용하는 것이 좋고, 좀 수준이 있어 보이는 단어들은 (대부분 희랍과 라틴 계열입니다만) 어원 분석적 접근을 하는 게 좋습니다. 물론 위의 appreciate나 arrange 같은 동사들처럼 양쪽으로 모두 접근이 가능할 수도 있구요. 뭐, 솔직히 영어선생님들 수준이라면 이 정도는 되어야 하지 않겠습니까?

어원 분석의 장점

어원 분석을 하면 분명히 좋은 점이 있습니다. 그것은 단어가 무지막지하게 늘어나기 시작하는 경험을 할 수 있다는 것입니다. appreciate에서 preci-가 '가격'을 의미한다고 했었지요? 그러면 여기에다가 ap-가 아니라 '아래'를 의미하는 de-를 붙여 depreciate라는 말을 만들면 어떤 뜻이 될까요? 그렇지요. 이번에는 거꾸로 '가치가 하락하다, 평가절하'라다는 뜻이 됩니다. 그뿐입니까? 우리가 편히 알고 있었을지도 모르는 '소중한'이라는 의미의 영어 형용사 precious도 같은 어원에서 출발한 말입니다. 역시 이 말에서도 preci-가 보이시죠? 이제 preci-라는 이 어근을 조금만 더 변형해 보면 같은 집안 단어들이 더 나옵니다. '칭찬하다'라는 의미의 영어동사 praise나 역시 '가치를 매기다'라는 의미의 영어동사 appraise도 모두 같은 어근에서 출발한 말들입니다. 우리의 머릿속에 서로 떨어져 있던 내용이 이 책의 어디에선가 소개한 '유의적 학습'으로 서로 의미 있게 얽히고 있음이 틀림없이 느껴지리라 생각합니다. 저는 학생 시절부터 이러한 내용들을 다음과 같이 정리해왔습니다. 제가 창안한 방법은 아니구요, 이것은 'Newace영한사전'의 표기법을 따른 것입니다. 제가 힌트를 드렸네요. 영한사전을 통한 어원의 접근은 이 사전이 가장 충실한 것 같더라구요.

> appreciate 가치를 평가하다 < L. preci- (price)
> ⇨ depreciate, precious, praise, appraise

기호 (<)은 부등호가 아니라 그 방향을 보시고 '~로부터 유래되었음'이라고 생각하시면 되겠구요, 대문자 L은 물론 Latin을 줄여 쓴 것입니다. 참고로 희랍어(Greek)는 Gk라고 씁니다. 이어서 preci-의 뜻을 괄호 속에 price라고 기입한 다음, 자, 그 다음이 진짜 하이라이트인데요, 관련된 집안 단어들을 화살표 (⇨) 다음에 써 두고 함께 연관 지어 암기하여 막 늘려 나가기 시작하는 것입니다.

이렇듯 어원분석은 핵심의미를 쉽게 파악하게 해줄 수 있을 뿐만 아니라 따로 놀기 쉬운 집안 단어들을 함께 묶어 기억의 양적 증대는 물론 보존 기간을 훨씬 더 늘려 준다는 장점이 있습니다.

어원분석 시 주의할 점

그렇다고 지금 당장 서점으로 달려가서 어원을 다룬 책을 사서는 낭패를 보기 십상입니다. 몇 페이지도 보지 못하고 금방 질려서 포기할 가능성이 거의 백퍼센트입니다. 저도 그랬거든요. 이렇게 생각합시다.

우리도 우리말을 배울 때, 비록 한자로는 쓰지 못하지만 이 단어 저 단어에서 자주 사용하는 바람에 자신도 모르게 익힌 중국발(中國發) 어원들이 많이 있었습니다. 가령 '비상식, 비합리, 비정상 … ' 등의 말들에서 어렸을 적 언젠가부터 어렴풋이 '비(非)'라고 하는 말의 뜻을 깨우쳤을 것이고, 금세 다른 말에 스스로 적용해가기 시작했을 것입니다. 왜 그랬을까요? 이 '비(非)'라고 하는 어원의 빈도로 인해 그 확장성 내지는 생산성, 그래서 그로 인한 익숙함의 정도가 매우 높았었기 때문입니다. 만일 아주 어려운 한자어가 있는데 그 한자어를 사용하는 우리말이 하나 밖에 존재하지 않는다면 과연 그 한자를 어원이라고 해서 익히는 게 필요했을까요? 물론 말도 안 되는 얘기입니다. 국문과나 한문학과 교수가 되지 않는 다음에야 그럴 필요가 없지요.

이상에서 우리는 어원으로 학습을 할 경우 주의할 다음 두 가지의 지혜를 얻을 수 있었습니다.

> a. 어원은 자연스럽게, 나도 모르게, 그저 하다 보면서 저절로 알아가지는 게 좋다.
> b. 어원은 그 생산성이 높아서 하나를 배우면 열을 알도록 해주는 익숙한 게 좋다.

영어도 언어일진대 이와 똑같습니다. 정말이지 조금도 다르지 않습니다. 드물기는 하지만 실제로 그런 사람들이 있습니다. 대부분의 사람들이 무데뽀와 생짜배기로 이천 개 내외의 어휘를 가지고 있는데 반해 만개 이상의 어휘를 무데뽀와 생짜배기로 소유하고 있는 사람들이 간혹 있습니다. 머리가 좋은 거죠. 근데 그들은 신기하게도 기본적인 어원에 대한 지식도 어느새 체득해 있습니다. 앞에서 살펴 본 우리말의 경우처럼 그만 자신도 모르게 저절로 알게 된 경우이지요. 하지만 대부분의 우리는 그렇지 않습니다. 이미 그전에 지쳐있기가 쉽기 때문입니다.

좋은 교사, 좋은 교재

좋은 선생님을 만나는 것이 그래서 중요한 겁니다. 만일 내가 의식하고 있기도 전에 상기의 내용을 파악한 영어 교사가 매우 생산성이 높은 어원들만을 뽑아서 기억에 부담이 되지 않을 정도로 적당한 양을 적당한 주기로 알려 주었더라면, 그렇게 중학교 3년, 고등학교 3년을 보냈더라면, 그야말로 금상첨화입니다. 아니면 필수적이고 대단히 생산적인 어원만을 쉽게 모아 놓아 잘 설명한 정통 교재가 있다면, 그리고 대체로 이런 책들은 서점에서 잘 안 보이는 곳에 있지만 무슨 복인지 우연찮게 내 눈에 띄었다면, 그래도 좀 나을 것입니다.

선착순!

제가 스스로 시행착오를 통해 겪은 어휘 공부에 대한 이러한 노하우를 그간 틈틈이 책으로 엮었습니다. 부끄럽지만 언젠가는 세상에 선을 보여야 하겠지요. 이번에는 재미있는 제안을 하나 하렵니다. 그간 책을 냈었던 출판사에 먼저 원고를 보내지 않을 겁니다. 누구든 먼저 손을 내미는 곳에 원고와 더불어 저의 육성이 담긴 강의를 함께 제공할 계획입니다. 이 지면을 빌려 어휘 공부에 대해 실컷 설명했으니 왜 그런 원고가 세상의 빛을, 그것도 제대로 보아야 하는지 구태여 스스로 반복해서 PR하고 싶지는 않기 때문입니다.

완벽한 동의어는 없다!

제5공화국

제가 고등학교 1학년이던 1988년의 일입니다. 올림픽이 있던 해였네요. 그때는 참 이상하게도 고등학교 재학생의 학원 수강이 전면 금지되어 있었습니다. 왜 그랬는지 모르겠는데 아무튼 서울의 몇 안 되는 대입 학원은 수강생들로 넘쳐났고, 뭐가 있길래 그러나 싶어 방학 때 한 번씩 가보고 싶어도 적발되면 부모님에게까지 책임을 묻는다고 엄포를 놓는 터라 필자처럼 소심한 까까머리 학생들은 엄두도 못 냈었지요.

그러던 차에 동네에서 삼수인가, 사수인가 하던 형이 어느 날 자신은 도리어 학원이 가기가 싫다며 저에게 자신의 수강증을 내미는 게 아니겠습니까? 겁은 좀 났지만 그래도 호기심이 먼저인 까닭에, 일부러 아버지 양복바지를 입고 재수생인척 하면서 다니기 시작했습니다.

동의어의 신

122번 버스를 타고 노량진 수산시장에 내려 학원까지는 약 10분을 걸어야 했습니다. 두근거리는 마음으로 강의실에 들어서는 순간, 저는 눈을 의심했습니다. 세상에나, 강의실에 족히 수백 명은 되어 보이는 수강생들이 빼곡히 앉아 있는 겁니다. 이윽고 강의가 시작되었습니다. 교재는 당연히 '성문종합영어'였죠. 선생님은 그야말로 신(god)이라 불리는 사나이였습니다. 심지어 수업 후 그가 남긴 분필을 차지하면 대학에 붙는다고 서로 다투고 난리가 아니었을 정도였습니다. 물론 제게 가장 인상적이었던 것은 그 강사님의 놀랄만한 테크닉이었습니다. 수업의 완급 조절이며, 개그맨을 능가하는 말솜씨며, 무엇보다도 사전을 다 외우고 있는 것 같은 엄청나 보이는 어휘력은 정말이지 감탄 그 자체였습니다. 한 단어가 나오면 동의어를 열 댓 개씩 죽~ 칠판에 쓰는데 그게 얼마나 대단해 보이던지요. '아, 나도 저렇게 많은 사람들의 존경을 받으며 강의하고 싶다', 부러움과 선망의 눈으로 쳐다보곤 했습니다.

동의어의 따로 놀기

그런데 말입니다, 그 순진하던 고등학생이 영문학을 전공하고 석·박사과정을 거치면서, 교사를 지도하는 전공수업까지 하게 되었는데, 이제는 그렇게도 감명을 받았던 그 노량진이란 동네에서 보았던 동의어의 나열식 암기가 때로는 얼마나 무분별한 것이고 또한 위험하기까지 할 수 있는지 예비 교사들에게 가르쳐야만 하는 상황이 되었습니다. 인생이 다 그런 건가요? 정말이지 아이러니컬한 일이 아닐 수 없습니다.

가끔 내용의 권위를 확보하기 위해 인용을 해야 할 경우가 있습니다. 그런 이유로 이화여대 문영인 교수님께서 쓰신 '어휘 교육론'에서 발췌한 사례 몇 가지를 보여드릴게요. (김영숙, 문영인 외. 2003. 영어과 교육론. 한국문화사: 이 책은 사대 출신이 아닌 저에게 영어교사로서 영어교육학 전반에 대한 이해를 갖게 해준 자료입니다. 저와 같은 영어 선생님들이 계시다면 한번 읽어보실 것을 적극 권장합니다. 그런 다음 TBP(Teaching by Principle), PLLT(Principles of Language Learning and Teaching) 등의 순으로 공부하면 좋을듯합니다.) 자, 이제 '찾다, 발견하다'의 의미를 지닌 영어동사 find와 discover를 이용해 다음의 빈칸을 한 번 채워 보시지요.

    a. We _____ the boys hiding in the shed.
       우리는 헛간에 숨어있는 그 애를 찾았다.
    b. Sir Alexander Fleming _____ penicillin in 1928.
       알렉산더 플레밍 경은 1928년에 페니실린을 발견하였다.

동의어라고 생각되는 discovered와 found를 위 두 문장에 다 적용할 수 있을까요? a는 둘 다 될 수 있겠습니다만 b는 discovered만이 가능합니다. discover에는 '불명, 미지의 것을 발견하다'라는 뉘앙스가 강하기 때문입니다. 이번에는 확률 50%의 객관식입니다. 다음에서 둘 중 맞는 표현을 골라보세요.

    c. 그는 능력 있는 의사이다.
       ① He is an *able* doctor.
       ② He is a *capable* doctor.
    d. 그는 수영을 할 줄 안다.
       ① He is *able* to swim.
       ② He is *capable* of swimming.
    e. 그는 능히 사기도 칠 녀석이다.
       ① He is *able* to cheat.

② He is *capable* of cheating.

정답 c ①②, d ①, e ②

역시 동의어로 굳게 믿고 있을지도 모르는 able과 capable의 경우 문제 c는 둘 다 가능합니다만, d와 e는 각기 구분을 해서 써야만 합니다. able, capable 모두 정도의 차이는 있지만 '능력 있음'을 의미할 수 있으나 capable에는 특히 '(나쁜 짓 따위)까지도 (능히) 할 수 있는'이라는 어감이 있기 때문입니다. 사전만 펴보면 바로 알 수 있는 사실이지요.

하나만 더 보지요. knee와 lap는 모두 '무릎'이라는 의미의 명사입니다. 자, 이제 다음 두 문장을 우리말로 옮겨 보세요.

f. He put the child on his *lap*.
g. He put the child on his *knees*.

위의 두 문장은 lap과 knees만 빼고 나머지는 모두 똑같습니다. 게다가 lap와 knee는 동의어입니다. 그런데 이 두 문장의 의미는 완전히 다릅니다. f는 '그 아이를 무릎에 앉혔다'라는 의미인 반면, g는 '그 아이를 무릎 꿇렸다'라는 뜻이 됩니다.

제 석·박사 전공이 영어학 중에서도 의미론(semantics)입니다. 어휘의미론(lexical semantics)의 가장 앞부분에 나오는 얘기가 바로 이 동의성(synonymy)에 관한 것입니다. 그리고 예외 없이 의미론의 대가들은 '어떠한 언어에도 완벽한 동의어란 없다(there are no absolute synonyms in any language)'라고 말을 합니다. 우리는 위에서 이에 대한 여러 가지 사례를 보았습니다. 그것 말고도 얼마든지 더 예를 들 수 있습니다. 또 들어 보라구요? 좋습니다. 가령 my large sister와 my big sister는 어떻게 다를까요? … (고민하는 시간) … 전자는 '덩치가 큰 누이'인데 반해 후자는 '큰 누나' 내지는 '큰 언니'라는 의미입니다. 완벽한 동의어로만 알고 있었던 big과 large가 전혀 다른 의미로 사용되고 있지 않습니까?

물론 학자들의 전문적인 설명은 이보다 한술 더 나갑니다. 그들은 단어마다 불러일으킬 수 있는 연상(connotation)의 차이를 또한 지적하기도 합니다. 예를 들어 같은 말이래도 sanitation engineer(위생 엔지니어, 환경미화원)와 garbage collector(쓰레기 수집인, 청소부)는 듣는 사람의 입장에서 느낌이 완전히 다릅니다. 학자들은 또한 격식(formality)의 정도에 따라 사용하는 말이 다르다는 점도 빼놓지 않습니다. 그들은 이것을 사용역(register)이라는 용어를 사용해서 설명하는데요, 가령 우리는 일반적으로 guy와 man을 별 구별 없이 쓰지만, 법정에서 판사가 판결을 내리거나 대통령이 대국민 연설을 하면서 guy라고 하는 말을 쓰기는 쉽지 않을 겁니다.

우리말도 마찬가지

영어가 이해가 잘 안될 때는 우리말의 예를 들어보는 것도 도움이 된다고 어디선가 말씀드린 적이 있습니다. 언어라는 관점에서 보면 양자는 공통의 보편적 성질을 가지고 있기 때문이지요. 자, 한국어를 배우는 미국인이 있다고 칩시다. 소위 스타강사가 '상태나 질이 좋지 못한(of low quality)'의 의미를 가진 한국어의 동의어 목록을 칠판에 좌악~ 적습니다. 물론 학생들은 열심히 필기하며 외우겠지요. 표준어부터 속어까지 말이지요.

| of low quality | 나쁜, 누추한, 남루한, 허름한, 꾀죄죄한 후진, 꾸진, 꼬진, 허접한, 변변찮은 |

글쎄요, 저는 이 정도밖에 생각이 안 나네요. 같은 원어민의 처지에서 여러분은 몇 개를 더 붙이실 수 있나요? 이제는요, 위에서 생각한 우리말 형용사에 어울리는 명사를 붙여 보자구요. 세 명사를 준비해 보았습니다. 말이 되는지 안 되는지는 제가 답을 드리지 않아도 여러분이 판단하실 수 있으리라 생각합니다. 원어민이잖아요.

나쁜, 누추한, 남루한, 허름한, 꾀죄죄한, 후진, 꾸진, 꼬진, 허접한, 변변찮은   +   [옷, 집, 밥상]

예를 들어 '나쁜 밥상', '남루한 밥상'같은 표현은 얼마나 웃깁니까? 근데 '변변찮은 밥상', '남루한 옷', '누추한 집' 이런 표현들은 또 얼마나 자연스럽습니까? 정말 우리 대단해요, 그렇지 않나요? 어떻게 이걸 다 저절로 판단할까요? 그러면, 거꾸로 이것을 배워야 하는 외국인들은 한국어가 또 얼마나 어려울까요? 역시 마찬가지로 동의어라고 생각되는 영어의 그 많은 말들의 차이를 우리는 어떻게 일일이 익혀가야 할까요? 여러분! 외국어라는 게 사실은 이렇게 어려운 겁니다. 그러니 '몇 달, 몇 주에 끝내는 영어', 'OO만 알면 문제없다', 'OO단어로 끝내는 영어회화', 뭐 이런 제목의 책들이 과연 가당키나 한지 모르겠습니다.

공교육 정상화

요즘 '스타강사'라는 말을 종종 듣습니다. 그러나 테크닉(technique)이란 교수법(teaching method), 언어학(linguistics), 교육학(pedagogy)의 이론(approach) 없이 절대로 오래가지 못합니다. 수많은 학생들이 인생을 걸며 필사적으로 찾는 그분들의 강의가 제발이지 든든한 이론으로 무장되어 있길 바랄 뿐입니다. 저는 공교육이 분명히 정상화 될 것으로 믿습니다. 왜냐하면 교원임용시험을 준비하는 예비교사들은 그렇게 어려운 외국어를 가르치는 자가 되기 위해 그렇게도 어려운 내용들을 날마다 보고 또 보고 익히고 또 익히고 있기 때문입니다. 따라서 언젠가 그들의 힘과 노력과 열정으로 대한민국의 외국어 교육을 반드시 올바른 방향으로 끌고 갈 것이 틀림없습니다. 다만 그들의 노력과 고충을 우리 사회가 좀 알아주고, 또 갈고닦은 실력이 녹슬지 않도록 하는 재교육의 장치가 제도적으로 선행되어야 할 것입니다.

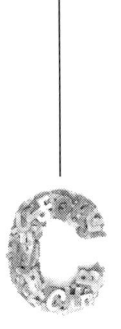

PART 3

규칙 - 문법

5형식. 득(得)인가 독(毒)인가?
– 그리고 우리에게 문법이란?

5형식은 진부한 교사의 전유물(?)

학창 시절 영어책 좀 들여다 본 분들이라면 틀림없이 5형식이라는 말을 많이 들어보았을 것입니다. "주어 + 완전자동사 = 1형식", "주어 + 수여동사 + 간접목적어 + 직접목적어 = 4형식" 등 뭐 이렇게 말이지요. 지금도 많은 교실에서 이 다섯 가지 형식을 앵무새처럼 따라 외우는 학생들을 발견하는 것은 어려운 일이 아닐 것입니다. 그런데요, 또 어떤 이들은 이 5형식을 가리켜 진부한 구시대적 영어교육의 산물이며 따라서 교실에서 완전히 없어져야 한다고 주장하기도 합니다. 5형식을 영어교실에 등장시킨다는 것 자체가 교사의 부족한 자질과 시대착오적인 감각을 드러내는 것이라고 생각하며 그들은 문법교육의 무용론을 들고 나옵니다. 문법만 공부했던 세대가 입도 한 번 뻥긋 못하는 반쪽짜리 영어를 구사한다며 말이지요.

형식과 의미의 관계

그런데요, 이게 그렇게 생각처럼 단순한 것이 아닙니다. 우리 말이지요, 형식(form)과 의미(meaning)라는 관점에서 한 번 생각해 보지요. 과연 의미라는 것이 형식이라는 틀 없이 전달될 수 있을까요? 아니면 거꾸로 말해서 어떤 형식이 의미가 없는 채로 존재할 수 있을까요? 학자들은 이 문제를 '구조적 의미(constructional meaning)'라는 개념으로 답합니다. 일단 다음의 예를 봅시다.

> Kevin gave Linda a book.
> = Kevin gave a book to Linda.

어떠세요? 학교 다닐 때 많이들 해본 문장전환이죠? 그런데 위의 사례에서 가장 큰 문제는 다름 아닌 이퀄(=) 부호입니다. 우리를 그토록 괴롭혔던 문법, 그럼에도 별 것 해주지도 못했던 문법의 문제는 바로 그 이퀄 부호의 생각 없고 무분별한 남용에서 비롯되었다고 해도 과언이 아닙니다. 비슷한 모양일진대 원어민은 두 문장의 영상을 그들의 뇌(brain)에 다르게 저장하고 있답니다. 첫 번째 문장을 다시 봅시다.

> Kevin gave Linda a book.

'Kevin은 Linda에게 책을 한 권 주었다.' 어렵지 않은 번역입니다. 이제 질문을 하겠습니다. 책이 누구에게 있습니까? 생각할 것도 없이 Linda가 책의 새로운 주인이 되었습니다. 즉, 이 문장을 발화한 원어민의 인지(cognition)는 이동된 책의 새로운 '소유(possession)' 관계에 관심을 둔 것이지요. 다시 두 번째 문장을 등장시켜 보겠습니다.

Kevin gave a book *to* Linda.

두 단어 a book과 Linda의 위치가 바뀐 것은 물론이고, 없던 말 to(전치사라고 하지요)가 새롭게 등장했습니다. 자, 이제 질문을 드리겠습니다. 책은 누구에게 갔습니까? 네, 그렇습니다. 책의 이동 방향은 다름 아닌 Linda를 향하고 있습니다. 말하자면 이 문장을 발화한 원어민의 관심사는 책의 새로운 소유 관계가 아니라 이동의 '방향(direction)'이었던 것입니다.

원어민의 뇌(brain) 추정 영상

결국 같은 이벤트라고 하더라도 어떠한 장면이 부각되느냐에 따라 서로 다른 배열 방식을 취하였던 것이라고 할 수 있습니다. 이제 좀 느낌이 오시나요? Kevin이 Linda에게 책 한권을 주는 이벤트를 두 가지 영상으로 느껴보신 소감이 어떠신가요? 아직 잘 이해가 안 가신다구요? 그렇다면 이 두 장면을 극도로 단순화시킨 것으로 가정되는 원어민의 뇌 속 영상을 한 번 들여다보시지요.

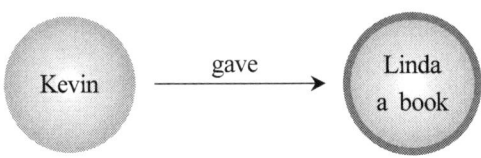

이 그림은 Kevin gave Linda a book, 즉 동사 gave 뒤에 두 개의 명사 Linda와 a book을 나란히 배치시켰을 때 원어민의 인지에 떠오를 것으로 추정되는 영상입니다. Linda라는 개체가 최종적으로 a book을 소유하고

있는 모습이 굵은 실선에 의해 강조되어 있습니다. 그렇다면 Linda와 a book의 위치를 서로 바꾸고 전치사 to를 등장시킨 Kevin gave a book to Linda의 영상은 어떨까요? 전체적인 틀은 비슷하지만 강조되는 것이 서로 다르답니다. 다음의 그림이 바로 그것입니다.

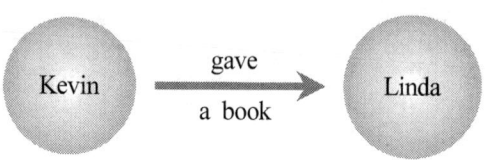

이번에는 Linda가 아니라 a book이 이동하는 방향에 초점이 맞추어져 화살표가 굵게 강조되고 있습니다. 다시 말해 a book to Linda라는 '명사 to 명사'의 배치는 원어민의 인지에 최종 소유자라기보다는 이동의 방향을 부각시킨 것이라고 할 수 있습니다. 이 문장을 발화하는 화자의 관심사는 온통 누구 쪽으로 갔느냐에 집중되어 있는 것이지요.

저마다의 시각으로 세상을 보다

 같은 장면을 서로 다른 각도에서 바라보는 것은 우리 인간에게 전혀 새로운 일이 아닙니다. 성인 남자들의 모임을 한 번 봅시다. 친구들끼리 만났다하면 시끄럽게 등장하게 되는 주제 중의 하나는 단연 정치, 사회, 스포츠, 자동차 등과 관련될 가능성이 농후하다는 데 동의하실 겁니다. 그런데 어떻습니까? 동일한 현상이나 대상을 바라보는 저마다의 취향이 모두 제 각각이지 않습니까? 언어도, 아니 지금은 영어도 그것과 똑같은 겁니다. 누가 누군가에게 무엇을 주는 영상 중 어떠한 모습이 부각되느냐에 따라 우리는 각기 다른 형태를 취하게 되는 것입니다. 이 책이 본격적인 학습서는 아니지만 기왕에 말이 나왔으니 다시 그 두 장면을 형식별로 다듬어 봅시다.

a. 주어 + 동사 + 명사1 + 명사2
　　　　　　→ 명사1이 명사2를 '소유'
b. 주어 + 동사 + 명사2 + 전치사 + 명사1
　　　　　　→ 명사2의 '**이동 방향**'은 명사1쪽으로

이걸 보면 아주 재미있는 모습이 발견됩니다. 영어 단어를 아직 하나도 쓰지 않았는데 형식 그 자체만으로 의미가 어느 정도 결정되고 있다는 사실입니다. 앞서도 잠깐 언급했습니다만, 이것을 두고 '구조적 의미(constructional meaning)'라고 하는 것입니다. 구조, 즉 **형식이 의미의 결정에 관여한다**는 것이지요. 원어민 아이들은 이 구조가 주는 의미를 만 4~5세 정도에 자신도 모르게 습득한다고 합니다. 그 아이들이 수여동사 give의 용법을 배워서가 아니라, 자기네 나라 말에서 명사라고 하는 범주(category)의 말을 어떻게 배열하느냐에 따라 일정한 의미를 품고 간다는 사실을 본능적으로 알게 되더란 얘깁니다. 그 일정한 의미에 이제 막 비약적으로 늘게 될 그들의 어휘를 적용시키는 것이지요.

득이 될 수도 있었는데

이쯤 되면 5형식이 득인지 독인지의 질문에 대해 어느 정도의 답이 되었으리라 생각합니다. 열심히 외웠던 그 5형식은 사실은 원어민들도 본능적으로 습득해가는, 잘만 접근했더라면 득이 될 수도 있었던 것이었는데 우리는 그저 독처럼 암기만 했던 것입니다. 만일 각각의 형식 자체가 주는 의미를 음미하고 새겨서 원어민들의 직관에 근접할 수 있도록 해놓았더라면 그리도 열심히 외웠던 단어들을 좀 더 잘 사용하지 않았을까 하는 아쉬움이 남는 대목이지요.

구조적 의미 연습

자, 이제 연습 한번 해볼까요? 아니 질문을 하나 드릴게요. 특히 영어를 가르치시는 선생님들에게요. open이라는 동사, 아주 쉽다고 생각되는 것입니다만, 4형식으로 쓰일 수가 있을까요 없을까요? 학생들이 이런 질문을 한다면 어떻게 대답하시겠습니까? 아니 어떤 해결 방법을 모색할 겁니까? 자신이 보유하고 있는 모든 어법서와 사전을 찾아 볼 건가요? 얼마 안 가 별 도움이 안 된다는 사실을 깨달을 겁니다. open이라는 단어의 용례로 그 다음에 명사 두 개를 배치하는 이른바 4형식의 용법을 사전에서 소개해 줄 리 만무죠. 여기서 필요한 것! 바로 앞서 언급한 '구조가 주는 의미'에 관한 느낌을 활용해 보는 겁니다.

a. *Kevin opened Linda the door.
b. Kevin open the door for Linda.

잠깐만요. 일단 약속 하나 하지요. 예문 a를 보면 별표(*)가 붙어있습니다. 언어학에서는 비문법(ungrammaticality)을 표시할 때 이 기호를 사용합니다. 그러니 적어도 영어 시간에 이 기호를 중요한 것을 나타내는 진짜 별표(★)의 대용으로 쓰면 안 되겠지요. 아무튼 예문 a는 틀린 겁니다. 그래서 전치사 for를 활용한 b처럼 써야 합니다. 그러면 중간 결론이 뭔가요? open은 뒤에 명사 두 개를 배치하는 4형식으로 쓸 수 없다, 뭐 이렇게 되나요? 오호통재(嗚呼痛哉)라! 바로 그것이 우리 문법의 슬픈 자화상이었던 것입니다. 우리는 언제나 틀 속에서 어떤 것이 되고 안 되고를 편가르기 식으로 암기하고 또 암기했던 것일진대, 막상 이 본능에 불과한 언어를 구사하려다 보니 그 암기했던 멋지고 멋진 내용들이 그만 하얗게 지워지고 만 것입니다. 결국 open이 4형식 동사의 범주에 속하느냐 아니냐의 문제는 암기의 문제가 아니라 구조를 의미화해서 바라보는 원어민의 직관에 근접할 수 있느냐 없느냐의 문제였던 것입니다. 예문 a를 구조적 의미에 입각해서, 즉 앞의 명사가 후속하는 명사의 소유주가 된다는 상황으로 가정을 해봅시다. 어떤 그림이 그려지나요? 문짝을 떼어서 Linda에게 주는 아주 우스꽝스러운 영상이 보이시나요? 그러면 여태까지의 내용을 아주 잘 이해한 것입니다. 일반적인 우리 삶에서 이런 모습은 상상하기 힘들지요. 그래서 예문 a 앞에 별표가 붙어 비문법이 되는 것이고, 이 경우의 상황은 예문 b처럼 써야 합리적인 언어가 되는 것입니다. 신기한 것은 원어민의 두뇌에는 이러한 일련의 과정이 프로그램화 되어 있어서 학교 교육을 전혀 받지 않은 일자무식의 화자라 하더라도 a를 어색하게 느끼는 반면 b는 자연스러운 영어로 받아들인다는 점입니다. 우리의 문법 시간에 필요했던 학습이 바로 이런 것을 느껴보는 것이었습니다. 안타깝게도 우리는 언제나 분류하고 정리하고 문제풀이를 통해 암기한 것을 확인하고, 그게 시험에 나왔느니 아니니 옥신각신하기만 했는데, 그러는 사이에 어느새 성인이 되고 여전히 영어는 우리의 발목을 잡고 있더란 말입니다.

같은 말이라도 (무분별한 암기의 위험성)

이쯤해서 재미있는 실험을 한 번 더 해볼까요? 그럼 다음 문장은 어떻게 생각하세요?

> Kevin opened Linda a Coke.

그렇죠. 아무 문제가 없습니다. open이 4형식으로 쓰이고 안 쓰이고의 문제는 두 번째 명사가 첫째 명사의 소유주가 되느냐 안 되느냐의 문제라고 했지요. 그래서 앞에서 등장한 Linda에게 문짝을 떼어 주는 그림은 일반적인 상황 하에서는 안 그려지지만, 콜라 한 캔을 따 주는 그림은 우리의 인지에 너무나 자연스럽게 그려집니다. 결국 뭡니까? 어떤 동사 다음에 명사 두 개를 배치할 수 있는가의 문제는 우리 인간의 인지가 허락하는지의 여부에 달려 있다는 것입니다. 어쩌면 이런 상상을 하고 계신 독자분이 있을 수도 있겠는데요. '아니, 그럼 만일 Linda에게 문짝을 떼어 주는 상황이 가능하다면 Kevin opened Linda the door라는 것도 가능한 거 아니야?' 너무나도 훌륭한 질문입니다. 만화 같은 상황만 주어진다면 얼마든지 가능하지요. 가령 Kevin과 Linda가 거인(巨人)들이고 소인국에서 대화를 나누는 상황이라고 가정해 보세요. Linda는 사탕으로 된 소인국의 문짝 하나를 떼어 달라고 Kevin에게 부탁합니다. Kevin은 Linda에게 the door라는 사탕을 여는 척 떼어서 얼마든지 전해줄 수 있게 되는 것이지요.

우리에게 문법이란

이렇듯 문법은 결코 죽어 있는 것이 아닙니다. 그것은 대단히 유기적인 어떤 살아있는 실체로서 시시각각 형편에 따라 다르게 적용되어야 할, 인간으로 따지면 어떤 중추 회로 같은 그런 것입니다. 미국 MIT 대학의 그 유명한 노암 촘스키(Noam Chomsky) 교수를 비롯해 수많은 학자들이 시도했고 지금도 연구하고 있는 그 메커니즘이 바로 그 중추 회로의 작동 원리이지요. 거기까지는 아니래도 우리는 이제 어떠한 문법 사항을 단순히 암기하고 일차원적으로만 적용하려는 무의미한 시도를 드디어 멈출 때가 되었습니다. 우선은 이와 같은 내용을 잘 소화해서 전달할 교사들의 교육이 전제되어야 하겠구요. 또 교수님들은 연구만 열심히 한다고 자신들의 소임을 다 하는 것이라 생각해서는 안 될 것 같아요. 학회 등지에 나가 알아들을 수도 없는 어려운 말로 자기들끼리만 공유하는 지식이 무슨 소용이 있을까 싶어요. 그러지 마시고 그 새롭고 변화된 지식의 틀과 내용이 모두에게 공유될 수 있도록 교실과 소통할 수 있는 방법들을 모색해야 할 것입니다. 그러기 위해서는 교육 당국의 공무원 분들도 내용이 실용적으로 반영될 수 있도록 제도를 다듬어야 할 것이고, 또 그러기 위해서는 적어도 교육만큼은 각 과의 최고 전문가들이 또한 행정가로도 나서야 한다고 생각합니다. 잘 가다가 얘기가 옆으로 샜는데요. **아무튼 문법, 그것은 꼭 필요합니다.** 하지만 예쁘게 정리된 일률적 공식으로서가 아니라, 상황에 대처할 수 있는 자율 운전이 가능한 중추 회로로서 반드시 필요하다는 점을 강조하고 싶습니다. 그러니 그 문법의 뼈대 중의 뼈대라고 할 수 있는 5형식도 형식이 의미에 관여한다는 점을 인식한다는 전제 하에 반드시 필요한 것이고요.

감각동사 다음에는 형용사만?

'멋있게'이지만 nice(멋있는)를 선택하는 이유는?

That sounds great! '그거 정말 좋은데!' 많이 들어본 말입니다. 상대가 한 말에 맞장구를 치며 승낙하는 대표적인 표현으로 많이들 쓰실 겁니다. 그럼 이건 어떤가요? Kevin이라는 애가 멋있게 보여서 하고 싶은 말인데 형용사 nice와 부사 nicely 중 어느 것을 선택해야 할까요?

 Kevin looks [nice / nicely].

네 그렇습니다. nice가 정답입니다. 비록 우리말로는 '멋있게' 보이는 것이지만 그럼에도 불구하고 nice를 선택해야 한다고 우리는 억지로 배웠습니다. 또 어떤 사람은 '멋있게'라고 번역하지 말고 '멋있어'라고 번역하면 된다고 해괴망측한 궤변을 늘어놓기도 합니다. 다음은 필자가 수집한 학원가 강사들의 여러 가지 설명 방식입니다.

 a. look은 2형식 동사이다.
 b. look은 불완전자동사이다.

  c. 주격보어가 필요한 상황이다.
  d. look은 감각동사이므로 형용사를 쓴다.
  e. 관용적 표현으로 암기하는 게 좋다.
  f. That's the way we speak English.
   그게 바로 우리가 영어를 말하는 방식이에요. (교포강사)

굳이 점수를 주자면 f가 제일 좋은 것 같습니다. 무책임한 발언이지만 사실이니까요. 그다음으로 괜찮아 보이는 것은 e 같네요. 하지만 a, b, c, d는 절대로 해서는 안 되는 설명입니다. 자, 이제 왜 그런지 그 이유를 살펴봅시다.

정의(definition)의 중요성

  학자들이 할 일 없이 현상을 분류하고 정의 내리고 일반화하는 것이 아닙니다. 다 이유가 있으니까 하는 거지요. 좀 딱딱한, 하지만 자주 들어본 문법 용어를 쓰겠습니다. 형용사(adjective)와 부사(adverb)인데요 둘 다 모두 수식어, 즉 꾸며주는 말입니다. 보통 문법책에서 볼 수 있는 그 일반적인 정의는 다음과 같습니다.

  a. 형용사는 명사를 수식한다.
  b. 부사는 동사를 수식한다.

생각해 보세요. 만일 이 세상에 명사와 동사만 있다면 어떤 일이 벌어질까요? '~가 …하다'와 같은 무척 삭막한 문장만 만들어 지겠지요. 근데요, 우리는 인간이잖아요. 자꾸 뭐를 만들어 보고 싶고, 이렇게 꾸몄다 저렇게 꾸몄다 바꾸어 보고 싶기도 하고, 뭐 그런 우리의 욕망이 지금의 이 세상을 만든 거잖아요. 우리의 본능적 능력 가운데 하나인 언어도 당연히 예외는 아니겠지요. '빨간 우산, 노란 우산, 찢어진 우산'이 왜 있겠어요? 우산만 있으면 재미없잖아요. 동사도 마찬가지예요. '춤추다' 라는 동작을 생각해 볼까요? '신나게, 열정적으로, 아름답게, 우아하게 …' 등 그 춤추는 모양새를 정말 사람에 따라 다채롭게 그릴 수 있습니다. 이제 형용사와 부사라는 것을 대충 아시겠지요? 요컨대 형용사는 명사를 전제하는 것이고, 부사는 동사를 전제하는 것입니다. 바꾸어 말하면 형용사는 명사를 위해 존재하는 것이고, 부사는 동사를 위해 존재하는 것이지요. 특히나 또 사실 부사를 의미하는 영단어 ad**verb**를 살펴보면 그 말 안에 '동사'를 의미하는 verb가 포함되어 있다는 사실을 쉽게 발견할 수 있습니다. ad-는 '~쪽으로'라는 의미의 말이니까 종합하면 '동사를 향해 가는 말'이라는 뜻이 되지요.

앞에서 본 예문을 다시 가지고 오겠습니다. 지금 말하는 사람의 눈에 Kevin이라는 녀석의 멋진 모습이 눈에 들어오는 상황입니다.

> Kevin looks [nice / nicely].
> 명사   동사   형용사   부사

앞서 설명한 형용사와 부사의 정의를 여기에 대입해 보겠습니다.

> a. 형용사 nice를 선택해야 한다면 그것은 명사 Kevin을 위해 존재할 것이다.
> b. 부사 nicely를 선택해야 한다면 그것은 동사 looks를 위해 존재할 것이다.

위 두 가지의 가정 중 어느 것이 옳은지를 판단하는 것은 여러분의 몫입니다. 한 번 생각해 보세요. 지금 멋있는 게 Kevin입니까, 아니면 여러분의 눈에 보이는 방식 그 자체입니까? … (잠시 생각) … 당연히 Kevin이지요. 근데 Kevin이 명사란 말이에요. 그래서 명사를 위해 존재하는 형용사 nice를 선택하게 되는 것입니다. 근데 이거를 학문적으로 용어를 써서 좀 정리해야 되잖아요. 말하자면 Kevin은 주어(subject)거든요. 그리고 nice는 주어를 보충하고 있습니다. 이를 문법학자들은 주격보어(subjective complement)라고 부르기로 약속한 것이구요. 이에 따라 주격보어를 사용한 이러한 문장을 2형식이라 부르기로 또 약속했구요. 2형식에 쓰인 동사를 불완전자동사라고 부르기로 계속해서 약속했던 것입니다. 복잡한가요? 현재까지의 과정을 다시 정리해봅시다.

Kevin looks [nice / nicely].
i. '멋있게 보인다'로 번역되지만 주의하기로 한다.
ii. 멋있는 것은 보이는 방식이 아니라 Kevin이다.
iii. Kevin은 명사이다.
iv. 명사를 위해 존재하는 형용사 nice를 선택한다.
v. 근데 Kevin은 문장의 주어이다.
vi. nice는 주어를 설명하므로 주격보어이다.
vii. 이런 문장을 2형식이라고 부르기로 하자.
viii. 2형식에 사용된 look과 같은 동사를 불완전자동사라고 부르기로 하자.

따라서 '불완전자동사이기 때문에, 2형식이기 때문에, 주격보어이기 때문에'라고 설명하는 것은 인간이 가진 두뇌의 합리적이고 인지적인 이성을 전적으로 무시한 그야말로 원인도 모르고 따라해야 하는 주입식 교육의 폐단을 적나라하게 보여주는 전형적으로 잘못된 설명 방식인 것입니다. 앞뒤가 뒤바뀐 설명인거지요. 수도 없이 줄긋고 별표 쳤던 안타까운 모습들이 지나갑니다. 하지만 이 모든 것을 해결한 것은 대단한 문법 지식이 아니라 그저 형용사와 부사에 관한 정의에서 출발한 것입니다. 그만큼 정의, 개념, 원리, 뭐 이렇게 말하는 것들을 절대로 무시해서는 안 된다는 얘기지요.

그러면 '감각동사'는?

의외로 '감각동사'라는 말을 학습자들이 많이 쓰더군요. 어디서 많이 들었으니까 그렇겠지요. 그들의 주장은 이렇습니다.

> Kevin looks nice라는 문장을 보든 That sounds great라는 문장을 보든 모두 look과 sound라는 오감(五感)과 관련된 동사들이 있다. 결국 감각동사 다음에 형용사를 쓰면 매우 안전하다는 결론이 나온다.

언뜻 보아서는 반박하기 힘든 안정된 설명 같습니다. 그러면 다른 상황 하나를 더 가정해 보지요. 전자제품을 사러 백화점에 갔다고 칩시다. 스마트폰으로 할까요. 끝내주네요. 근데 갑자기 이 녀석의 사운드가 어떨지 궁금해져서요. 판매원에게 이어폰으로 한번 들어봐도 되겠냐고 문의합니다. 그랬더니 들어보라고 합니다. 이어폰을 꼈더니, 와우! 소리가 정말 좋습니다. 다시 기기를 건네주면서 이렇게 말하고 싶습니다. '이야, 소리 정말 좋네요.' 이건 영어로 어떻게 말해야 할까요?

> That sounds really [good / well]!

일단 형용사 good의 부사는 goodly가 아니라는 사실을 확인해야겠네요. goodly 역시 '훌륭한, 고급의, 멋진' 등의 뜻을 지닌 형용사입니다. 그래서 '훌륭하게, 잘' 이라는 뜻을 지닌 부사로 well을 등장시킨 것입니다. 자 다시 돌아와서, 지금 상대방의 말에 찬성하는 게 아니라 기기의 소리가 잘 나온다는 거잖아요? 형용사 good과 부사 well 중 뭐가 맞을까요? 이제 주격보어니 2형식이니 불완전자동사니 하는 얘기는 하지 말구요. 오직 원리, 즉 정의에 입각해서만 생각해 보세요. 지금 스마트폰(That)이 좋다는 거예요, 아니면 소리 나는 방식(sounds)이 좋다는 거예요? … (또 잠시 생각) … 그렇습니다. 이번에는 소리가 잘 난다는 겁니다. 그러니 동사를 위한 부사 well이 필요한 상황이 생긴 것입니다. 어때요? 감각동사 sound 다음에 형용사만 와야 하는 것은 아니지요? 이처럼 감각동사 다음에도 얼마든지 경우에 따라 부사를 사용할 수 있답니다. 즉, 감각동사 다음에는 무조건 형용사를 써야 한다는 설명 역시 완벽하게 잘못된 것이지요.

우리가 어떤 학습을 할 때 정의(definition)에 충실한 것이 이렇게 중요한 것이랍니다. 앞으로 외국어 학습을 함에 있어서 여러분은 수많은 선택을 해야 할 겁니다. 교재가 되었든 강사가 되었든 뭐가 되었든 말이지요. 언제나 한 가지를 명심하시기 바랍니다. 무언가가 잘 정리되어 있는 그 깔끔함과 보기 좋음에만 반하지 말고, 현상의 이면에 숨어 있는 작동 원리, 이른바 메커니즘(mechanism)을 발견하게 해주는 그런 책과 강사를 찾아야 할 것입니다. 그것을 보여주기 위해 노력하는 교사와 그러한 교사의 노력을 가치 있게 평가하는 학생들이 있는 교실이야말로 역동적이고도 생동감 있는 상호 협력적 교육의 장이 아닐까 하는 생각이 듭니다.

명사, 관사에 관한 오해와 진실

인지문법과 언어학

 인지문법(cognitive grammar)의 창시자인 Ronald Langacker 교수는 명사를 region으로 정의하였습니다. region이라는 말의 사전적 정의가 '지역, 영역' 뭐 그런 것이니까, 명사라는 것은 물리적으로든 관념적으로든 어떤 부분을 '차지(occupation)'하는 어휘범주(lexical category)가 되겠지요. 우리가 보통 학교문법(school grammar)에서 배우는 명사에 관한 수많은 기계적 암기사항들을 뛰어넘은 그와 같은 정의는 일반인들에게도 한번쯤은 생각해 볼만한 내용일 것입니다. 왜냐하면 갖가지 학습서를 통해 그토록 많은 규칙을 외워봤자 현장에서 바로 활용이 안 된다는 사실을 독자 여러분께서는 너무나도 많이 경험하셨을 것이기 때문입니다.
 언어학(linguistics)의 목표는 근본적으로 언어의 기저에 있는 공통의 원리를 발견해 가는 것입니다. 이를 우리의 영어 학습에 접목시킨다면 언어학의 목표는 원어민 화자들의 두뇌에 자리 잡고 있는 언어 사용에 관한 그들의 본능적 직관(intuition)을 형상화해내는 것이라고 할 수 있겠습니다.

경계성과 명사

다시 오늘의 내용으로 갑시다. 인지문법에 의하면 명사는 region이라고 했으니까 당연히 그 외부의 둘레를 생각할 수 있겠지요? 즉, 경계(boundary)가 있어야 region이 있는 것 아니겠습니까? 생각해 보세요. 책상, 연필, 자동차… 모두 경계가 있지요. 영어에서는 그 경계가 바로 부정관사(indefinite article) a(n)로 표현되는 겁니다. 바꾸어 말해 영어의 부정관사는 일종의 '경계표지(boundary marker)'라고 할 수 있습니다. 지금 한 번 주위를 둘러보며 경계가 뚜렷한 사물에 부정관사를 붙여서 한 번 연습들을 해 보시지요.

그런데 경계가 불분명한(unspecific) 것이 있습니다. 여기서 주목해야 할 점은 경계가 있기는 한데 다만 그것이 불분명하다는 것입니다. 물, 커피, 와인… 분명히 일정 영역은 차지하고 있는데 경계가 어떤 모양으로 딱히 정해져 있다고 말할 수 없는 것들입니다. 그래서 a glass of water, a cup of coffee 등과 같이 경계를 설정할 수 있는 glass나 cup같은 이른바 조수어(numerative)를 쓰는 게 아니겠습니까? 여기까지는 웬만한 영어 학습자라면 대부분 수긍을 하실 것입니다.

경계의 활성화와 부정관사의 등장

재미있는 현상은 region이라고 규정되어 일정 영역을 차지하는 명사의 경계라는 것이 항상 고정된 것이 아니고 같은 단어라 하더라도 상황에 따라 유연하게 작용할 수 있다는 것입니다. 즉, 원어민 화자들의 직관은 명사의 경계를 활성화시킬 수도 혹은 비활성화시킬 수도 있다는 말이 됩니다. 어떤 미국인이 음식점에서 다음과 같이 말을 했다고 해서 틀린 영어라고 할 수 있습니까?

> A: May I take your order?
> B: I'll have *a wine*, and she will have *a coffee*.

와인과 커피를 잔에 따라 마시는 것은 상식입니다. 위의 대화에서 B가 a wine, a coffee라고 얘기한 것은, 상대도 알아들을 것으로 당연히 생각하고 보통은 구체적으로 경계 지워지지 않은 wine이나 coffee같은 물질을 상황에 맞추어 경계 활성화시킨 것이라고 볼 수 있습니다. '와인 한 잔', '커피 한잔' 정도로 번역할 수 있겠지요. 예를 하나 더 들어보겠습니다.

> This is one of the most fantastic *inventions* of us human beings.

invention에 복수접미사(plural suffix) -s가 붙었다는 것은 an invention이 여러 개 있다는 뜻입니다. 따라서 이 경우는 '발명'이 아니라 '발명품들' 정도로 번역해야 맞습니다. 경계가 있는 복수의(plural) 물체들로 말이지요.

같은 이치로 추상명사(abstract noun)인 beauty를 a beauty로 하면 무슨 뜻이 되겠습니까? 그렇습니다. '(경계가 있는 한 명의) 미인'이란 뜻이 되겠지요. 일반적으로 관사를 사용하지 않는다는 고유명사(proper noun)도 마찬가지입니다. a Picasso는 어떻게 이해해야 할까요? 그렇지요, 바로 '피카소의 작품'이 되겠지요. 마찬가지로 a Ford는 '포드자동차 한 대' 쯤으로 번역이 가능할 것입니다.

경계의 비활성화와 부정관사의 생략

이번에는 반대의 사례를 보도록 하겠습니다. 경계가 있는 물체를 인간의 인지가 비활성화시키는 경우 말이지요. 가령 cat이라는 어휘는 경계가 분명한 보통명사(common noun)로서 부정관사를 붙여 a cat으로 쓰는 것이 일반적이겠지요? 그런데 만일 관사를 생략한 cat이 맞는 경우가 있다면 어떨까요? 그것은 화자의 인지가 일부러 경계를 비활성화시켜 물질로 만들어 버린 것이 됩니다. 다음의 경우를 한번 생각해 보시지요.

> After the accident, there ***was much cat*** all over the road.

끔찍한 상황입니다만 고양이가 차에 치여 살점이 사방으로 흩어진 경우입니다. 이때의 고양이는 이미 완전한 개체로서의 경계성을 상실해버린 일종의 물질(살점)로 바뀐 것입니다. 그러니 many가 아니라 much라는 말을 썼고, 동사도 were가 아닌 was를 썼으며, cat 앞에는 부정관사가 보이지 않는 것입니다. 하나만 더 하지요.

> (가구를 갉아 먹는 흰개미의 대화)
> I don't like ***shelf***. I'd rather have ***table***.

shelf와 table은 우리 인간이 살고 있는 3차원의 공간에서 분명히 외곽의 경계를 지닌 물체가 아니겠습니까? 그런데 어째서 위의 예문처럼 부정관사 a를 쓰지 않아도 맞는 문장이 될까요? 특정한 상황, 즉 문맥(context)이 그렇게 만든 것입니다. 흰개미에게 있어 shelf나 table은 어떤 구체적 기능을 가진 개체로서의 의미가 전혀 없이 그저 그들의 먹이일 뿐입니다. 따라서 일부를 취해도 계속 동질의 '물질'이 되는 것입니다.

사람의 말을 빌려 표현하기는 했지만 개미에게 있어 shelf나 table은 경계성을 상실한 물질에 불과한 셈입니다. 그래서 이 경우는 관사가 없어야 오히려 맞는 상황이 됩니다. 자, 지금까지의 내용을 깔끔하게 정리해서 복습하도록 합시다.

a. 영어 화자는 명사가 공간을 점유하고 있다고 생각한다.
b. 영어 화자는 명사를 경계성의 관점에서 바라본다.
c. 부정관사는 경계의 표지이며, 복수접미사 -s는 그것이 여러 개 반복되고 있음을 나타낸다.
d. 가산명사는 경계가 있는 물체이며, 불가산명사는 특정하게 경계가 지워지지 않은 물질이다.
e. 어떤 명사의 가산/불가산, 바꾸어 말해 경계/비경계성은 고유하게 원래부터 정해진 것이 아니라, 맥락에 따라 화자의 인지가 임의적으로 교차시킬 수 있다.

그러면 무관사는?

무관사(zero article)라는 것은 명사의 앞에 아무런 관사를 쓰지 않는 것을 말합니다. 다음을 봅시다.

a. He went to *school/church/bed*.
b. My wife and I met when we were in *college*.

위의 두 예문에서 밑줄로 표시된 네 개의 명사에는 관사가 쓰이지 않았습니다. 영문법서에는 무관사의 용법에 관하여 보통 이렇게 나와 있지요.

⋮ 명사가 그 본연의 목적으로 쓰일 때는 관사를 사용하지 않는다.

예문 a에서 그는 학교에 공부하러, 교회에 예배드리러, 침대에 자러 간 것이지요. 또 b에서 아내와 내가 만난 것은 대학생 신분으로였던 것이지요. 훌륭한 설명입니다. 하지만 엄밀히 얘기하면 그와 같은 설명은 구조주의식 문법적 발상이라고 할 수 있습니다. 끊임없이 항목을 분류하고 비슷한 것끼리 모아 공통의 패턴을 발견하여 그 패턴을 반복적으로 학습시키는 것을 최고의 선으로 삼았던 20세기 초중반의 학파들을 일컫는 것이지요. 당시 파블로프(Pavlov)를 필두로 하는 행동주의(behaviorism) 심리학과 맥락을 같이 하는 것인데요, 왜 '종소리 듣고 침 흘리는 개' 얘기 아시지요? 즉, 인간 학습의 원리를 '자극(stimulus)'과 그에 따른 '반응(response)'으로 설명하려 했던 것입니다. 그러나 인간의 두뇌는 그보다 훨씬 창의적이며 복잡합니다. 현상을 관찰해서 공통의 결과를 산출해 내는 것을 일반화(generalization)라고 한다면, 그 현상들의 기저에 놓여 있는 추상적 기본 틀, 이른바 최상위의 '도식(schema)'을 찾아내는 것을 개념화(conceptualization)라고 할 수 있습니다. 우리가 지금껏 원어민의 두뇌 속을 들여다보며 작업을 했던 것이 바로 그 개념화라는 것이었고, 우리의 개념화에 따르면 유연성이 있는 명사의 경계가 관사의 사용 유무를 결정짓는 개념화였던 것입니다. 다시 위 예문의 얘기로 돌아가 우리의 개념화를 적용시켜 봅시다. 어째서 a와 b의 예문에서 관사가 사용되지 않는 것일까요? 대충 예상은 하셨겠습니다만 그것은 명사의 내부적 고유 속성 혹은 기능을 부각시킴으로서 외부 경계를 비활성화시켰기 때문입니다. 가령 예문 a에서 화자는 학교 건물의 3차원적 경계보다는, 학교라고 하는 기관의 내부적 고유 속성인 '학업'을 강조하고 있는 것입니다. 교회도 건물보다는 '예배'라고 하는 속성이 강조되어 있는 것이고, 침대도 '수면'을 위한 것으로 생각할 수 있는 것이지요. 만일 그 고유 속성과 관계가 없다면 어떨까요? 가령 어머니가 학교에 우산을 갖다 주러 가셨다든지 말이지요. 그럴 때는 당연히 관사를 써 주어야 하겠지요. 예문 b도 마찬가지로 이해할 수 있습니다. 아내와 내가 만난 것은 대학이라는 건물 그 자체보다도 대학이라는 기관의 고유 기능 내에서라고 할 수 있습니다. 둘 다 학생 신분이었다는 얘기이지요. 하지만 그냥 대학 캠퍼스가 예쁘고 편해서 이를 만남의 장소로 활용한 사람이 있다면 당연히 관사를 동반해야 할 것입니다.

관사를 정확하게 사용하는 것은 글의 품격을 올리는 데 아주 큰 도움이 됩니다. 그것을 단지 기능어(function word)로 취급하여 대충 되는 대로 써 버리면 오류가 고쳐지지 않은 상태로 외국어 실력이 화석화(fossilization)되어 버리는 결과를 가져오고 말 것입니다. 작금의 영어 교육이 유창성(fluency)과 아울러 정확성(accuracy)을 강조하고 있는 것은 결코 이와 무관하지 않습니다.

'기계적 암기만을 하는 외국어 교육을 지양하자'라는 말을 숱하게 듣습니다만 막상 그 교실 현장은 기계적 암기 사항들로 가득 차 있는 것을 보게 됩니다. 분명히 언어학이라는 학문은 발전하고 있으며 또 사실 많은 설명력들을 갖추게 되었습니다. 문제는 그러한 내용들이 현장의 교사들에게 잘 전달이 되고 있지 않는다는 사실입니다.

want to는 항상 wanna로?

Wanna

영어를 조금 배우면, 아니면 미국 물(?)을 한 몇 달 먹으면 어지간한 학습자는 want to를 wanna로 발음하려고 합니다. 좋습니다. 반드시 틀린 것은 아니니까요. 또 사실 이를 전문적인 용어로 wanna contraction(축약)이라고 하기도 합니다. 문제는 이 축약을 무분별하게 남발하는 데 있습니다. 어떠한 상황에서든지 자신의 유연함을 과시하기 위해 변함없이 want to는 wanna가 되어야만 하는 것이지요.

항상 그렇지는 않다

그런데 이상한 것은 어느 원어민도 다음과 같은 예문에서 want와 to를 합치려 하지 않는다는 사실입니다.

> Who do you ***want to*** kiss the puppy?
> 너는 누가 그 강아지에게 뽀뽀를 해주었으면 좋겠니?

즉, 위의 예문을 *Who do you *wanna* kiss the puppy?로 읽는 원어민은 없다는 것입니다. (별표 (*)는 비문법적이라는 뜻) 왜 그럴까요? 자, 의문사 Who가 어디에서 출발했는지 번역을 참고로 한 번 따져 보십시오. Who는 내용상 to kiss의 의미상 주어가 아니겠습니까? 바꾸어 말하면 의문사 Who는 want와 to 사이에서 존재하다가 해당 문장을 의문문으로 만들기 위해 문두로 나선 것입니다. 문장의 맨 앞으로 갔지만 원래 있던 자리에 흔적(trace)을 남겨 놓아 want와 to가 축약되는 것을 계속 막고 있는 것이지요. 이를 도식화해서 다시 표현해 보면 다음과 같습니다.

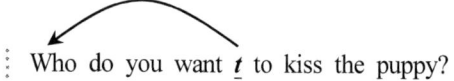

Who do you want *t* to kiss the puppy?

비록 실제 발화에서, 혹은 글에서 눈에 보이지는 않지만 밑줄로 표시된 *t*가 원어민의 두뇌 속에는 자리 잡고 있어서 want와 to의 축약을 가로막고 있다는 것입니다. 그리고 언어학자들은 이를 '흔적이론(trace theory)'이라는 이름으로 잘 설명해 내었던 것입니다. 참 대단들 합니다.

그러면 다음 예문은 어떨까요? want to가 wanna가 될 수 있을까요, 없을까요? 위에서 언급한 흔적의 개념으로 의문사 Who가 어디서 출발했는지 따져 보시죠.

Who do you want to kiss?
너는 누구에게 뽀뽀하고 싶니?

그렇지요. 내용상 의문사 Who는 kiss의 목적어로 출발했습니다. 이를 역시 그림으로 나타내면 다음과 같이 되겠지요.

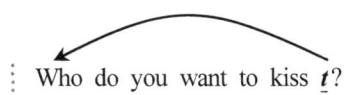
Who do you want to kiss *t*?

보시다시피 여기서는 want와 to를 가로막고 있는 아무 것도 없습니다. 따라서 이 경우는 want to를 얼마든지 wanna로 축약하여 발음할 수 있게 되는 것입니다.

문법과 직관

이상에서 본 두 예문을 함께 모아서 보겠습니다.

a. Who do you ***want to*** kiss the puppy? (축약 안 됨)
b. Who do you ***wanna*** kiss? (축약 가능)

우리 입장에서 참 답답한 일은 일자무식의 원어민이라도 위의 a와 b에서 보듯 want와 to의 축약이 되고 안 되는 것이 자신도 모르게, 전혀 어떠한 신경학적 에너지를 낭비하지 않은 채 자연스럽게 입으로 술술 흘러나온다는 사실입니다. 말하자면 그들의 두뇌에는 이 모든 것을 완벽하게 통제하는 시스템이 있다는 것이지요. 그 시스템을 우리는 바로 해당 언어의 문법(grammar)이라고 하는 것이고, 우리가 연구하고 배우려는 것이 곧 그 문법인 것입니다. 반복되는 얘기입니다만 이렇듯 문법은 영어 학습에 있어서 결코 무시할 수 없는 부분입니다. 규칙(rule)을 무시한 채 유창성(fluency)만 계속 강조하다 보면 잘못된 표현이 굳어져 영어가 더 이상 늘지 않는 이른바 '고원(plateau) 현상'이나 '화석화(fossilization)'와 같은 정체기를 피할 수 없을 테니까 말입니다.

예전에는 묻지도 따지지도 않고 영어를 닥치는 대로 막 하다보면 문법이 자연스럽게 체득되는 것으로만 생각했습니다. 그것은 벌써 한참 전에 이론적으로도 아닌 것으로 판명이 났는데요, 우리나라도 사실 몰입(immersion) 교육이다 뭐다 하여 한동안 되게 호들갑을 떨었었죠. 우스갯소리입니다만, 영어교사가 happy라는 영어 단어를 열심히 표정과 동작을 지으며 영어로만 설명했더니 이를 지켜 본 아이들은 대부분 happy라는 영단어를 '미쳤다'라는 의미로 받아들이기도 했다지 않습니까?

원어민이 가지고 있는 직관은 우리의 모국어 언어 구조가 이미 형성이 된 다음에는 원어민 아이들이 받아들이는 식으로 (이를 developmental이라고 합니다) 형성되기가 극히 어렵습니다. 그것보다는 문법이라는 이름으로 체계화된 그들 언어의 규칙을 효과적으로 배우도록 하여 (형태중심 언어학습, form-focused language learning) 학습 단계별 이행 속도를 촉진하는 것이 훨씬 바람직한 방법입니다. 그렇게 되어서 상당한 수준에 도달하게 되면 이제는 학습된 문법이 점차 직관화되어 자연스럽게 구사될 수 있을 뿐만 아니라, 추가적으로 학습되어야 할 그 이후의 문법을 원어민의 방식으로 체득할 수 있도록 도와주게 되는 것입니다. 이를테면 **문법과 직관의 긍정적 상호 피드백 작용**이 계속해서 일어나는 것이지요.

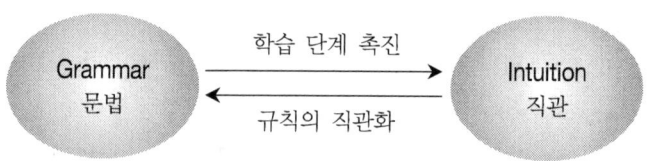

수업의 설계

　작게는 교실 단위의 수업에서부터 크게는 국가의 교육과정을 설계하는 것에 이르기까지 위에서 제시한 상호 피드백 작용이 최적으로 일어날 수 있도록 우리 모두 고심해야 할 것입니다. 이는 비단 교사들만의 문제가 아닙니다. 학부모님들도 지역 사회와 각종 모임에서 취득한 불확실한 정보와 일시적 유행만을 바탕으로 교실 밖에서 일어나는 수업 스케줄을 짤 것이 아니라, 보다 본질적으로 접근하는 시각을 가지고 언어라고 하는 것이 인간의 정신에서 일어나고 있는 체계에 대한 학습이라는 것을 인지하시어 학교와 개별 과외교육이 서로 역작용을 하지 않도록 해야 할 것입니다. 그렇지 않으면 우리는 계속 시간은 시간대로, 돈은 돈대로 써가면서 서로 다른 방향을 향해 아우성치는 꼴이 될지도 모릅니다. 이건 정말 시급한 문제입니다. 우리가 주변에서 가장 많이 듣는 얘기 중의 하나가 '그때 그래봐야 다 소용없어'라는 거, 정말이지 의미심장한 말입니다.

어휘와 문법의 상관관계

고급이 좋지는 않아요

남들이 모르는 어려운 어휘를 나만 알고 있다는 것이 자랑할 만할 일인지는 모르겠으나, 분명한 사실은 원어민들도 평생 한 번 쓸까 말까하는 어휘를 암기하고 있는 것이 우리 인지의 유의미적 학습 원리를 너무 무시하고 있는 것은 아닐까하는 느낌이 듭니다. 최근 들어 토플, 토익 등을 비롯한 각종 시험에서 작문과 말하기, 즉 생산적 스킬(production skill)이 강조되는 경향이 있는데요, 어려운 어휘의 암기와 사용, 그리고 쉽다고 생각하는 말에 대한 실제적 적용과 관련하여 우리에게 시사하는 바가 매우 크다고 할 수 있습니다.

분명한 사실은 단언컨대 고급스러운 어휘의 남발이 실제로 채점관이나 원어민에게 큰 인상을 주지 않는다는 것입니다. 아니, 오히려 좋지 않은 인상을 줄 가능성이 더 크다고 하는 것이 맞습니다. 왜냐하면 몇몇 고급 어휘의 사용에 비해 전체적인 영어 구사의 패턴이 불균형하게 맞물리어 돌아가고 있기 때문입니다. 최악의 경우는 기본 어휘도 제대로 못쓰면서 고급 어휘 몇 개만으로 으쓱대는 꼴입니다. 응애응애 하는 애기가 갑자기 고급스러운 경제, 법률 용어를 말하고서는 이내 기저귀에 실례를 해대며 다시 옹알이를 하는 것과 크게 다를 바 없다 이 말입니다.

쉽다고 생각되는 말

따라서 정작 중요한 점은 모두가 알고 있다고 생각되는 당연하고 쉬운 어휘를 제대로 써야 한다는 것이고, 또 그러기 위해서는 해당 어휘의 문맥에 대한 의미적 상관관계 및 영상을 정확하게 파악할 필요가 있다는 것입니다. 이 책의 어휘 파트에서 핵심의미 파악과 영상에 관해 자세히 다루어 놓았으니 함께 보시면 좋을 것 같습니다. 자, 우선 간단한 예문을 하나 보도록 하겠습니다. 각각의 문장에서 어떤 동사를 사용해야 할지 생각해 보세요. 어휘에 대한 선택이 문법과 연결되고 있는 장면입니다.

a. His face **turned/went** red.
그의 얼굴이 붉어졌다.
b. The fish **turned/went** bad.
그 생선은 상했다.

turn과 go는 모두 주어와 주격보어를 연결하는 소위 연결동사(linking verb), 혹은 좀 더 전문적인 말로 계사(copula)로 쓰일 수 있습니다. 하지만 a의 경우는 turned가 맞는 표현이고 b의 경우는 went가 맞는 표현입니다. 왜 그럴까요? 많은 사람들은 이에 대해 그저 '관용적 표현(idiomatic expression)이기 때문에 그렇다'라고 말합니다. 근데 그렇게 무책임하게 대답해서는 안 됩니다. 컴퓨터처럼 사전 하나를 통째로 외울 수 있다면 모를까요.

회복가능성

자, 우리 인간의 경이로운 두뇌를 활용해 볼 시간입니다. 얼굴이 붉어지는 것과 생선이 상하는 것을 표현하는 데 있어 어떠한 연결동사를 사용해야 할지에 관한 우리 인지의 매개변수(parameter)는 무엇이 되어야 할까요? 도대체 그들 원어민의 회로에는 어떠한 시스템이 있어서 turn과 go의 선택을 좌지우지 할까요? 이제 답을 드리겠습니다. 이 문제는요, '개체의 회복가능성(recoverability)' 여부와 매우 밀접한 관계가 있습니다. 가장 쉽게 우리가 사는 이 3차원의 공간에서 turn과 go의 의미를 따져 봅시다. turn은 '회전하다'라는 의미로서 원래의 위치를 회복하지만, go는 '가버리다'라는 의미로서 원래의 위치를 이탈해 버리지 않습니까?

회복가능성의 추상적 확장

정말 흥미로운 것은 이와 같은 물리적 공간에서의 회복가능성에 대한 의미가 혈색과 생선의 부패 정도를 논의하는 전혀 다른 추상적 영역으로 확대되어 그대로 적용되고 있다는 사실입니다. 즉, a에서는 그의 얼굴색이 원래의 모습으로 돌아온다는 전제 하에 turned를 사용하는 것이고, b에서는 한번 상한 생선은 정상으로 돌아오지 않는다는 의미로 went를 쓰게 된 것입니다. 따라서 여러분들이 정말로 신경 써야 할 것은 개별 어휘의 일차적 의미가 아니라 그것이 사용되는 문맥입니다. 문맥이 허락한다면 우리는 얼마든지 다른 경우도 생각해 볼 수 있기 때문입니다. 가령 마법사가 마술을 걸어 a에서 그의 얼굴색을 영원히 빨간색으로 만들었다고 칩시다. 그와 같은 문맥이 주어졌을 경우에는 얼마든지 동사 go를 쓸 수도 있는 것입니다. 이처럼 어휘의 기본적 영상과 문맥을 고려한 정확한 어휘의 사용, 그것을 관장하는 것이 또 문법이 되는 것입니다.

적용 연습

이제 위에서 배운 것을 적용해 보도록 하겠습니다. 알고 계시겠지만 우리는 한 살 두 살 나이를 먹을 때 영어로 When I ***turned*** fifteen~ 과 같은 표현을 잘 씁니다. 어째서 하고 많은 동사 가운데 turn을 사용할까요? 달력을 한번 생각해 보십시오. 그것은 우리의 캘린더가 회복가능성을 가지고 있는 것과 밀접한 관계가 있습니다. 즉, 1월부터 세월이 흘러서 다시 1월이 되면 한 살을 더 먹는 것이기 때문에 그런 것입니다.

하나 더 볼까요? '미쳤다'라는 표현으로 의미의 치이가 조금씩은 있지만 go mad/insane/crazy같은 표현을 씁니다. 왜 동사 go를 활용할까요? 제정신인 상태에서 비정상의 상태로, 다시 말해 일반적으로 회복될 가능성이 없는 상태로 이탈해 버렸기 때문입니다.

쉬운 말을 잘 쓰는 것이 진짜 문법

이와 같은 예는 얼마든지 더 있습니다. 우리 독자 분들께서 알아두셔야 할 것은 이렇게 쉬워 보이는 어휘들의 자연스러운 활용이 각종 시험에서는 가차 없이 평가된다는 것입니다. 또 사실 시험 때문에만 중요한 게 아닙니다. 우리의 영어를 진정한 의미에서 덜 고급스럽게 만드는 것이 바로 이렇게 쉽다고 여기는 말들에 대한 어색한 활용에 기인한다는 사실이 정작 중요한 것입니다. 그리고 그것이 진짜 문법입니다. 원어민들도 혼동스러워하는 숨이 막힐 정도로 어려운 단어는 잘 알면서, get, take, put, turn 등과 같은 기본 어휘를 어색하게 쓰는 것이야말로 낯설기 이를 데 없는 언어 구사 행태라고 할 수 있습니다.

앞으로 독해를 하든, 청취를 하든 뭘 하시던 간에 이 말, 이 표현을 거꾸로 내가 자연스럽게 할 수 있을까 반문해 보십시오. 만일 그렇지 못하다면 바로 그곳이 밑줄을 긋고 내 것으로 만들어야 하는 부분입니다. 이것은 개인차가 너무 커서 한 명의 유명 강사가 산뜻하게 해결해 줄 수 있는 문제가 아닙니다. 사람이 저마다 다 다르듯 하나씩 채워가야 하는 순서도 다 다른 법입니다. 이런 생각을 하고 외국어를 접하면 아무리 쉬워 보이는 중고등학교 교과서 단 한 권도 사실은 공부할 것 천지가 됩니다.

뒤가 중요한 것이여!

알고 덤비자

 토익이나 토플 등의 공인어학시험이 읽기, 듣기 같은 응시자의 수용능력(receptive skill) 뿐만 아니라 쓰기, 말하기와 같은 생산능력(productive skill)까지를 측정한다는 것은 주지의 사실입니다. 시험의 주관사인 미국의 ETS(Educational Testing Service)가 오랫동안 막대한 비용을 들여 개발한 이 시험들은 잔재주(technique)를 이용한 점수 올리기를 차단하는 데에는 어느 정도 성공한 것임에는 틀림없어 보입니다.

 그런데 영어를 가르치는 필자를 좀 황당하게 만드는 우리 수험생들의 반복적 고질병 중의 하나는 아직도 많은 학습자들이 영어라고 하는 언어의 기본적 특성을 전혀 생각하지 않은 채 쓰기, 말하기에 덤벼들고 있다는 사실입니다. 물론 정확하게 영역(translation into English)을 하는 것도 무척 중요합니다. 하지만 정작 중요한 사실은, 즉 원어민 채점관(rater)을 미소 짓게 할 수 있는 것은, 각 문장의 연결이 영어답게 자연스러워야 한다는 사실입니다.

문미초점(end-focus)

영어답게 자연스럽다는 것이 무엇을 의미할까요? 일단 한 가지를 잘 기억해 두시기 바랍니다. 영어의 문장은 단락 내에서 기본적으로 이어져 내려오는 주제(topic)로 시작해서, 이제 새롭게 제시될 새로운 정보(new information)로 끝나는 것이 기본입니다. 그리고 이를 두고 바로 문미초점(end-focus)라고 하는 것입니다. 예를 들어보겠습니다. 같은 장면에 대한 능동문과 수동문을 한번 비교해 보시고 어느 때 어느 것을 각각 구별해서 써야 할지 생각해 보십시오.

 a. John cooked ***the spaghetti***.
 b. The spaghetti was cooked ***by John***.

저도 예전에 그랬습니다만, 교실에서는 능동문을 수동문으로, 혹은 수동문을 능동문으로 바꾸는 이른바 문장전환 연습이 언제나 한창입니다. 그런데요, 능동문과 수동문은 그저 단순한 변형으로 생긴 쌍둥이 같은 존재들이 아닙니다. 그렇게 본다면 위의 a와 b는 그저 기분에 따라 골라 써야 할 옵션들 중의 하나에 불과하게요? 그렇지가 않습니다. 자, 이제 내용을 적용해 봅시다. 문미초점에 의하면 영어에서 새로운 정보는 뒤에 배치되는 것이라 했으므로, 위의 예문에서 중요한 정보는 밑줄 친 부분들입니다. 따라서 a와 b는 각각 아래의 c와 d에 대한 응답으로 적절할 것입니다.

 c. ***What*** did John cook?
  John cooked ***the spaghetti***.
 d. ***Who*** cooked the spaghetti?
  The spaghetti was cooked ***by John***.

이제 좀 감이 오시나요? 이것이 서로 뒤엉키게 되면 원어민은 부자연스럽다고 느끼게 되는 것입니다. 평생 수동태를 배우면 뭐합니까? 그보다 훨씬 상위에 자리 잡고 있는 영어라고 하는 언어의 기본 중의 기본, 문미초점을 모른다면 아무런 소용이 없는 것을요. 지금 누군가는 머릿속에 있던 고급 단어가 매우 무색해지는 느낌을 받고 있을지도 모르겠습니다. 문미초점은 그야말로 영어 학습의 ABC입니다. 그러니 앞으로 영작을 할 때에는 이 end-focus라는 원리를 염두에 두고 무슨 말을 먼저 쓰고 나중에 쓸지를 고민해 보시기 바랍니다. 아니, 그보다 먼저 독해를 하면서 이러한 사실을 느껴 보시기 바랍니다. 의식하고 볼 때에만 눈이 밝아지는 법입니다. 그리고 눈이 밝아지면 쓸 수 있게 되는 법입니다.

문미초점 적용 훈련 (심화편)

자, 이제 설명을 좀 더 확대해 보기로 하겠습니다. 일단 아래 세 예문의 문법성을 판단해 보십시오.

e. There is ***a book*** on the table.
f. ***A book*** is on the table.
g. *There is ***the book*** on the table.
                (별표(*)는 비문법적임을 나타냄)

어째서 g만 어색한 문장이 될까요? 그러면 둘 다 맞는 문장이지만 e와 f는 모두 똑같이 원어민의 직관에 부합하는 문장일까요? 꼭 그렇지는 않습니다. 부정관사 a(n)이 새로운 정보, 즉 신정보(new information)를 나타낸다는 사실은 잘 아시지요? 부정(不定)이라는 말 자체가 '정해지지 않았다'라는 의미이니까요. 따라서 e와 f를 굳이 비교하자면 a book을 뒤로 보낸 e가 f보다는 원어민에게 훨씬 자연스럽게 들릴 가능성이 높습니다. 그렇지만 오래된 정보, 즉 구정보(old information)인 the book을 뒤로 배치하여 마치 신정보처럼 처리한 g는 특별한 문맥이 주어지지 않는 한 비문법적인 문장이 되는 것입니다. 그것은 또한 신정보를 지닌 요소를 문미초점화 시키려는 There is~ 구문의 특징과도 매우 밀접한 관계가 있습니다.

이와 같은 문미초점에 관한 이해는 부사와 전치사를 구별하는 중요한 기준이 되기도 합니다. 아래의 예문에서 두 on의 차이가 무엇일까요?

h. He turned *on* the TV.
　그는 TV를 켰다.
i. He called *on* the man.
　그는 그 남자를 잠깐 방문하였다.

h의 경우 on을 뒤로 보내서 He turned the TV on이라고 말할 수는 있습니다. 하지만 i의 경우는 *He called the man on이라고 할 수 없습니다. 그것은 h의 경우 on이 내용어(content word)의 한 종류인 부사이기 때문에 문미초점을 받을 수 있지만, i의 경우는 on이 기능어(function word)의 한 종류인 전치사이기 때문에 문미초점을 받을 수 없는 까닭입니다. 하지만 잘 알다시피 h의 경우 목적어의 종류에 따라 뒤로 보낼 수 없는 아래 j와 같은 상황도 있습니다.

j. *He turned on *it*.

이 경우는 it이 구정보를 나타내는 전형적인 대명사이기 때문에 문미초점의 원리에 근거하여 문장의 맨 뒤가 부적절한 자리가 되는 것입니다. 그러면 아래 l이 왜 어색한지도 알 수 있을 것입니다.

k. We sent it to John.
l. *We sent John it.

이와 같은 원리는 부사절의 위치에도 중요한 영향을 끼칠 수 있습니다.

m. I arrived about ten minutes after the beginning of the meeting. I was late **because David was telling me his problems**.
n. You know the way that David talks. Well, **because he was telling me his problems**, I was late.

m의 경우는 I was late이라는 내용이 앞 문장과 내용상의 연결고리를 가지고 있는 구정보이고 because이하가 신정보가 되므로 이를 문장의 뒤에 위치시키는 것이 좋은 문장입니다. 하지만 n의 경우는 앞 문장의 내용이 이후 because가 이끄는 이유의 부사절의 내용이 되어 구정보로 이어지고, 그래서 I was late라는 내용이 오히려 신정보가 되어 문장의 뒤에 서게 되는 것이 좋습니다.

이처럼 담화에 있어 정보의 최신도 내지는 중요도에 따른 판단과 그에 따른 위치적 특성을 잘 이해하면 좀 더 고급스러운 문장을 쓸 수 있음은 물론, 아울러 독해의 깊이도 훨씬 깊어지게 될 것입니다. 그러니 앞으로 영문을 접할 때는 필자가 왜 이렇게 내용을 배치해 보았는지 잘 생각해 보시기 바랍니다. 그간 이러한 내용도 잘 모르는 상태에서 한 문장을 적어 놓고 내심 흡족해하며 '음, 문장이 훌륭하군!' 의기양양했던 모습들이 떠오를지 모르겠습니다. 제가 늘 그랬었거든요.

관계대명사 - 확인이냐 추가냐?

관계대명사의 일반적 정의

선행하는 명사(선행사, antecedent)를 수식하는 절(clause)을 관계대명사절이라고 합니다. 일반적으로 사람은 who(m), 사물은 which를 사용하고 '제한적 용법'과 '계속적 용법'이 있다고 많이들 알고 계실 것입니다. 그런데요, 학생들이 작성한 영문을 막상 받아보면 정확한 쓰임새를 잘 모르는 것 같아서 이번 시간을 통해 한 번 알아보기로 하겠습니다. 중요한 구두점(punctuation) 중의 하나인 콤마(comma)와도 밀접한 관련이 있기 때문에 영어로 글을 쓸 때에는 꼭 알아 두어야 하는 부분입니다.

Identifying(제한적) vs. Non-identifying(계속적)

우리가 보통 제한적 용법이라고 부르는 것으로 comma를 사용하지 않는 관계대명사절은 앞 명사, 즉 선행사의 정체를 확인(identifying)하거나 분류(classifying)한다고 보면 됩니다. 가령 어떤 사람이 느닷없이 다음과 같이 말을 했다고 합시다.

a. ***The woman*** has moved to another hairdresser's.
그 여자는 다른 미용실로 옮겼습니다.

어떻습니까? 자연스럽나요? 그렇지 않지요. 아마 이 말을 들은 원어민은 곧바로 Which woman?이라고 되물어 볼 겁니다. 느닷없이 말한 The woman이 누구인지 identify해달라고 하는 것이지요. 이 문장은 좀 더 정보를 추가해서 다음과 같이 진술하는 것이 옳겠습니다.

b. The woman ***who does my hair*** has moved to another hairdresser's.
제 머리를 해주는 여자가 다른 미용실로 옮겼습니다.

중요한 것은 이 경우 who does my hair의 앞뒤로 comma를 쓰면 안 된다는 사실입니다. comma를 쓴다는 것은 우리가 보통 계속적 용법이라고 알고 있는 것으로 이때에는 선행사에 대한 identify가 아니라, 즉 non-identifying으로서 단지 부가적 정보를 추가하는(adding) 기능을 하는 것이기 때문입니다. 다음 예문을 보시지요.

c. This is Mr. Rogers, who's teaching you English for the next two weeks.
이분은 Rogers 선생님이십니다. 여러분에게 다음 두 주 동안 영어를 가르치실 예정입니다.

이 예문의 경우는 언급하고 있는 사람이 Mr. Rogers로 이미 identify되고 있지 않습니까? 따라서 후속하는 관계대명사절은 그 확인된 선행 명사에 대한 추가적 정보(additional information)만을 주는 계속적 용법이 되어서 comma를 등장시키게 되는 것입니다. 이해를 돕기 위해 두 문장을 더 보겠습니다.

    d. I like ***the course*** that I'm doing now.
       나는 지금 내가 하고 있는 과정이 좋아.
    e. *I like ***my course*** that I'm doing now.
               (별표(*)는 비문법적임을 나타냄)

둘 중 어째서 e가 어색한 문장이 될까요? 그것은 my course라는 말이 which course?라는 내용에 대한 답변이 되므로, 즉 이미 identify되어 있으므로 that I'm doing now라는 identifying clause가 필요 없기 때문입니다. 그에 반해 d는 that 이하의 내용이 the course의 정체를 밝혀주기 위해 필요한 경우라고 볼 수 있습니다. 이상의 내용을 다시 정리해두기로 합시다.

    관계대명사절은 두 가지가 있다. 첫째는 선행사의 정체나 종류를 밝혀주는 제한적 용법(identifying relative clause)이며 comma를 사용하지 않는다. 둘째는 선행사에 대한 추가적인 설명을 덧붙이기만하는 비제한적 또는 계속적 용법(adding[non-identifying] relative clause)이며 이 경우에는 관계대명사 앞에 comma 부호를 사용한다.

심화편

따라서 똑같은 어휘를 배열한 관계대명사절이라 하더라도 comma가 필요할 때와 그렇지 않을 때가 엄연히 구별됩니다. 영작을 하는 학습자들이 가장 의식 없이 사용하는 부분 중의 하나가 바로 여기 같습니다.

좀 더 보죠. 아래의 두 상황을 비교해 보시기 바랍니다.

> f. Two cars had to swerve to avoid each other. One car left the road and hit a tree, and the other one ended up on its roof. The driver of the car **which hit a tree** was killed.
>
> g. A car had to swerve to avoid a horse and left the road. The driver of the car, **which hit a tree**, was killed.

swerve 빗겨가다, left the road 길을 이탈하였다
ended up on its roof 전복되었다

예문 f에서는 운전자가 두 명 등장합니다. 따라서 The driver of the car로만 진술해서는 둘 중 누구인지 알 수 없는 상황이 되므로 comma가 없는 identifying relative clause가 등장하여 어느 운전자인지를 밝혀주어야 합니다. 반면 예문 g에서는 운전자가 한 명밖에 등장하지 않습니다. 따라서 운전자가 나무를 들이받은 것은 정체가 밝혀진 운전자에 대한 추가적인 정보가 될 뿐이므로 comma를 관계대명사절의 양쪽에 찍어주어 non-identifying으로 해주어야 하는 것입니다.

관계대명사는 없지만 선행명사를 수식하는 다음의 두 전치사구의 경우도 마찬가지입니다. 두 예문을 잘 따져 보고 이어지는 설명을 읽으시기 바랍니다.

> h. The driver **in the Ferrari** was cornering superbly.
>
> i. Stephens, **in the Ferrari**, was cornering superbly.

h의 경우 전치사구 in the Ferrari는 운전자의 정체를 밝혀주므로 comma가 없는 identifying expression이 되는 것이고, i의 경우는 이미 Stephens로

정체가 드러나 있는 선행명사에 대한 보충을 하는 것에 불과하므로 non-identifying expression으로 양쪽에 comma가 필요합니다. 아, 그리고 한 가지 더, i의 경우에는 comma를 대신해서 아래처럼 대시(dash)나 괄호(parenthesis)를 사용할 수도 있답니다.

>   j. Stephens—*in the Ferrari*—was cornering superbly.
>   k. Stephens *(in the Ferrari)* was cornering superbly.

정확한 구두점을 사용하는 것이 정보의 정확한 전달에 크게 기여한다는 사실을 알게 되셨으리라 생각합니다. 앞으로 영문을 읽을 때는 이러한 점도 유념하여 함께 보시기 바랍니다.

좀 복잡하지요? 이렇듯 관계대명사라는 것이 우리가 생각해온 것만큼 그렇게 만만한 내용은 아닙니다. 사실 이 내용은 원어민이라고 해도 자신 있어 하는 것은 아니더라구요. 따라서 문어체 영어(written English)는 정확한 교육을 통해 학습해야 하는 것이지 외국인과 무작정 많은 시간을 보냈다고 느는 것은 아닙니다. 바꾸어 말해 토종 영어선생님이 교육이 시원찮은 원어민보다 훨씬 더 나을 수 있다는 말입니다.

If ~ will – 틀렸으니까 틀렸다?

시간과 조건의 부사절

여러분 아마도 '비가 오면 소풍을 가지 않겠다'라는 다음 문장을 문법책에서 숱하게 보았을 것입니다. 가정법 편에서 자주 보았음직한 '내가 새라면 너에게 날아갈 텐데'와 거의 쌍벽을 이루는 유명한 예문이지요.

a. *If it will rain tomorrow, I will not go on a picnic.
(별표(*)는 비문법을 나타냄)

이 예문에 동반해서 꼭 따라 나오는 다음과 같은 깔끔한(?) 설명이 있습니다.

b. 시간과 조건의 부사절에서는 현재시제가 미래시제를 대신한다. 따라서 위의 경우 will rain을 rains로 고쳐야 한다.

그런데 말입니다. 한번 잘 생각해 보세요. 이 설명이 과연 제대로 된 것인가 말이지요. 원어민이 a를 보면 틀렸다고 판단하겠지만 그 이유가 b이기 때문이라고 명시적으로 알고 있을까요? 그들이 정말 시간과 조건의 부사절을 늘 생각하며 그들의 말을 할까요? 절대 그렇지 않습니다. 무언가 그들의 인지 시스템에서 a의 비문법성을 본능적인 신호로 보내서 반응하고 있는 것입니다. 그러면 그게 무엇이냔 말입니다. 바로 그 무엇이 결국 문법(grammar)이 되는 것입니다. 문법은 결코 b와 같은 현상적이고(phenomenal) 관찰적이며(observative) 피상적인(superficial) 진술만이 아닙니다.

틀렸기 때문에 틀렸다?

그러므로 우리가 a가 틀린 것에 대하여 b의 이유를 줄줄 외우며 제시하는 것은 어떻게 보면 다음과 같은 논리적 오류를 범하고 있는 것입니다.

① 원어민은 a를 틀렸다고 판정한다.
② 근데 보니까 a에는 if와 will이 함께 쓰이고 있다.
③ 따라서 if와 will이 쓰이면 틀린 것이다.
④ 결국 a는 틀렸기 때문에 (원어민이 그러니까) 틀린 것이다.

'틀렸기 때문에 틀렸다' 이게 말이 됩니까? 통탄할 일이지만 우리의 문법책에는 이처럼 왜 그런지에 대한 아무런 설명 없이 그냥 외울 것만을 무조건적으로 강요하는 억압적이고도 폭력적(?)인 설명이 너무나도 많습니다. '그냥 이렇게 쓰면 된다, 안 된다' 그게 다죠. 이는 생각하는 동물인 우리 인간의 논리적이고 창의적인 인지 능력을 너무나도 무시한 처사입니다.

언어학은 진행 중

그러나 일이 그렇게 만만한 것만은 아닙니다. 모든 학문이 그러하듯 우리의 언어학 역시 모든 현상의 기저 원리를 모두 다 완벽하게 설명하고 있지는 않습니다. 어떤 저명한 언어학자가 한국에 와서 (아마 스탠포드 대학의 Kiparsky였던 것 같은데요) 한 말이 문득 생각나는 군요. 그분이 했던 정확한 말은 생각이 안 나구요, 대충 요지는 이렇습니다.

> '우리는 앞으로 100년 후에 무엇을 하고 있을까요? 바로 지금과 같이 궁금해 하며 지금처럼 이런저런 가설을 세우고 검증하며 토론하고 있을 것입니다. 결국 우리는 별반 달라질 바가 없다는 것이지요.'

이 말이 무엇일까요? 결국 우리에게 과학의 최종 완성은 없다는 것입니다. 우리의 과학은 (언어학을 포함해서) 단지 진행하고 있는 것뿐입니다. 그렇다고 어차피 다 못 이룰 거니까 가만히 있으면 되겠습니까? 아니지요. 내게 주어진 시간 속에서 이미 이룩된 것을 올바르게 이해하고 거기에다 하나를 더 덧붙일 수 있다면 그게 우리가 역사에서 할 일이 아닌가 하는 생각이 듭니다. (너무 거창했나요?) 그런 면에서 학교 교사와 대학의 연구자 사이에는 지금보다 보다 밀접한 관계가 필요합니다. 교실에서 학습자들이 진정으로 궁금해 하는 내용이 연구의 실적으로 이루어질 때 그것이 진정 실용적인 인문학이 되지 않을까요?

if ~ will이 틀린 이유 (심화편)

그러면 다시 돌아와서, 앞서 제시한 문장 a는 왜 틀렸는지 생각해 봅시다. 여기에 대한 연구를 이것저것 찾아보았지만 별로 만족스러운 것이 없어 부족하지만 저의 소견을 제시할까 합니다.

많은 학습자들이 will을 미래시제라고 생각하지만 사실 시제라는 것은 동사의 어미 변화, 즉 굴절(inflection)에 의해 나타내는 것이므로 이는 정확히 말해서 옳은 내용이 아니지요. will은 다만 현재의 시점에서 '추정'을 하고 있는 것에 불과합니다. 자, 잘 기억하세요. will이 의미는 '현재에서의 추정'이라는 것 말이에요. 그러면 접속사 if는 무엇입니까? 그것의 기본 의미는 두말할 필요도 없이 '가정' 즉 또 하나의 '추정'입니다. 그렇게 본다면 a에서 본 조건절의 명제에는 다음과 같이 두 개의 추정이 잉여적으로(redundantly) 배치되어 있는 셈이 됩니다.

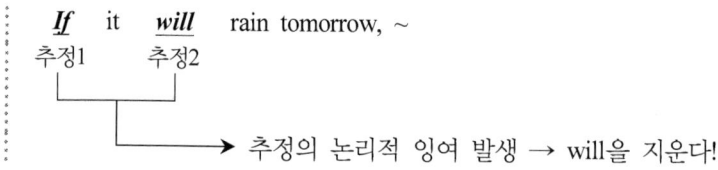

따라서 예문 a가 틀린 것은 위의 도식에서 보듯 중복되는 두 개의 추정 장치에 대하여 원어민의 인지가 본능적으로 거부권을 행사했기 때문입니다. 저는 이 내용을 특강의 기회가 있을 때마다 중고교의 어린 학생들에게 시험 삼아 설명하곤 했습니다. 놀라운 것은 그 아이들이 전혀 어려워하거나 부담스러워 하지 않고 오히려 대단히 흥미로워하면서 질문까지 막 하더라는 것입니다. 기본적으로 공부를 하는 이들은 그 나이가 어리든 많든, 또는 그 학문적 소양이 박식하든 아니든 이처럼 새로운 가설과 논리에 관심을 가지는 것이 인지상정인가 봅니다.

if절 내의 will은 무조건 틀렸다? (심화편)

〈사례 1〉

어찌됐건 if ~ will의 비문법성을 이래저래 따져보았습니다. 근데 좀 걱정이 되는 게 있어서요. 위에서 다룬 내용을 너무 확고하게 받아들인 나머지 조건과 가정의 접속사 if다음에 will을 사용하면 무조건 틀렸다고 생각할까봐서입니다. 하지만 그러한 단언은 좀 문제가 있습니다. 실제로 수능을 비롯한 각종 국가시험을 출제하는 한국교육과정평가원의 교원임용시험에서 다음 사례와 같이 문법상 하자가 전혀 없는 if ~ will의 구조가 출제된 바가 있었습니다. 당시 지문이 이랬습니다.

> Once upon a time there lived a man who wished to have a parrot but couldn't afford to buy one because he was too poor. One day he prayed to God, "*If you will help me get a parrot*, I'll really appreciate it and I'll tell other people what you did for me."
>
> [번역] 옛날에 한 남자가 살았습니다. 그는 앵무새를 가지고 싶었지만 너무 가난해서 살 여유가 없었습니다. 어느 날 그는 하나님께 이렇게 기도했습니다. "제가 앵무새를 살 수 있도록 도와주시면 정말 감사할 것이며, 다른 사람들에게 당신께서 저에게 행하신 것을 전할 것입니다."

위에서 밑줄 그어 표시된 부분을 잘 곱씹어보세요. 상황에 대한 '단순한 가정'인가요, 아니면 '하나님의 뜻(의지)'인가요? 그렇지요. 내용으로 볼 때 주어인 you, 즉 하나님의 '뜻과 의지'가 반영된 부분이라고 볼 수 있습니다. 말하자면 will이 '추정'으로 사용된 것이 아닌 거죠. 당연히 이 경우에는 논리적 잉여가 발생하지 않기 때문에 조건의 if 다음에도 얼마든지 조동사 will을 사용할 수 있게 되는 것입니다. 일부러 어려운 시험을 언급해서 이런 용법이 극히 제한적이라고 오해하실까봐 사전에 흔히 있는 예문을 하나 더 소개해 드리겠습니다.

> If he'*ll* listen to me, I'll give him some advice.
> 그가 내 말을 들으려 한다면, 그에게 충고 좀 해주겠다.

〈사례 2〉

if절 내에 will이 쓰일 수 있는 또 하나의 경우는 '조건절의 내용이 주절의 결과로 나타나는 경우'입니다. 아래의 두 예문을 비교해 보겠습니다.

> c. ② I will give you $100 ① if you stop doing that.
>   그걸 멈추면 100달러를 주겠다.
> d. ① I will give you $100 ② if it will help you to enjoy the holiday.
>   내가 100달러를 줘서 그게 네가 휴일을 즐기는 데 도움이 되면 주겠다.

이해를 돕기 위해 예문의 각 명제마다 시간상 순서를 의미하는 번호를 붙여 놓았습니다. c는 통상적인 경우로 시간상 조건절 ①이 선행되어야 결과로 ②가 일어날 수 있습니다. 이에 반해 d는 100달러를 주는 결과 ①이 있어야 조건절의 내용 ②가 일어날 수 있는 경우입니다. 이럴 때에는 if절이라 하더라도 will을 쓸 수가 있게 되는 것입니다. 근데 어떡하죠? 이때는 제가 앞서 야심차게 제시했던 '추정의 잉여'라는 개념으로 설명이 곤란해지고 맙니다. 그래서 제가 이 내용으로 연구논문 쓰기를 아직 머뭇거리고 있답니다. 지금 저의 약점을 스스로 밝히고 있는 겁니다. 앞서도 말했듯이 우리는 계속 이러고 사는 것입니다. 혹시 이 글을 읽으시는 선생님들 가운데 좋은 의견 있으시면 먼저 논문 내세요. 아니면 저랑 같이 내실래요?

가정법의 진실 (심화편)

문제제기

말이야 쉽죠. 가정하는 법이니까요. 그래서 그런지 우리는 다음의 가정법(subjunctive) 공식(?)들을 별 부담 없이 달달 외우기만 했던 것 같습니다.

가정법과거 (현재 사실의 반대):
　　　　If + S + 과거동사, S + 과거조동사 + 동사원형
가정법과거완료 (과거 사실의 반대):
　　　　If + S + had p.p., S + 과거조동사 + have p.p.
혼합가정문 (과거에 ~했다면, 지금 …일 텐데)
　　　　<u>If + S + had p.p.</u>, <u>S + 과거조동사 + 동사원형</u>.
　　　　　가정법과거완료　　　　가정법과거

지금도 크게 차이는 없는 듯합니다. 그런데요, 이런 공식에 익숙한 학습자라면 아래에 제시되는 예문들은 어쩌면 다 틀렸다고 생각할지도 모르겠습니다. 하지만 전혀 이상이 없는 문장들입니다. 게다가 글을 읽어가며 쉽게 마주칠 수도 있는 상황들입니다. 이걸 언제까지 억지로 외면하며

못 본 척해야 할까요?

    a. If you *are* tired, I *could* give you a ride.
       조건절(If절)에 과거동사를 사용하지 않았다.
    b. If he *is* clever, he ***would not have said*** so.
       혼합가정문 같기는 한데, 이번에는 한술 더 떠서 조건절이 현재시제로 가정법이 아닌데다가, 주절은 가정법과거완료로 되어 있고… 내용이 매우 얽히고설켜있어 설명이 불가능하다.

가정법의 원리

앞에서 본 가정법의 공식이 그 자체로 틀린 것은 아닙니다. 그러나 가정법이 그것만 있다고 생각하면 이는 완전히 틀린 발상입니다.

중요한 것은 공식에서 엿볼 수 있는 가정법의 '원리'입니다. 이를 잘 이해하면 여러 가지의 응용 형태들을 이해할 수 있는 바탕이 마련되게 됩니다. 자, 보시죠. 어째서 현재를 진술하는 데 과거시제를 쓰고(가정법과거), 마찬가지로 과거를 진술하는데 과거완료형을 쓰느냐(가정법과거완료) 이겁니다. 다음은 YBM에서 2006년 출간하여 29쇄까지 발행되었던 제 영문법 책에 독자의 이해를 돕기 위해 실었던 내용입니다. (현재는 「What a Grammar!」라는 도서명으로 '도서출판 한국문화사'에서 재발행)

    필자가 중고교 시절 가정법을 배우며 가장 많이 접했던 예문은 바로 아래의 문장이었습니다. 여러분은 어떤가요?

    If I *were* a bird, I *could* fly to you.
    (가정법과거 - 내가 새라면 너에게 날아갈 텐데.)

그때는 아무 생각 없이 무작정 외우면서 참 낭만적이긴 하지만 가슴 아픈 예문이라고 생각했었는데요, 나중에 영어를 전공하며 다시 보니 낭만적이었던 것은 온데간데없고 오직 were하고 could만이 그렇게 부각되어 보일 수가 없었습니다. '왜 분명 현재로 번역되는 것을 과거시제로 표현할까?' 자, 우리 그것을 다음과 같이 한번 이해해 봅시다.

> 현실의 영역에서 허락된 시간 표현법에 따라 묘사되는 나는 지금 내 마음대로 움직일 수 없는 구속의 상태에 놓여있다. 나는 다만 생각뿐이라도 새가 되어 이 갇혀 있는 현실을 벗어나고 싶다. 그러나 이곳의 시간 표현법은(현재시제) 나의 모습을 있는 그대로의 구속된 상태로 그려낼 뿐이다. 그래서 나는 이곳을 벗어난 다른 영역의 시간 표현법을 (과거시제) 써서 잠시나마 내 현실의 반대를 상상해 본다.

요컨대 화자가 언급하고 있는 시간 영역의 지정된 시제 표현법에서 벗어나는 것, 바로 그것이 영어라고 하는 언어가 채택한 반대의 상상, 즉 '가정'의 방법이었던 것입니다.

말하자면 원어민의 인지가 비현실적(unreal) 상황을 그릴 목적으로 일부러 진술 시점을 어긋난 시간 표현을 사용함으로써, 이른바 '시제 변동' 장치를 가동시킨 것, 그것이 바로 영어의 가정법인 것입니다(counter-factuality). 따라서 예문 a는 if절이 있어도 시제 변동이 일어나지 않고 있으므로 엄밀히 말해 가정법이 아닙니다. 편의상 다시 등장시켜 보겠습니다.

If you *are* tired, I ***could[can]*** give you a ride.

이것은 정확히 말해 직설법 조건문(open conditional)에 해당한다고 말할 수 있습니다. 즉, 화자는 청자가 피곤한지의 여부에 대해 잘 모르는 상태에서 50대 50의 확률로 진술하고 있는 것입니다. (이런 면에서 이런저런 거를 다 합쳐 가정법이든 아니든 접속사 if를 사용했다는 데 주목하여 if-conditional의 여러 가지 타입으로 설명한 외국 문법서들이 더 합리적으로 보이기는 합니다.) 그러면 주절의 조동사 could는 어떻게 된 것이냐구요? 그건 또 넓은 의미로 볼 때 가정법이 맞기는 맞습니다. 하지만 이때는 반대의 상상이 아니라 화자의 다소 머뭇거리는 듯한 공손한 상태를 반영하는 것입니다. 즉, unreal한 게 아니라 다소 tentative한 것이죠. 왜, 상대에게 뭔가 부탁할 때 Will you ~ 대신 Would you ~를 쓰면 공손한 거라고 배웠잖아요? 그거랑 같은 것이에요. 따라서 이 경우에는 could 대신 can을 얼마든지 사용할 수 있습니다. 그러고 보니까 이쯤에서 조동사의 과거형에 대한 이해를 정확히 정리하고 지나가야 할 것 같네요.

조동사의 과거형 - would, could, should, might

(1) 과거를 의미할 '수' 있다.

He told me that his son **would/could/might** come soon.
시제의 일치에 의한 과거형 조동사의 사용

(2) 시제변동: 화자의 '약화된 심적 상태'를 의미할 수 있다.

Would you mind opening the window?   (공손)
It **might** be true that he loves me.   (불확실)
If I **were** a bird, I **could** fly to you.   (상상: 약화의 절정)

학생들의 입장에서는 조동사의 과거형이 과거를 의미할 수도, 또 문맥에 따라서는 약화된 현재를 의미할 수도 있다는 유연한 내용 그 자체를 받아들이기 힘들어 하는 것 같습니다. 그러니 선생님들께서는 이 점을 잘 연구하고 숙지하시어 학생들이 영어라고 하는 언어의 큰 고비 하나를 잘 넘어갈 수 있도록 도와주시길 부탁드립니다. 자, 다시 돌아옵시다.

따라서 우리는 다음 두 문장의 차이를 구분할 수 있게 됩니다.

    c. If you ***are*** tired, I ***could[can]*** give you a ride. [= a]
    d. If you ***were*** tired, I ***could*** give you a ride.

정리하자면 c는 상대가 피곤한 여부에 화자가 개입하지 않으려 하는 open conditional이고, d는 상대가 피곤하지 않다는 것을 화자가 이미 알고 있는 상태에서 주어진 상황의 반대를 상상하는 unreal condition, 즉 가정법과거(subjunctive past)가 되는 것입니다. 바꾸어 말해 c에서 청자가 화자의 차를 탈 확률은 50퍼센트 정도인데 반해, d에서는 0퍼센트가 되는 셈입니다.

앞서 제시한 예문 c를 해결할 실마리 역시 찾은 것 같습니다. 이번에는 다른 사례들까지 엮어서 보다 다각도로 이해해 보겠습니다. 이 정도를 설명할 줄 알면 영문법에 일가견이 있다고 봐도 될 것 같습니다. 아래에 제시된 예문은 모두 '현명하다면 그렇게 말 안 했을 거야'라고 비슷하게 번역되지만 사실은 서로 엄청난 차이가 있습니다. 자, 한번 생각해 보시죠.

    e. If he ***is*** clever, he ***would not have said*** so. [= b]
    f. If he ***were*** clever, he ***would not have said*** so.
    g. If he ***had been*** clever, he ***would not have said*** so.

e의 조건절은 open conditional로서 화자가 그의 현명함 여부에 개입하지 않으려 합니다. 따라서 '나는 그가 현명한지 아닌지 모르겠어, 하지만 현명하다면 그는 그렇게 말 안 했을 거야' 정도의 느낌이 되겠습니다. f의 조건절은 unreal conditional로서 가정법과거입니다. 즉, 화자는 그가

현명한 사람이 아니라고 이미 생각하고 있습니다. 그리고 그런 생각은 화자의 마음에 늘 깔려 있기 때문에 현재의 반대 상상인 가정법과거를 쓴 것입니다. 흥미로운 사실은 보시다시피 이런 식으로 혼합가정문의 경우 조건절에 가정법과거, 주절에 가정법과거완료를 쓰는 경우도 얼마든지 나올 수 있다는 것입니다. g는 일반적인 형태의 가정법과거완료(subjunctive past perfect)로서 '그 당시에 그가 현명하였더라면' 정도로 번역될 수 있겠는데요, 지금은 아닐 수 있지만 그때에는 화자가 생각하기에 그가 좀 어리석었나 봅니다.

    이처럼 가정법에 대한 올바른 이해는 정확한 독해의 초석이 됩니다. 그저 단순히 두 명제 간 논리의 조건과 귀결로만 생각한다면 곤란하지요. 가정법 파트는 교실 영문법에서 사실 주입식 교육의 폐단이 가장 두드러진 내용이기도 한 것 같습니다. 본격적인 문법서가 아니기에 세세한 내용을 일일이 다 설명하지 못해 아쉽기는 합니다만 그래도 다시 한 번 제대로 이해를 해야 할 필요성에 대한 동기부여는 충분히 되었으리라 생각합니다. 이제는 우리들의 머릿속에 고정된 고집불통 영문법을 끄집어내어야 할 때가 아닌가 합니다.

PART 4

문자 - 읽기와 쓰기

두 가지 정보처리 모델

절대어휘 없이는 불가능

이제부터는 읽기(reading)에 관한 얘기를 좀 할까 합니다. 그 전에 먼저 짚고 넘어갈 것이 있습니다. 그것은 앞에서 신나게 다루었지만요, 읽기든 독해든 좌우간 일단 기본어휘(basic[general] vocabulary), 즉 이 책에서 말하는 절대어휘(absolute vocabulary)가 없는 상태에서는 이 reading이라는 것이 원천적으로 불가능하다는 것입니다. 우리의 교육 환경으로 치면 중학교 3학년이나 고등학교 1학년 수준의 어휘 정도가 되겠지요. 이제부터의 모든 얘기는 이 기본어휘가 완성된 상태를 전제로 한다는 사실을 잊지 마세요. 아니, 기름이 있어야 차가 갈 것 아닙니까?

'해독'이 아니라 '읽기'를

그런데 대부분의 사람들은 고등학교는 물론이요 대학을 졸업하고서도, 분명히 단어는 어느 정도 된 것 같은데도, 영어로 된 글을 시원스럽게 읽지를 못합니다. 그런 경우 일단 사전부터 집어서 옆에 가져다 놓고 시작하는 사례가 대부분이지요. 결국 언어라는 것이 인간의 가장 기초적인 표현 수단이고 보면 그렇게 열심히 파고드는 것만이 언제나 능사라고만은 할 수는 없을 텐데요. 한국어의 원어민인 우리가 평상 시 국어사전 없이도 별 탈 없이 잘 살아가는 것처럼 말이지요. 사전이 있다고 다 될까요? 대부분의 경우는 마치 이집트의 고대 상형문자를 분석하듯이 읽지 않고 연구(?)하는데요, 그러면 그것은 이미 "읽기"가 아니라 말 그대로 "해독"이 되어버리고 만 것입니다. 아, 우리말처럼 편안하게 읽을 수 있다면 얼마나 좋을까요?

상향식과 하향식 정보 처리

여러 가지 원인이 있겠지만 우리의 읽기가 물 흐르듯 유연하지 못했던 가장 중요한 이유 중의 하나는 우리가 늘 상향식(bottom-up) 정보처리 모델로만 학습을 하는 경향이 있기 때문입니다. 왜 "나무는 보지만 숲을 보지 못한다"는 말이 있지 않습니까? 나무도 중요하겠지만 전체적으로 숲을 조망하는 능력도 중요하다는 얘기이겠지요. 다시 말해 전체를 아우를 수 있는 시각을 가지고서, 즉 하향식(top-down)으로 사고하는 것도 영어 읽기에 있어서 매우 중요하다는 것입니다.

어느 저명한 학자는 reading을 '내가 이미 가지고 있는 배경 지식과 이제 받아들이려는 새로운 정보간의 역동적인 상호작용'이라고 정의하였습니다. 그럼에도 우리는 우리 내부의 배경지식을 인정하지 않고 늘 외부의 참고 사항과 권위 있는 해설을 찾기에만 매달려 왔던 것이지요. 이제부터라도 자기 스스로를 인정하고 한번 믿어보세요.

지금 수능영어를 공부하든, 토익이나 토플을 공부하든, 아니면 취업시험 준비를 하든, 위에서 말씀드린 두 가지의 정보처리 모델을 말입니다,

어느 한편에 치우치지 말고 상호보완적으로 활용해 보기 바랍니다. 시간이 많이 걸리더라도 말이지요. 하루에 몇 개의 지문을 읽었느냐가 중요한 것이 아닙니다. 내가 가지고 있는 무한한 가능성으로 이 새로운 정보를 어떻게 처리해 가고 있느냐가 앞으로의 발전 가능성이라는 관점에서 훨씬 더 중요한 것입니다. 그걸 어떻게 하느냐구요? 이제 한 사례를 들어 드리도록 하겠습니다.

읽기의 실제

자, 하나의 영문이 앞에 놓여 있다고 가정합시다. 처음에는 일단 한 다섯 번 내리 읽으세요. 물론 이 과정에서 이용 가능한 모든 이해의 원천은 절대어휘를 포함하여 학습자의 삶에 배여 있는 기존 배경지식 전부입니다. 확실히 알겠는 것들, 대충 의미를 짐작할 수 있는 어휘나 구문들, 도통 감이 안 오는 것들을 적당히 표시하여 체크하면서 말입니다. 지문의 내용과 관련된 내용이 궁금하면 인터넷 등으로 배경지식을 검색해 보는 딴 짓(?)을 하는 것도 나쁘지 않습니다. 그러다보면 덜컥 읽어지는 수도 있고, 또 그렇게 이해된 것은 잘 잊히지 않습니다. 걱정 마세요. 시간이 많이 걸릴수록 나의 사고력은 풍성해져 갈 테니까요. 자, 그러면 여기까지는 일단 하향식 정보처리입니다. 멀리 위에서 숲 전체를 조망해 본 것이지요.

그 다음에는 왜 평상시 여러분들 잘 하시는 거 있지요? 사전 들고 꼼꼼하게 궁금한 거 하나도 빼지 말고 다 찾아보세요. 이제 나무 한그루 한그루씩 정확하게 들여다 볼 상향식 정보처리의 시간입니다. 내가 짐작한 게 맞았을 수도 있고 형편없이 기대에 어긋났을 수도 있습니다. 실컷 지문에 빠져서 흠씬 즐긴(?) 후에는 다시 빠져 나와 하향식 모드로 전환

한 다음 학습된 지문을 소리 내면서 계속 반복해서 읽으세요. 분당 150~200단어의 스피드 정도로 연습합니다. 원어민의 자연스러운 육성이 녹음된 음원이 있다면 더할 나위 없이 좋겠지요.

　이렇게 상, 하향식 정보처리 모델을 왔다갔다 학습하는 것이 처음에는 답답하고 지루하고, 게다가 너무 진도가 느린 것처럼 느껴질지도 모르겠습니다만, 그러면 그렇게도 열심히 해왔던 그간의 온갖 방법들이 왜 아직까지도 만족스러운 결과를 양산하지 못했나를 생각해 보십시오. 신비스럽기 그지없는 우리의 두뇌를 혹여 몇 가지 달콤한 테크닉과 스킬에만 너무 묶어 두려 했던 것은 아닐까요? 이해는 영어 잘해 보이는 강사가 아니라 내가 하는 것이란 사실을 잊지 마세요. 영어 잘해 보이는 강사의 말을 빠뜨리지 않고 적는 게 중요한 것이 아니라, 앞에 놓인 글을 읽을 수 있는 수준을 향해 나의 사고력이 움직이고 있느냐 아니냐가 훨씬 더 중요한 것입니다.

독본과 OUTPUT

　이렇게 많은 시간을 투자한 소중한 영문 하나가 지나갑니다. 그리고 이 순간 대부분의 참사도 함께 일어납니다. 대략의 스토리를 기억한 영문을 마치 자신의 것이라고 착각하여 차후로 다시는 들여다 볼 일이 없게 되어 버리고 마는 것이지요. 이게 바로 대형 참사입니다.

　독본(讀本)이란 이렇게 정성들여 본 하나하나가 차곡차곡 쌓여 갈 때 비로소 완성되는 것입니다. 한 삼일 있다 다시 보고, 또 한 열흘 있다 다시 보세요. 새로운 점이 또 나올 겁니다. 아니면 완전히 output으로 전환해서 우리말 번역을 보고 영문으로 다시 옮겨 보세요. 저는 이 과정이 궁극적으로 문어체 영어(written English)의 완성이라고 확신합니다.

읽을거리가 쓸거리로 변환되는 경험은 고급 학습자로 가기 위한 필수적 관문이기 때문입니다. 음성언어 수준인 듣기와 말하기도 마찬가지 입니다. 들을거리를 하도 반복해서 듣다 보니까 어느새 그것이 자신도 모르게 말할거리로 다 바뀌어 있는 것과 마찬가지입니다. 수용적 능력과 생산적 능력에 관한 이 내용에 관해서는 잠시 뒤에 등장할 'input과 output'에서 어느 정도 다루어 놓았으니 그때 가서 다시 이야기하기로 하지요

양보다는 질

그래서 필자는 각종 시험을 앞두고 있는 수험생들에게 다음과 같은 비유를 자주 들어주고는 합니다.

> '배를 타고 잠시 여행 중인 우리에게 보다시피 슬픈 일이 벌어졌다. 시험을 5개월 앞두고 무인도에 표류하게 된 것이다. 본부와의 교신에 의하면 다행이 시험을 치르기 하루 전에는 구조가 가능하다고 한다. 근데 영어시험을 치러야 할 여러분에게는 지금 영어책이 한권씩 밖에 없다. 그러니 그것만이라도 잘 해두어서 기본 점수는 꼭 맞도록 하자. 건승을 빈다. 제군들!'

한편 육지의 다른 경쟁자들은 그 시간에 이런 책, 저런 책, 엄청나게 보고, 이 강사, 저 강사, 족집게들을 무수히도 찾아다닐 것입니다. 그런데 우리는 책이 달랑 한권입니다. 한 400페이지 되는데요, 할 수 없이 그것만 계속 봅니다. 나중에는 할 게 없어서 번역했다가 영어로 바꾸고, 바꿨다가 또 번역하고 계속 되풀이합니다. 한 며칠 전부터는 그냥 입에서 줄줄 나오기까지 합니다. 여러분, 나중에 결과는 어떻게 되었을까요? 볼

것도 없습니다. 틀림없이 우리가 이깁니다.

　한편 이것저것 좋다는 거 다 해본 육지의 경쟁자들은 막상 시험에 닥쳐 그간 갈고 닦았다라고 착각한 무기 한 번 제대로 못 써보고 힘없이 무너질 수 있습니다. 많이는 했는데 확실히 남아있는 무언가가 없었던 것이지요. 지금 이러한 일들이 전국 각지의 학원에 수도 없이 일어나고 있습니다. 제발 부탁합니다. 철마다 바꾸어가며 교재를 판매하는 것도 좋지만 그것이 학생들의 머릿속에 안정화가 되어 가고 있는지를 시시각각 점검하면서 교재 교체의 간격을 조절해주시기 바랍니다. 열 개를 흐지부지 하느니 하나를 확실하게 하는 것이 훨씬 더 좋다는 것을 진정 모르시는 건가요? 그리고 이것은 사실 그 엄청난 영향력으로 인해 더불어 엄청난 교재판매 수익을 올리고 있는 EBS가 먼저 앞장서야 할 사항입니다. 학생들은 학교 교과서는 고사하고 EBS에 치여서 정신을 못 차린다고 하니 말입니다. 공공연히 다 알고 있는 문제점들은 왜 하나같이 해결이 잘 안 될까요? 관련 부처의 고위 공무원 나리님들, 부탁 좀 할게요. 아이들이 숨도 좀 적당히 쉬고 공부도 어느 정도 잘 되면 다 좋잖아요. 근데 공부도 안 되고 숨도 잘 못 쉬는 거 같아요. 우리 동네 애들 이번에 대학 다 떨어져서 지금 새벽부터 밤늦게까지 재수 학원들 다닌다는데, 정말이지 너무 가엾네요.

살짝 무거운 것으로 선택

지난 이야기

다음에 적은 내용이 뭔지 아시겠지요. 바로 앞에서 설명했던 내용입니다.

> Top-down + Bottom-up = Interactive Reading Model

그것은 바로 '어떻게 읽을 것인가'에 관한 것이었습니다. 물론 뭐든지 무식하게(?) 열심히 하면 안되는 게 없을 겁니다. 하지만 바른 방법을 알고서 하면 그 효과가 훨씬 좋아지리라는 것은 두말할 나위가 없겠지요.

i + 1 = i

자, 그러면 오늘은 지난번의 '어떻게'에 이어서 '무엇을 읽을 것인가'에 관한 이야기를 좀 해 보려고 합니다. 갑자기 좀 엉뚱한 비유이기는 합니다만, 우리 독자 분들도 근처 '헬스장' 많이들 다니시죠? 만일 10kg을 들 수 있는 근력을 가진 사람이 1kg의 무게로 운동을 한다면 어떻게 될까요? 안 하는 것 보다야 낫겠지만 아무리 해봐야 근력이 그렇게 크게 늘지는 않을 것입니다.

영어 학습에 있어 교재 혹은 자료의 선택도 이와 마찬가지입니다. 적당한 무게감이 있어야 하겠지요. 이와 관련하여 20세기 들어 외국어 교수·학습 이론에 대하여 수많은 논의가 있었지만, 그 중에서도 많은 사람들이 대체로 동의하고 또 그래서 가장 오래 살아남은 이론 중의 하나는 Stephen Krashen이라는 분의 입력 자료의 난이도에 관한 내용입니다. 그분은 전 세계적으로 대단히 유명한 학자인데요, 학습 자료의 난이도 및 선정과 관련하여 이른바 'i+1'이라는 내용을 자신의 '입력가설(input hypothesis)'에서 주장하였습니다.

그 내용은 이렇습니다. 현재 자신의 능력을 i 라고 한다면 학습 되어야 할 내용은 그보다 한 단계 더 높은 'i+1'이 되어야 한다는 것입니다. 처음에는 약간 버겁게 느껴지겠지요? 하지만 어느 정도 시간이 흐르고 그래서 진전이 되면 또 그것을 이겨나갈 힘이 생겨서 약간 힘들었던 것도 무난해지지 않겠습니까? 즉, 시간이 지나면 'i+1'의 결과는 다시 i가 된다는 것입니다. 그 i에다 또 1을 더하여 계속 자신의 실력을 점점 더 향상시켜 나가게 되는 것이지요.

무게를 늘려 전진할 것

어찌 보면 당연한 얘기 같습니다만 당연하기 때문에 우리가 더더욱 신경을 써야 하는 것입니다. 어떤 한 가지 시험만을 염두에 두고 현재 자신의 능력치에 관계없이 계속해서 해당 스킬(skill)만을 연습한다면 읽기 능력의 궁극적인 향상은 기대하기 힘들 것입니다. 그리고 사실 스킬

(skill)이라는 것도 많이들 오해하고 쓰는 말 중의 하나인데요, 그것은 잔재주 혹은 잔머리가 아니라 'i+1'의 메커니즘을 기반으로 한 학습자의 부단한 노력을 통해 얻어지는 '내재화된 전략(internalized strategy)'입니다. 우리 모두는 각자 처한 입장이 다르고 실력도 다를 것입니다. 어떤 테스트에서 일단 80% 이상을 득점할 수 있으면 그 때는 과감하게 난이도를 한 단계 올려보시기 바랍니다. 시간은 영원히 나를 기다려 줄 것 같지만 결코 그렇지가 않다는 사실, 잘 알고 계시지요?

부지런함에 관하여

reading에 관한 현재까지의 요지는 다음과 같습니다.

a. 분석적 읽기와 종합적 읽기를 병행할 것
   (Bottom-up + Top-down)
b. 현재의 능력보다 한 단계 높은 수준을 유지할 것
   (i + 1)

그리고 여기에다 한 가지 더. 20세기 최고의 지성이라고 일컬어지는 아인슈타인은 그의 에세이 어디에선가 '과학자'라는 사람들에 대해 이렇게 정의를 내려놓았더군요.

the scientists, whom God has given great brains and ***a lot of diligence*** ....
과학자, 그들은 신께서 위대한 두뇌와 동시에 **엄청난 부지런함**을 주신 자들 ....

아무리 완벽한 시스템과 요령, 환경을 지녔다하더라도 정작 학습자 본인의 의지가 없으면 다 무용지물입니다. 영어교수법 및 학습이론에 관한 많은 전문 서적들에서조차 결국 입력의 주체는 학습자 본인이 되어야 한다는 내용으로 결론을 맺습니다.

학습자 중심이란

교사에게 많은 권위가 주어졌던 과거의 수업 환경에서(teacher-oriented classroom environment) 이제는 학습자 중심(learner-centered)의 환경으로 바뀌었다는 것을 많은 학생들이 '긴장하지 않고 편안하게 수업할 수 있는 여건' 정도로 오인하는 경향이 있어 보입니다. 하지만 결코 그런 것이 아닙니다. 학습자 중심으로 교수 환경이 변화하였다는 것은 교사의 안내를 잘 받아 자신에게 맞는 길을 선택하되 **목표 달성의 궁극적 책임은 학습자 자신에게 있다**는 것을 스스로 인정하는 것을 말합니다.

새로운 제도와 이론이 나오면 세상이 갑작스레 변할 것처럼 생각하는 사람들이 많습니다. 그러나 어른들이 말하는 것처럼 물은 반드시 위에서 아래로 흐르고 해는 반드시 동쪽에서 떠서 서쪽으로 지는 법입니다. 우리를 편리하게 해주는 모든 것들의 이면에는 그 편리의 산출물을 만들기 위해 부단히 노력한 자들의 끊임없는 '인내심'이 반드시 있는 법입니다.

50분 공부와 10분 휴식이라는 시스템은 모든 사람들의 공리를 위해 존재하는 것이지 결코 나를 지배하는 주기율은 될 수 없습니다. 학창시절 밤새 연구에 몰두하시던 스승님들의 모습은 그때까지 저에게 가르쳐 주신 모든 내용을 합친 것보다도 더 큰 감동과 영감을 주기에 충분하였습니다. 아직도 한참은 많이 모자란 필자이지만, 후학들에게 (아니라면 죄송합니다) 감히 이렇게 권면하고자 합니다. '있어야 할 시간에 있어야 할 곳(right time, right place)에 있으며, 지치지 말고, 지루해하지 말고 지금 앉아 있는 그 자리에 끈기를 갖고 그저 오래 머무르라'고 말입니다. 끝으로 일전에 '강남구청수능방송'에 기고하였던 칼럼 하나를 소개할까 합니다.

내일이 개학이라면?

거창한 방학 계획은 세워 놓았는데, 계획표상에는 내일부터 시작하는 것으로 되어 있으니, 오늘은 일단 편하게 쉬어 가자고 생각하고 있습니까? 하루의 달콤한 휴식이 이틀이 되고 일주일이 되는가 싶더니 어느새 개학은 밤의 도적처럼 다가올 것입니다. '한 가지만이라도 제대로 할 것을…' 후회의 아쉬움에 마음이 편치 않겠지요. 자, 우리 이렇게 한번 해 보십시다! 아무 것도 이루지 못한 그 씁쓸한 상상을 미리 해 보십시오. 아마 심장이 덜컥 내려앉을 겁니다. '휴~ 다행이다.' 상상이었죠? 그럼 주저 없이 오늘부터, 아니 지금 당장 시작하는 겁니다.

오늘은 먼저 공부를 했던 선배 학생의 마음으로, 저와 같은 전철을 여러분은 밟지 않기를 간절히 바라는 마음으로, 부족하지만 세 가지의 말씀만 감히 전하고자 합니다.

(1) **不怕路遠 只怕志短** (불파로원 지파지단)
길이 먼 것을 두려워하지 말고 다만 뜻이 짧음을 두려워하라.

저는 보다 훌륭한 영어선생이 되고 싶은 마음에 서른을 훌쩍 넘긴 나이에 늦깎이로 대학원 공부를 시작했습니다. 폭염이 기승을 부렸고 학원

강의와 논문 준비에 몸과 마음이 다 지쳐갈 때, 힘들어 하는 저를 보시고 어느 노(老) 교수님께서 건네주신 말입니다. 무언가에 크게 한 대 얻어맞은 느낌이었습니다. 마음을 굳게 부여잡고 흐르는 땀을 열매라 생각하며 정진할 수 있었던 계기가 되었습니다.

> (2) **If you wait for perfect conditions, you will never get anything done.**
> 완벽한 상황을 기다리면 아무 것도 이룰 수 없다.

성격상 완벽주의에 집착하다보니 갑갑하고 조바심에 늘 마음이 급하기만 했습니다. 그때 역사상 최고의 지혜자로 일컬어지는 솔로몬의 잠언(箴言)을 우연히 듣게 되었습니다. '어떡하나?'만 생각하고 있으면 아까운 시간은 다 흘러갑니다. 지금 할 수 있는 것부터 단 한 줄이라도 당장 시작하십시오. '시작이 반'이라는 말, 그렇게 절실하게 와 닿을 수가 없습니다.

> (3) **Quality rather than Quantity**
> 양보다는 질(고품격 영어를 추구하십시오!)

영어는 몇 문제를 풀었느냐보다는 어떤 과정으로 풀었느냐가 훨씬 중요합니다. 낱말의 쓰임새 하나하나에 유의하며 '왜 여기서 이 표현을 썼는지'를 늘 생각하며 읽어나가는 것이 중요합니다. 가장 먼저 해야 할 일은 최소한 지난 5개년도의 기출문제를 모두 완벽하게 풀어보는 것입니다. 영어 시험은 절대로 내용의 익숙함을 측정하지 않습니다. 수험자의 머릿속에서 영어로 구현되는 정보와 논리를 측정하는 것이기 때문입니다. 그리고 또 한 가지, 무조건 빨리 읽어야 한다고 미리 자신을 구속하지 말기 바랍니다. 속도는 정확성(accuracy)이 확보되는 순간 저절로 붙게 되어 있습니다. 안 되는 것을 억지로 빨리 읽는 것이 아니라 정확하게 되다 보니 어느새 자연스럽게 '빨라지는' 것입니다.

여러분의 무한한 건승을 기원하며 이만 글을 맺습니다.

담화와 은유

담화

담화(談話, discourse)란 "유의미한 이야기의 연속 혹은 맥락"을 의미합니다. 인간의 의사소통능력 중의 일부인 이 담화를 제대로 이해하지 못하면 말귀를 도통 알아듣지 못하는 '사오정'이 되고야 마는 것입니다. 구어체(口語體)이건 문어체(文語體)이건 의미 없이 따로 노는 문장들의 연속은 없습니다. 따라서 한 언어를 정복한다는 것은 그 언어의 담화구조를 이해하는 것이라고 해도 과언이 아닐 것입니다. 그 첫째로 우선 남의 글을 보고 어떤 표현의 문맥적 의미가 무엇인지를 아는 것이 중요하겠지요.

입시생 연습

다음은 2009년 9월에 시행된 한국교육과정평가원 모의고사 중 45번 문항의 지문입니다. 마침 지방의 어느 고등학교에 특강을 하러 갔었는데 한 학생이 조심스레 묻더군요. 밑줄 친 ***highlighted passage***가 무슨 말이냐고 말입니다. 참 기특하더군요. 당장 성적은 안 나올지 몰라도 필자는 그 학생의 장차 외국어 구사 및 이해 능력이 무섭게 발전하리라고 확신하며 용기를 주었던 기억이 납니다. 자, 우리 독자 여러분들도 잠시만 수능 수험생이 되어서 무슨 의미인지 생각해 보도록 합시다.

The face of the water, in time, became a wonderful book—a book that was a dead language to the uneducated passenger, but which told its mind to the pilot without reserve, delivering its most cherished secrets as clearly as if it spoke them with a voice. The passenger who could not read this book saw nothing but all manner of pretty pictures in it, painted by the sun and shaded by the clouds. To the pilot, however, it was a ***highlighted passage***. Indeed, it was more than that; for it meant that a wreck or a rock was buried there that could tear the life out of the strongest vessel that ever floated. It is the faintest and simplest expression the water ever makes, and the most frightening to a pilot's eye.

번역: EBS 수면(水面)은 곧 놀라운 책—교육받지 못한 승객들에게는 사어(死語)지만, 수로 안내인에게는 목소리를 가지고 말하는 경우만큼이나 확실하게 그것의 가장 소중히 간직된 비밀을 전달하면서, 기탄없이 자신의 마음을 이야기해 주는 책—이 되었다. 이 책을 읽을 수 없는 승객은 그 속에서 단지 태양빛으로 채색되고 구름으로 그림자가 드리워진 모든 양식의 예쁜 그림들만을 보았을 뿐이다. 그러나 수로 안내인에게 그것은 ***두드러지게 눈에 띄는 길***이었다. 실제로 그것은 그 이상이었다. 왜냐하면 그것은 이제까지 수면에 띄워진 것 중 가장 튼튼한 배로부터 생명을 파괴할 수 있는 난파선의 잔해나 바위가 그곳에 묻혀 있다는 것을 의미했기 때문이었다. 그것은

물이 만들어낸 가장 희미하고도 가장 단순한 표현이고, 수로 안내인의 눈에는 가장 무시무시한 것이다.

우선 본문의 표현 기법으로 첫 문장에서 "수면(水面)은 책이다"라는 은유(metaphor)가 사용되었음을 이해해야 합니다. 물길을 알지 못하는 승객(passengers)들에게 그 책은 어떤 심오한 의미를 주지 못하는 그저 단순한 그림책일 뿐입니다. 하지만 물길과 물 아래의 지형에 대단히 밝은, 즉 책의 내용을 읽을 수 있는 pilot(도선사, 수로 안내인)에게는 "**강조된 구절**", 다시 말해 매우 중요하게 취급하여 신경을 바짝 써야하는 하는 부분이 되는 것입니다. 마치 형광펜으로 그어 놓은 책의 구절을 신경 써서 공부해야 하듯이 말입니다. 결국 위에 제시한 단락은 어떤 주어진 상황의 피상적인 아름다움이 그 이면에 있는 현실적 위험과 대비를 이루어, 바다 혹은 강이라는 무대 위에서 책으로 비유된 내용이었던 것입니다.

제게 질문을 했던 그 여고생은 여러 채널을 통한 모의평가 해설을 봤던 모양입니다. 아무래도 그 번역이 석연치 않았겠지요. 대체로 passage라는 단어를 위에 제시된 것처럼 '통로' 혹은 '길'과 같은 식으로 번역했었나 봅니다. 은유로 세팅된 글 전체의 담화구조를 파악하지 못한 국지적 번역의 대표적인 사례라고 할 수 있지요. 사실 이런 일은 부지기수입니다. 오역이라고 할 것 까지는 없겠지만 학습자들의 이해에 혼선을 준 것 만은 분명하거든요. 질문을 했던 그 여고생은 미소를 지으며 무언가를 깨달았다는 표정으로 꾸벅 인사를 하고는 돌아갔습니다. 시간이 꽤 흘렀으니 지금은 아마 대학도 졸업했겠네요. 하지만 틀림없이 어디선가 자기의 역할을 훌륭히 수행하며 잘 지내고 있으리라 확신합니다.

임용고시를 공부하는 필자의 예비 선생님들에게서도 상기의 내용을 교사로서 어떻게 번역을 할지, 그리고 더불어서 '담화구조에 대한 이해의 중요성'이라는 주제로 각자가 가지고 있는 식견과 의견을 한번 청취해 보아야 할 것 같습니다.

문학적 은유

기왕에 얘기가 나온 김에 조금만 더 하지요. 정확히 말해서 위에서 살펴본 '수면=물'의 경우는 문학적 은유입니다. 과거 국어시간에 많이 들어본 기억이 납니다. 사전에는 이렇게 나와 있더군요.

> **은유법**: 비유법의 하나. 사물의 본뜻을 숨기고 표현하려는 대상을 암시적으로 나타내는 수사법 ≪'내 애인은 한 송이 장미' 따위≫

그래서 그런지 은유라 하면 많은 사람들이 멋진 문학 작품을 연상하는 것 같습니다. 근데 이게 그렇게 단순한 문제가 아니거든요.

일상적 은유

언어학에서 말하는 은유는 이보다 훨씬 범위가 넓습니다. 아니 넓은 정도가 아니라 사실상 은유 없이는 우리는 세상을 서로 의사소통하면서 살아갈 수가 없을 정도입니다. 언어학에서는 은유를 인지 영역간의 전이 (transfer between cognitive domains)로 설명합니다. 어떤 사물이나 대상을 이해하는 배경 영역을 서로 교차시키는 것이지요. 무슨 말이냐구요?

인간의 두뇌 속에는 여러 가지 인지 영역이 존재합니다. 가장 기본적인 것으로 물리적인 공간이 있겠고, 점점 확대되고 추상화되어서 색깔,

시간, 양, 질 등의 영역으로 그 범위가 넓어지는 것이지요. 그런데 인간은 어떤 사물이나 개념에 대하여 언제나 단지 하나의 배경에서만 이해하는 것이 아니라 여러 인지 영역을 자유롭게 오가며 다각도로 이해할 수 있는 능력을 지니고 있습니다.

가령 "시간은 돈이다"라는 아주 흔히 들어본 은유를 생각해봅시다. 지금 이 은유에서는 시간이라고 하는 인지 영역과 돈이라고 하는 가치 영역이 상호 교차되고 있습니다. 우리가 평상시 의식하지 않았다 뿐이지 우리는 시간을 마치 돈이나 귀중품인 것처럼 막 영역을 오가며 말하곤 합니다. 이를 그림으로 나타내어 보면 다음과 같습니다.

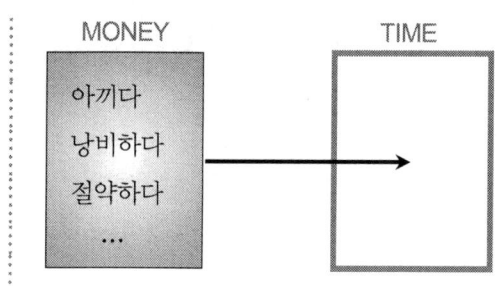

'아끼다/낭비하다/절약하다'처럼 일반적으로 돈의 영역에서 논의되어야 할 말들이 어느새 시간의 영역으로 옮겨와 있지 않습니까? 어떤 언어를 구사한다는 것은 이러한 영역의 교차를 너무나도 자연스럽게 할 수 있다는 것을 의미합니다. 우리의 두뇌 속 어딘가에서 묘사의 배경이 되는 인지 영역 간 교차가 전광석화같이 일어나고 있는 것이지요. 이 얼마나 신비스러운 일입니까? 요즘 한창 번역 시스템이나 인공지능 같은 것이 회자되고 있기는 합니다만 컴퓨터로 인간의 언어를 구현하기 위해서는 이런 복잡한 인지 영역 간 상호 교차 과정을 기계가 모두 극복해야 할 것입니다. 쉽지는 않으리라 봅니다. 언제, 어디로, 어떻게 시시각각 변할지 모르는 인간의 무한한 인지적 상상력을 컴퓨터가 따라 잡기에는 아직은 역부족이니까요.

이제는 은유를 문학을 하는 작가들만의 전유물이거나 국어시간에서나 들어 본 문학용어라고만 생각하면 안 되겠지요? 살펴보았듯이 인간이면 누구나 이처럼 은유를 전혀 부담 없이 자유롭게 향유하며 살고 있는 것일 테니까요. 그리고 우리가 늘 해야 하는 이 reading이야말로 언어의 종류에 관계없이 일상적 은유의 대잔치가 일어나고 있는 곳이니까 말입니다. 단순히 단어만 찾아서 뜻만 끼워 맞추면 그게 reading인 줄 알았는데 그게 아니죠?

기고문 하나

예전에 제가 대입 수험생들을 대상으로 일간지(매일경제)에 실었던 '담화' 관련 기사가 하나 생각이 나기에 찾아보았더니 잘 보관이 되어 있네요. 어법을 소재로 하고는 있지만 마침 우리가 논의하고 있는 것과 상당 부분 관련이 있는 내용이니 소개해 드리며 본 섹션을 마감할까 합니다. 읽어 보세요. 도움이 될 겁니다.

문장에서 담화로

입시와 관련된 모든 이들이 수능영어가 어려워졌다고 말하며 그 대비책 마련으로 혼란스러워하고 있다. 언론을 통해 크게 부각된 외형상의 뚜렷한 변화가 정작 수험생 자신이 느끼는 체감상의 난이도를 속 시원히 설명해 주고 있지 못하기 때문이다. 교육 업체들의 일관된 분석인 '빈칸추론 유형의 문항 수 증가' 혹은 '어휘 수준의 상향' 등과 같은, 시험을 본 사람이라면 누구나 말할 수 있는 그다지 전문가스럽지 못한 전문가식 분석은 오히려 수험생들의 갑갑증과 불안을 더 가중시켰을지도 모른다. 이러한 상황에서 근본적인 변화의 핵심은 무엇이며 어떻게 대비해야 하는지 각 섹션별로 나누어 살펴보기로 하며 이번 호에서는 우선 어법 부문에 관해 살펴보기로 한다.

수능 어법은 한마디로 '문장 단위(sentence level)에서 담화 단위 (discourse level)로의 이동'이라고 예측할 수 있다. 인간이 발화하는 대부분의 문장이 결국은 작가와 독자 혹은 대화자 사이에 주고받는 말의 연속체, 즉 담화의 일부임을 생각한다면 유리된 한 명제에 대한 어법성의 판단만으로는 한국교육과정평가원의 장차 신선한 충격에 대비하기가 어려울 것이다. 다음의 예에서 a)와 b) 중 어느 것이 자연스러운지 판단해 보자.

(1) After spending several weeks looking for a birthday present for his sister,
    a) Greg finally bought her a watch.
    b) Greg finally bought a watch for her.

단독으로 놓고 보았을 경우 각각 (1a)와 (1b)는 어법상 전혀 문제가 없다. buy라는 소위 4형식 동사가 직접목적어를 바로 취했을 경우 원래의 간접목적어였던 her는 전치사 for가 유도한다는 공식 아닌 공식까지 그야말로 완벽하기 때문이다. 그러나 그 지식만을 가지고 원어민의 직관에 부합하는 자연스러운 답인 a)를 고를 수는 없다. 문장전환식 기계적 외국어 학습의 치명적 결과인 셈이다. 영어라고 하는 언어는 새로운 정보를 문장의 말미에 위치시키는 이른바 문미초점구조(end-focus construction)를 논리 흐름의 근간으로 한다. 이것은 영어를 학습하는 모든 이들이 연령과 수준에 관계없이 반드시 알아야 하는 내용으로 수학으로 말하자면 구구단 정도에 해당한다고 할 수 있을 것이다. 상기에 제시된 문제의 경우 선행하는 절의 his sister는 후속하는 절에서는 새로운 정보가 아니므로 her라는 대명사로 대치된 것이며, 이제 새로이 등장한 정보인 a watch가 초점을 받아야 하므로 이를 문장의 끝에 위치시킨 a)가 자연스러운 답안이 되는 것이다. 이를 이해한다면 다음의 예문 (2)에 어울리는 답도 그리 어렵지 않게 고를 수 있을 것이다.

(2) What did the fire do?
　　a) It destroyed several buildings.
　　b) Several buildings were destroyed.
　　c) The fire destroyed several buildings.
　　d) Several buildings were destroyed by the fire.

마찬가지로 새로운 정보는 several buildings이므로 일단은 a)와 c) 가운데에서 답을 찾아야 할 것이고 구태여 더 좋은 답을 찾으려면 the fire를 기존의 정보로 처리하여 대명사 It으로 받은 a)가 더 후한 점수를 받아야 할 것이다. 제시된 네 개의 선택사항이 문장 단위로만 본다면 능·수동태의 공식을 충실히 이행한 완벽한 문법적 문장들인데도 말이다. 학습자에 따라서는 이와 같은 내용이 생소할 수도 있겠으나 영어권 국가에서 매우 중요시되는 작문 과목의 기본은 다름 아닌 바로 이것이며, 직·간접적으로 4개 영역(듣기, 말하기, 읽기, 쓰기)을 골고루 측정하려 애쓰는 한국교육과정평가원의 대입수능에서 이를 놓칠 리가 만무하다.
　　최근 들어 간간이 이슈가 되어왔던 평가원의 충격적인 문제와 그를 해결하기 위한 고수들(?)의 본질을 놓쳐버린 설전을 따로 들지 않더라도 수능에 관심을 가져야 하는 독자라면 이쯤에서 고개가 끄덕여지리라 생각한다. 결국 담화 차원으로 인식을 한다는 것은 그 담화를 구성하는 개별 문장의 진가를 재평가하는 능력을 전제로 할 수밖에 없다는 것이다. 빈칸완성형 문제도, 흐름상 어색한 문장을 찾는 문제와 주어진 문장을 단락에 삽입하는 문제도 전체와 부분을 동시에 정확하게 조망하는 '논리'를 요구하는 것이기 때문이다. 식상할 정도로 많이 들어온 '키워드를 가지고 대의를 파악하라'는 말은 어찌 보면 '대략 반만이라도 확실하게 풀어라'라는 무책임한 대책일 수 있다. '유창성(fluency)'과 '정확성(accuracy)'을 모두 측정하겠다는 출제기관의 의지를 허투루 듣고 있으니 말이다.

    필자의 현장 경험으로 볼 때 5등급도 6등급도 속마음은 모두 1등급이 목표이다. 어둠 속의 운전자가 수백 킬로미터 밖의 목적지도 일단은 눈앞에 비친 헤드라이트의 인도를 따라가야 하는 것처럼, 분명치 않은 어림짐작 문제풀이 테크닉과 그로 인해 오히려 가중되는 불안보다는 우선은 해야 할 학습을 정확하게 수행함으로써 분명히 목적지를 향해 간다는 확신과 그에 수반하는 익숙함으로 인해 논리적 사고의 속도가 빨라지는 쪽으로의 방향 전환을 심각하게 고려해야 할 것이다.

〈매일경제 2010년 7월 8일〉

INPUT과 OUTPUT

진땀 빼는 선생님

어느 정도 경력이 되신 선생님들은 강의 쥰비에 쩔쩔 매었다가는 진땀을 빼고 교실 문을 나서는 후배 선생님들에게 종종 이렇게 말씀을 하시곤 합니다. "원래 가르치면서 느는 거야. 처음엔 다 그래." 백번 지당하신 말씀이라고 생각합니다. 왜냐하면 보고 아는 것하고, 또 자신이 알고 있다고 생각했던 것을 재구성해서 남에게 이해시키는 것은 전혀 다른 인지적 활동을 수반하기 때문입니다. 자, 그러면요, 이를 세 단계로 나누어 알기 쉽게 그림으로 살펴보도록 하겠습니다.

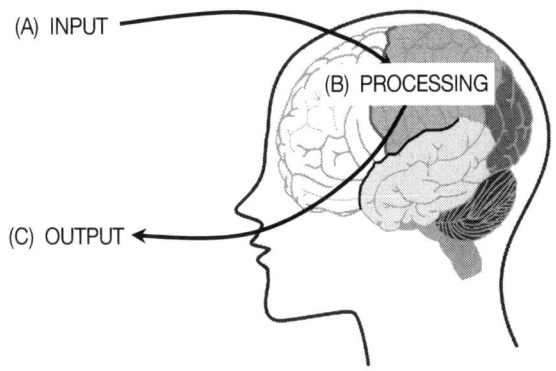

하나씩 보죠. (A)는 정보의 입력(input) 단계입니다. 책을 보거나 강의를 듣는 등 갖가지의 정보가 수용(reception)되는 과정이지요. (B)는 입력된 정보를 처리(processing)하는 단계인데요, 우리의 뇌에서 입력된 정보를 각자의 능력에 맞추어 재구성하는 과정이라고 할 수 있습니다. (C) 단계는 이렇게 처리가 완료된 정보를 출력(output)하는 단계, 즉 자신의 뇌에서, 자신의 능력에 맞게 나름대로 가공되고 저장된 정보를 외부로 표현해내는 일종의 생산(production)의 과정입니다. 아까 처음에 잠깐 본 두 선생님들의 얘기로 돌아가 볼까요? 강의 준비를 열심히 하는 초보 선생님은 지금 (A) 단계, 즉 입력의 과정에서 정보를 열심히 받아들이는 데에만 집중하고 있는 것입니다. 각종 자료를 찾는가 하면, 밑줄을 긋고, 형광펜을 칠하고, 포스트잇에 메모도 해두고, 내일 만날 아이들 생각에 잠시 미소 짓다가, 다시 또 외우고, 그렇게 설레는 마음으로 수업 시간을 지극정성으로 준비하고 있습니다. 정말 아름다운 장면이 아닐 수 없습니다. 그런데요, 문제는요 거기서, 즉 입력 단계에서 모든 게 마무리되고 있다는 데 있습니다. 시간이 흘러 날이 밝았습니다. 학교의 복도를 걸어갑니다. 교실에 들어서려는데, 아뿔싸! 갑자기 머리가 하얘지는 느낌을 받습니다. '어, 내가 어제 굉장히 늦게까지 정말로 많이 준비를 했는데, 이상하다, 뭘 했는지 생각이 하나도 안 나네.' 어느새 이마와 등줄기에 식은땀이 흐르기 시작합니다. 초롱초롱하다고 여겼던 아이들의 눈망울이 마치 몇 년 전 교원 임용시험을 볼 때 면접장에 앉아 있던 심사위원들 눈처럼 레이저 광선으로 보이기 시작합니다. 기어들어가는 목소리로 좌우지간 강의를 시작합니다. 말이 꼬이고 버벅거리기 일쑤입니다. 얼마쯤 지났을까. 시계를 슬쩍 훔쳐보았는데 이제 겨우 5분이 흘렀을 뿐입니다. '이 수업을 이끌고 가야 하는 건 결국 나인데, 이제 어떡해야 하나', 난감하기만 합니다. 대부분의 침묵과 이따금씩의 어색함만 교실 안의 공기를 채웁니다.

명 MC 선생님

자, 이제는요, 경력이 한 20년 되시고 아이들에게 인기가 탁월한 선생님을 살펴볼까요. 일단 (A) **INPUT의 단계**. 20년 구력이니 죽~ 훑어만 봐도 내용이 슥~ 머리를 스칩니다. 게다가 시간도 얼마 걸리지도 않습니다. 그래도 혹시 새로운 교과 과정에 첨가된 내용이나 달라진 사항이 없는지 살펴보지만 교실에서 전달되는 학문이란 게 갑자기 달라질 리 만무합니다. 미소를 지으며 책을 덮습니다. 다음 (B) **PROCESSING의 단계**. 내일 어디어디 몇 반 들어갈지. 그 반의 특징이 뭔지. 가르칠 내용과 관련해서 무슨 말로 수업을 열지 등, 안정된 기존의 학과 지식을 상황에 맞추어 재구성합니다. 하지만 이 역시 시간이 별로 걸리지는 않습니다. 마지막 (C) **OUTPUT 단계**. 중요 개념이나 핵심적인 키워드 등을 백지에 몇 글자 적어 보기도 하고, 허공에다 대고 중얼거려 보기도 합니다. 늘 하던 거라 입에 배여 있어서 이 역시 그렇게 부담되지는 않습니다. 그렇게 하여 수업 준비 끝! 잠깐 둘러보니 반대편에 앉은 신참 교사는 뭐가 그리 바쁜지 왔다갔다 혼자서 장난이 아닙니다. 책상 위에는 참고 도서들이 가득하고, 죽 늘어놓은 필기구를 연신 바꾸어 가며 참 열심히도 색칠을 해댑니다.

종이 치네요. 자, 이제 교실 입장입니다. 아이들은 재미있고 실력 있는 선생님이 왔다는 기대감에 들떠 있는 것처럼 보입니다. 사실 선생으로서 어느 정도 수업의 방향과 학생들의 반응이 예상되고, 또 자신감도 짱짱합니다. 미리 구상했던 대로 가벼운 조크와 인사로 이 세상에서 이 교실에만 해당되는 이야기를 시작합니다. 아이들이 슬슬 빨려 들어오기 시작합니다. 수시로 남은 시간과 학생들의 이해 상태를 체크하면서 아이들과 함께 수업을 진행해 나갑니다. 간간이 웃음이 넘쳐납니다. 감각적으로 5분쯤 남았을 거라 느꼈는데, 시계를 보니 오늘도 역시 정확합니다. 정리 단계입니다. 오늘 무엇을 했는지 아이들의 손에 꼭 쥐어줍니다. 아마 집에 가서 엄마가 '오늘 뭐 배웠니?'라고 물어 보시면 반사적으로 대답할 수 있는 그런 거지요. 수차례 확인 후 아이들은 무엇인가가 자신들의 머리를 충족시켰다는 포만감과 전혀 지루하지 않았고 오히려 보람찬 시간이었다는 기쁨에 존경의 눈빛으로 선생님을 보내 드립니다. 교실 문을 나서는 발걸음이 뿌듯합니다. 아까 그 건너편의 선생은 어쩐지 표정이 좋아 보이지 않습니다.

잘 보셨나요. 여러분은 어떠한 선생님입니까? 아니면 과거의 학생으로서 어떠한 선생님이 기억에 떠오르십니까? 어떤 차이가 있었을까요? 좀 우습기는 하지만 이상의 내용을 간략히 도표화해서 살펴보도록 하겠습니다.

	초보 선생님	명 MC 선생님
(1) input	의욕에 불타 매우 열심. 시간이 매우 많이 걸림.	약간 건성으로 보일 수도. 오랜 구력으로 극복.
(2) processing	X	수업의 전체적인 윤곽을 학습 내용에 맞추어 봄.
(3) output	X	반드시 부각되어야 할 부분은 쓰고 말하며 재점검.
(4) 수업 중	수업을 지배해야 한다고 생각해서인지 당황하기 시작하니까 어색한 느낌만 자꾸 듦.	능숙한 밀당(?)으로 학생들을 도우며 함께 수업을 진행하며 그들의 이해를 촉진함.
(5) 수업 후	다음번에 어쩌나, 벌써부터 걱정이 앞섬.	오늘도 굿! 유쾌 상쾌. 다른 일도 잘 됨.

도표 상에 별도의 표시를 해두었습니다만, 가장 큰 차이가 뭡니까? 네 그렇습니다. 바로 (2)와 (3)의 과정을 무시했느냐 아니냐의 문제입니다. 그런데 (3)의 과정은 자동적으로 (2)의 과정을 수반하는 것이기에, 간단히 보면 OUTPUT 작업의 부재가 초보 선생님에게 이 총체적인 혼란을

만들었다고 결론내릴 수 있겠습니다.

  생각해 보세요. 가수들이, 배우들이 리허설을 왜 합니까? 군대에서 각종 행사가 있을 때 왜 그렇게도 자주 반복된 연습을 할까요? 정치인들이나 언론인들이나 카메라 앞에 서기 전, 뭘 그리도 혼자 중얼중얼 거릴까요? 그 OUTPUT이란 게 말이죠. 참 희한한 겁니다. 하면할수록 거꾸로 INPUT이 선명해지게 되어 있기 때문입니다. 그래서 결국은 다음과 같은 피드백 사이클이 만들어지게 되는 것입니다.

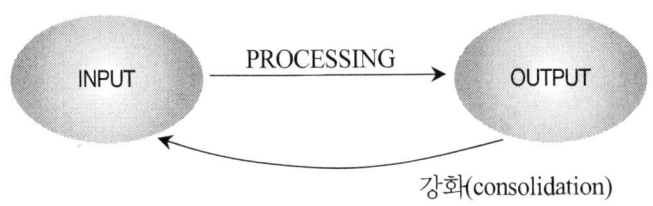

  명 MC 선생님은 가뜩이나 오랜 구력으로 INPUT의 양이 초보 선생님에 비해 넘쳐나는데도 꼭 빠지지 않고 하는 OUTPUT의 시연으로 인한 강화(consolidation) 작업을 통해 안 그래도 빵빵한 INPUT이 더 선명해지게 되었던 것입니다. 이에 반해 INPUT 그 자체가 부족하다고 느낀 초보 선생님은 그 자리에서만 계속 머물다 결국 OUTPUT을 실현해야 하는 단계인 교실 현장에서 좌절되고 말았던 것입니다. 한 사람은 계속 발전에 발전을 거듭하게 되는 시스템 속에 웃으며 살아가게 되는 것이고, 또 한 사람은 힘은 힘대로 들고 도저히 해결될 기미가 보이지 않는 구렁텅이의 악순환을 반복하게 되는 것입니다.

영어공부도 마찬가지

자, 그러면 이제 이 얘기를 우리들의 영어 학습으로 옮겨 봅시다. 앞의 두 선생님 얘기를 통해 우리는 다음의 결론을 얻을 수 있을 것 같습니다.

i. input은 가급적 많을수록 좋다.
ii. input은 가급적 오래될수록, 반복될수록 좋다.
iv. 뇌로 들어온 input을 정리하는 단계가 필요하다.
v. output을 통해 뇌에서의 정리 단계를 확인하고, 아울러 input에서 들어온 정보들을 공고히 강화해야 한다.

물론 이 얘기는 제가 그간의 경험을 바탕으로 현실적으로 재구성한 것이지만, 사실 앞에서도 언급한 바 있는 Stephen Krashen이라는 전 세계적으로 유명한 언어학자의 입출력 가설을 어느 정도 모티브로 삼고 있습니다. 즉, 언어학적으로도 혹은 외국어 교육론적으로도 충분히 고려되어왔고 그래서 그 이론적 근거가 안정적인 얘기란 뜻입니다. 자, 다음을 보시죠. 몇 가지 영단어를 제시할 건데요, 주어진 의미는 사전에서 일차적 주요 의미라고 하여 굵은 글씨(볼드체)로 표시된 것들입니다.

take 잡다   eat 먹다   drink 마시다
medicine 약   ointment 연고   apply 적용하다
prescription 처방 fill 채우다   have 가지다
make 만들다   hold 가지다   get 얻다

어린 시절, 우리는 단어 시험을 치르면서 이런 어휘들을 우리말과의 일대일 번역식 대응으로 암기했습니다. 그리고 사람에 따라 정도의 차이는

있겠습니다만 우리는 이 정도의 어휘들에 대해 비교적 만만히 대해 온 것도 사실입니다. 문제 하나 낼게요. 그러면 '약(medicine)을 먹다'는 뭐라고 해야 할까요? 그렇죠, 먹든(eat) 마시든(drink) '약을 먹다'라는 말은 eat, drink가 아니라 take라는 동사를 이용해야 합니다. 사전에서 take의 기본적 의미로 '먹다'에 표시를 안 해주었더라도 말입니다. 그러고 나서 사전을 다시 뒤져보면 take에 '먹다'라는 의미가 살짝 주어져 있기는 합니다. 아무튼 take medicine이라는 표현은 다들 잘 하더군요. 그러면, 이 표현은 다들 왜 잘 할까요? 바로 여기에서 우리가 결코 간과해서는 안 될 대단히 중요한 사실이 드러납니다. 그거는요 앞에서 들여다 본 두 선생님들의 사례에서 매우 유사한 힌트를 얻을 수 있습니다. 우리가 take medicine이라는 표현을 자연스럽게 생각해낼 수 있었던 것은 과거에 이 표현을 많이 봤던 데다가, 또 이 표현을 많이 쓸 수밖에 없도록 각종 테스트에서 무수히 요구 받아왔기 때문입니다. 말하자면 충분한 input의 과정과 아울러 output을 통한 강화의 과정이 그만큼 충분했다는 얘깁니다. 너무 쉽다구요? 그러면, 다른 문제 하나 더 내볼게요. 위에 제시된 단어들로만 구성해 보세요. 그러면 '연고를 바르다'라고 할 때는 어떤 동사를 쓸까요? … (정답 고르기 시간) … 네, 그렇습니다. 바로 apply라는 동사를 씁니다. 마지막으로 하나 더요. '처방전을 약국에 제출하여 조제하다'라고 할 때는요? … (정답 고르기 시간) … 놀라셨나요? 다름 아닌 '채우다'라는 의미의 영어 동사 fill을 사용해서 fill a prescription이라고 합니다. '뭐, 이정도 쯤이야'라고 생각하신 독자라면, 제가 칭찬해 드릴게요. 그동안 영어공부 잘 하신 겁니다. 아니 좋은 선생님들을 만나서 잘 인도되어 오신 겁니다. 만일 '어, 이거 뭐지?'라고 당황한 분들이 계셨나요? 당황해하지 마세요. 그렇다면 지금껏 영어공부에 바친 그 수많았던 세월에 비해 만족할만한 결과가 없었던 이유에 대해 이 가슴 아픈 사연을 해결할 단초를 비로소 잡기 시작한 겁니다. 바로 여기에서부터 문제를 해결하기 시작해야 합니다. 제가 장담하는데요, 여러분들은 과거 어느 때인가 apply (an) ointment라든지 fill a prescription이라는 표현을 분명히 봤을 겁니다. 중, 고교, 대학을 나오고 입사 준비에 각종 승진 시험에 그 필수적인 생활영어, 오죽하면 생존에 필요한 영어라 하여 Live English라고 하는 이 중차대한 표현을 안 보았을 리 만무합니다. 근데 도대체 왜 기억이 안 났을까요? 그래요. 이쯤 되면 다들 예측을 하고 계셨겠지만 그 원인은 다름이 아니라 output 과정의 절대적인 부재 때문이라고 할 수 있습니다. 이유야 여러 가지겠지요. 그 내용이 시험에 자주 등장하지 않았기 때문이었건, 교재에다 빨간 줄을 그어서 꼼꼼하게 다루지 않았건 간에, 아무튼 우리는 그것을 우리의 입으로 말하려 하지 않았고, 글로 써보려 하지 않았기 때문에, 즉 수용(reception)만 하려하고 생산(production)해 보려 하지 않았기 때문에 우리의 인지 속에 강화(consolidation)되어야 할, 그래서 생존에 필요한 표현으로 자리를 잡아야 할 그 기회를 놓쳐 버렸던 것입니다.

'사랑'이 마음속에 있는가

　전문가들마다 견해의 차이는 있습니다만, 무데뽀 생짜배기로 외울 수 있는 단어는 2000~3000개 내외가 안정적인 숫자라고 합니다. 어찌 보면 생각 없이 공부하는 초보 단계처럼 보이기도 하지만 고급 학습자로 가기 위해서는 꼭 필요한 과정이라고 이 책에서도 언급을 한 적이 있습니다. 지금은 그 다음의 얘기를 하고 있는 거구요. 저는 이 책에서 그 무데뽀 생짜배기 단어를 절대어휘(absolute vocabulary)라고 표현을 했는데요, 그 다음 단계로 나아가기 위해서는 이 절대어휘들이 살아 움직일 수 있도록, 다시 말해 어떤 말과 어울려 쓰이는지 input과 output 간의 상호

작용적 피드백을 통한 강화의 작업이 반드시 수행되어야만 합니다. 우리는 자칭 사회지도층들의 입을 통해서 수많은 이상적 사회를 시시각각 건설합니다. 하지만 교육은 선동정치가의 입을 통해서 이루어지는 것이 아닙니다. 오늘 얘기만 놓고 본다면 input과 output 및 그 상호작용적 피드백을 잘 마련하는 것이 훌륭한 교육과정이고 커리큘럼이며 능숙한 협력 및 조언자로서의 교사가 되는 것입니다. 가슴 아픈 것은 인간의 이러한 인지 과정을 무시한 채, 정권마다, 시대마다, 지역마다, 유행마다 교육이 왔다 갔다 한다는 사실입니다. 아무리 뛰어난 정책이 있고, 아무리 훌륭한 비전의 제시가 있다고 해도 그것은 종국에 오직 그 위에서 살아가기 위한 '사람'을 위한 것이라는 사실을 결코 망각해서는 안 될 것입니다. 마음속에 '사람'이 없는 정치가, 행정가, 전문가는 결코 정치가도 행정가도 전문가도 아닙니다.

칼럼으로 배우는 영어 I
- Language

통제작문

가급적 많이 입력하고 또 그 입력된 것들을 수시로 꺼내려고 노력해야 한다는 것은 이제 많이들 공감하셨을 줄로 압니다. 이제부터는 input과 output을 동시에 시도해 보도록 하겠습니다. 제가 학습자들의 표현력 향상을 위해 그동안 써 모은 칼럼인데요, 영어 교수법에서는 보통 통제작문(controlled writing)이라고 하기는 합니다. 하지만 여러분들은 쓰도록 요구되는 것이 아니라 가볍게 읽는 것이니 일단은 input 과정부터 노출되는 겁니다. 개인의 계획과 노력에 따라 두세 번째 읽을 때 영어 부분을 가리고 스스로 그 표현을 꺼내려 노력한다면 훌륭한 output 연습이 됩니다. 이 효과는 어마어마합니다.

맥락, 즉 스토리가 있음으로 해서 기억 증대에 효과적인 학습법이 되는 것은 틀림없습니다. 재미있게 썼어야 했는데 그렇지 못한 것도 있으니 양해하시고 틈틈이 보면서 표현력을 향상시켜 보시기 바랍니다. 사실 공부 중에 제일 좋은 거는 하다보면 외워지는 것이거든요. 부디 그런

효과가 있기를 기대해 봅니다. 하나만 예를 들어 볼까요. **지성이면 감천입니다(Sincerity moves heaven)**. 뭐 이렇게 하는 거예요. 뜻은 알 수 있으니 불확실한 발음은 꼭 찾아보세요. PC든 스마트폰이든 요새 좋은 기기들 많잖아요.

영국이 기르면 프랑스가 먹는다?

영어 단어를 가만히 들여다보면 프랑스어에서 **유래된(originated)** 것들이 굉장히 많습니다. 가령 beef(소고기), pork(돼지고기), mutton(양고기)은 사실 프랑스어의 **차용어(loaned[borrowed] word)**입니다. 프랑스어로는 이 말들을 순서대로 bœuf [베프], porc [뽈끄], mouton [무똥]이라고 히지요. 그런데, 잘 보세요. beef, pork, mutton은 모두 **도살한(slaughtered, butchered) 식용(edible)** 고기가 아니겠습니까? 거기에 비해 살아있는 동물은 차례대로 cow, hog, sheep이라고 하며 이 말들은 차용어가 아니라 원래부터가 영어입니다. 어째서 살아 있으면 영어이고 죽으면 불어가 될까요? 여기에는 나름대로의 역사적인 배경이 있는데 그것은 1066년 불어를 사용하는 바이킹족들이 영국을 침략하여 오랜 세월 동안 **식민 통치(colonization)**를 한 사건(Norman Conquest)으로 이해할 수 있습니다. 당시 영어를 쓰던 사람들은 **피지배 계급(governed class)**이었으며 그래서 당연히 불어를 쓰는 사람들의 지배를 받게 되었던 것입니다. 과거 우리나라의 불운했던 일제 강점기로 인해 아직도 **일제의 잔재(remaining vestiges of Japanese imperialism)**가 많은 것을 보면 몇 세기에 걸친 세월은 영어의 모습을 무척이나 많이 바꾸어 놓았을 것입니다. 또 프랑스어가 결국 라틴어의 한 **방언(dialect)**이었으므로 영어에 라틴 계열 **어원(etymology)**의 단어가 많은 것도 어쩌면 당연한 결과일 것입니다. 영어권 화자들이 프랑스인들을 **오만하다고(arrogant)** 생각하고 또 프랑스인들이 웬만하면 영어를 쓰지 않으려고 하는 등 그들 간에 은근히 깔려있는 **미묘한(subtle)** 대립과 **반목(antagonism)**은 아마도 이러한 **연유(cause)**가 아닐까 싶습니다.

조상들끼리는 프리토킹이 가능했다네요

우리가 보통 사투리, 즉 **방언(dialect)**이라고 부르는 것들은 **어떻게 생겨나게 되었을까요(how did it originate)**? 어느 한 지역과, 그리고 그와 이웃해 살지만 다른 언어를 사용하는 사람들이 있다고 칩시다. 그들의 시간을 한참 거슬러 올라가보면 예전에는 모두 같은 말을 쓰고 있었던 경우가 심심찮게 있습니다. 말하자면 음의 **고저(pitch)**, 단어의 **강세(stress)**, 문장의 **억양(intonation)** 등 동일 언어가 공유할 수 있는 **음성적(phonetic)**, **음운적(phonological)** 요소의 차이가 전혀 없었다는 뜻이죠. 그러다가 **지리적인(geographical)** 이유이건, **정치적인(political)** 이유이건 사람들은 서로 일정한 무리를 이루게 되고 각 집단 간의 왕래는 오랜 시간 동안 뜸해지게 됩니다. 이때부터 서로간의 말은 조금씩 달라지기 시작합니다. 처음에는 아마 '저 사람 말을 좀 이상하게 하네?(He's got a little different accent)' 정도로 생각했을 것입니다. 그리고 또 다시 긴 시간이 흐릅니다. 그렇게 되면 차이가 점점 벌어져 심지어는 서로간의 의사소통이 거의 불가능한 상황에까지 이르기도 하는데요, 이때에는 사실상 방언의 차원을 넘어서 **외국어(foreign language)**로 인식하는 정도까지 이르게 되는 것입니다. 그 대표적인 예가 바로 **이태리(Italian)**, **스페인(Spanish)**, **프랑스(French)** 말입니다. 이 세 언어는 모두 그 옛날 유럽의 **공용어(common language)**였던 **로마제국(Roman Empire)**의 언어인 **라**

틴어(Latin)의 방언들인 것입니다. 그래서 오늘날에도 이 말들을 모두 로망스 언어라고 부르는 겁니다. **틀림없이(certainly, surely)** 이 세 나라 사람들의 먼 조상들은 서로 **거리낌(hesitation)** 없이 대화를 나누었을 것입니다. 사실 우리나라도 과거 탐라국(耽羅國)이었던 제주도를 같은 나라로 편입시켰기에 망정이지 다른 정치 체제로 오랫동안 떨어져 살았다면 지금 제주공항에 내려서 제일 먼저 외국어 가이드북을 사야할 지도 모르겠습니다.

Spoonerism(두음전환, 頭音轉換)

예전 TV의 한 예능 프로그램에서 '여보! 보일러 댁에 아버님 놓아드려야 되겠어요 (아버님 댁에 보일러가 아니라)'라는 **익살스러운(ludicrous)** 표현을 듣고 한참 웃었던 적이 있었습니다. 이걸 보니까 생각이 나는 건데 **언어학(linguistics)** 용어 중에서는 **두음전환(spoonerism)**이라는 게 있습니다. 문자 그대로 소리를 서로 **치환(transposition)**해 버리는 현상을 일컫지요. 영국의 목사 겸 학자였던 William Archibald Spooner(1844-1930)라는 사람이 하도 이런 실수를 많이 했는지 결국 그의 이름을 따서 그와 같은 **용어(terminology)**가 만들어지게 된 것이죠. 이런 사례는 우리 주변에 얼마든지 발견할 수 있습니다. half-*w*ormed *f*ish라고 말해야 할 것을 half-*f*ormed *w*ish라고 한다든지, 좌석을 안내하는 표현인 Let me **sh**ow you to your **s**eat를 Let me **s**ew you to your **sh**eet(침대시트에 꿰매어 드릴게요)와 같은 것 말입니다. 앞서도 예능 프로그램 중의 한 가지를 소개하였지만 우리말에도 이런 현상은 매우 빈번합니다. 필자의 친구 중 한 명은 늘 '타의 추종을 불허하다(be second to none)'라는 말을 '타의 불허를 추종하다'로 말하였고, 고등학교 시절 국어 시간에 한 학급 친구는 '불타는 질투'를 '질타는 불투'로 읽어서 모두를 크게 웃게 한

적이 있습니다. 그뿐입니까? 사실 요즘 웃긴다하는 거의 모든 코미디의 소재는 이런 현상을 이용한 것들이 엄청나게 많습니다. 왜 이런 말을 들으면 웃길까요? 우리의 두뇌는 세상의 모든 **현상(phenomenon)**을 정상적으로 받아들여 이해하고 처리하는 **인지능력(cognitive ability)**이 있습니다. 그런데 그 인지영역에 전혀 예상하지 못한 엉뚱한 내용을 주입하게 되면 우리의 인지구조가 혼선을 일으키게 되는 것입니다. 그것이 불쾌감을 조장하지 않는 가벼운 것이라면 바로 웃음을 유발하게 되는 거죠. 인간의 말이라는 것이 **이모저모로(this way and that)** 참 쓸모가 많은 것 같습니다.

소리 나는 대로 적어보면 어떨까?

불어나 독일어 스페인어 등에 비해 영어는 유난히 **철자(spelling)**와 **발음(pronunciation)**과의 **괴리(unconformity)**가 큰 언어입니다. 원어민조차도 철자를 얼마나 어렵게 생각하는지는 해마다 미국의 고등학교에서 열리는 spelling contest와 같은 것을 보면 알 수 있습니다. 놀랍게도 우리가 지금 사용하고 있는 영어의 철자법은 몇 가지의 규칙만 익힌다면 중세영어 시기로 특정되는 12-14세기의 그것과 비교해 볼 때 큰 차이가 없습니다 (영국의 대문호 Shakespeare가 16세기의 사람입니다만). 그런데 그동안 발음은 얼마나 많이 변했습니까? 당연히 철자와 발음의 차이는 커질 수밖에 없어진 거죠. 이러한 문제를 해결하기 위해 철자를 소리 나는 대로 적으려는 이른바 **철자개혁(spelling reform)** 운동이 종종 있었다는 것은 어떻게 보면 너무나 당연한 일입니다. 그 대표적인 주인공들은 영국의 극작가 Bernard Shaw, 그리고 미국의 Webster를 비롯하여 Benjamin Franklin, Andrew Carnegie, Theodore Roosevelt와 같은 유명한 사람들이었습니다. 그러나 결론부터 말한다면 그들의 철자개혁운동은 모두 실패로 돌아갔습니다. 거기에는 몇 가지의 이유가 있었습니다. 우선 소리 나는 대로 적는 경우 지금까지의 모든 **간행물(publication)**들은 후손들에게 외국어가 되어버리고 말기 때문입니다. 또한 철자개혁은 방언의 차이라고 하는 만만치 않은 벽을 넘어야 하는 어려움이 있습니다. 그리고 그들은 현재의 철자법이 오히려 우리에게 많은 도움을 주고 있다는 사실을 놓쳐버렸습니다. 가령 to, too, two와 같은 **동음어(homophone)**를 구별한다든지, 또 logic, logician과 같은 경우 철자 c의 발음이 [k]에서 [ʃ]로 바뀌지만 우리는 그 두 단어가 서로 **파생(derivation)**관계에 있다는 것을 쉽게 알 수 있다든지 하는 것은 어찌 보면 모두 현재 철자법의 장점이 될 수도 있는 것입니다. 이럴 때는 정말 '**구관이 명관이구나(Better the devil you know than the devil you don't know)**'하는 생각이 들지 않을 수가 없네요.

언어와 세계관

Whorf라는 20세기 중반의 미국인 **언어학자(linguist)**가 있는데요, 그의 스승인 Yale대학의 사피르(Sapir)와 함께 이름 붙여진 "사피르-워프 가설(Sapir-Whorf Hypothesis)"은 **언어학에서 빼놓을 수 없는 아주 중요한 가설 중의 하나(one of the most essential hypotheses in linguistics)**입니다. 전공자들에게는 상식이죠.

요지는 이렇습니다(The point is as follows). 언어라는 것은 사고의 **표현을 전달해주는 수단(a vehicle for the expression of thought)**인 동시에 화자(話者)가 세상을 바라보는 수단이라는 것입니다. 다시 말해 생각을 언어라고 하는 틀 속에 넣음으로써**(by casting thought in the mold**

of language) 우리의 세계관이 형성된다는 말입니다. 그러니 말이라는 것이 얼마나 중요한 것입니까?

"**동물농장(Animal Farm)**"으로 유명한 영국의 작가 조지 오웰(George Orwell)의 소설 "1984"에는 Newspeak라는 신(新)언어가 등장하는데요, 이 언어에서는 불만을 나타내는 단어 자체가 없습니다. 그래서 사람들은 정부에 대한 불만을 표시할 기본적 수단을 상실하게 되는 것이지요. 결국 언어를 통제함으로써 생각 자체를 통제하는 겁니다.

소설 속에나 나올 법한 얘기라고요? 그렇지 않습니다. 언어상의 제약이 인간의 사고에 영향을 미치는 유명한 실험이 있습니다. **임의로 (randomly)** 색깔카드를 학생들에게 보여주면, 여학생들이 남학생들보다 훨씬 더 잘 기억해서 찾아낸다고 합니다. 그것은 여학생들의 색채 어휘가 남학생들에 비해 더 풍부하기 때문입니다. 즉, **언어구조가 생각을 형성하는 것이지요(the structures of language shape thought).**

물론 이전에 이런 생각을 한 사람들이 있었습니다만 체계적인 **가설(hypothesis)**을 세운 장본인은 바로 Whorf입니다. 그는 미국 인디언 가운데 하나인 호피(Hopi)족의 어휘를 관찰하던 중 놀라운 발견을 했습니다. 그 종족의 어휘를 봤더니 **폭포(waterfall, cascade)**, **바닷물(seawater)** 등을 지칭하는 '물'이라는 말과, 컵 속의 물, **웅덩이(puddle)**의 물을 지칭하는 '물'이라는 말이 별도로 있는 게 아니겠습니까? 왜 그런가 봤더니 호피족의 언어는 사물조차도 살아있는 것과 죽은 것으로 나누어 보더라는 것입니다. 다시 말해 언어가 세상을 바라보는 그들의 사고방식에 영향을 미친 것이지요.

모든 이론이 그렇듯 Whorf의 가설 역시 **확증하거나 반박하기가 무척이나 까다롭습니다(very difficult to corroborate or refute)**. 왜냐하면 정반대로 '그렇지가 않다, 그 반대가 맞다. 즉, 세계관이 언어에 영향을 미친다'라는 180도 다른 주장을 하는 사람도 있으니 말입니다.

필자도 언어학을 하는 한 사람이지만 오히려 새삼 더 묵직하게 다가오는 것은 '말의 중요성'입니다. 책만 썼다하면 베스트를 기록하는 미국의 조엘 오스틴(Joel Osteen)이라는 목사님의 메시지가 문득 생각나네요. "지금 당신이 처한 삶은 99% **지금까지 당신이 말해 왔던 자신의 삶에 대한 결과물입니다**(the result of what you have said so far about your life). 그러니 항상 긍정의 말, 밝은 말만 하도록 하십시오!!"

Year 2010

영어에서 연도(年度)를 읽을 때 두 자리씩 끊어서 읽는다는 것은 아마 잘 아실 겁니다. 가령 1984년은 19(nineteen)와 84(eighty-four)를 각각 끊어서 nineteen eight-four로 읽지요. 그런데 21세기로 넘어오면서 원어민들 사이에서도 이게 좀 논란거리가 된 적이 있습니다. 가령 2010년은 **영어로 어떻게 읽어야 할까요?**(How do you say '2010' in English?) **2009년을 지나**(Coming off of 'two thousand (and) nine') 여러분은 아마도 two thousand (and) ten이라고 말할지도 모르겠습니다(you'll probably say 'two thousand (and) ten').

그런데 '국립 좋은문법 협회'에 의하면 그게 아니라네요(**But you would be wrong, according to National Association of Good Grammar (NAGG)**). 1999년까지 두 자리씩 끊어서 읽었던 것과 마찬가지로 2010년도 공식적으로는 twenty ten으로 읽어야 하며, 2011년, 2012년 등 후속하는 연도도 마찬가지로 읽어야 한다고(**'2010' should officially be pronounced 'twenty ten,' and all subsequent years should be pronounced as 'twenty eleven,' 'twenty twelve,' etc.**) 주장합니다.

참 재미있지 않습니까? 영어를 가르치는 이들마다 아마 솔직히 이걸 어떻게 읽어 주어야 하나 고민 좀 했을 것입니다. 그런데 혼선이 있기는 원어민들도 마찬가지인 모양입니다.

하지만 이러한 논쟁에 이견이 또 있습니다(But there's another theory on this debate). 저명한 언어학자인 버클리 대학의 조지 레이코프(George Lakoff) 교수에 따르면 two thousand (and) ten이라고 읽는 것이 잘못됐다는 것은 아니라고 합니다(According to noted linguistic Professor George Lakoff of UC Berkeley, it's not wrong to say 'two thousand (and) ten').

문제는 이 상반된 주장을 하는 단체나 교수님이나 다 무시할 수 없는 언어의 전문가들이라는 사실입니다. 오죽하면 이 문제가 미국의 주요 언론에까지 등장했겠습니까? 여러분은 어떤 것이 맞는다고 생각하십니까? two thousand (and) ten일까요? twenty ten일까요? 흥미롭게도 Lakoff 교수는 two thousand (and) ten이 맞는다고 주장하면서도 결국은 twenty ten이 득세할 것으로('Twenty-ten' is gonna take over) 예상하고 있습니다. 실제로 언어를 사용하는 사람들의 입장에서는 그게 짧고 이해하기 쉽다는 이유를 들어서요.

외국어로서의 영어(English as a foreign language)를 배우는 우리 입장에서는 자기들끼리 갑론을박(pros and cons)하니 강 건너 불구경(just looking on) 같기는 합니다. 앞으로 CNN 뉴스 같은 거 볼 때 기자들이 어떻게 말하는지 좀 눈여겨봐야 하겠습니다. 참, 그 친구들 별 걸 다 가지고 고민을 하는군요. 그러고 보면 우리말이 참 편하지요? 아래에 웹사이트 하나 소개해 드릴게요. 이 사이트에 의하면 각각의 버전이 가능하며 실제로 원어민들은 빈도의 차이는 있지만 양자 모두 사용하고 있다며 Lakoff 교수의 손을 들어주고 있는 것 같은데요, 아무튼 재미있고 연습하기 좋게 꾸며 놓았더라구요.

http://www.englishnumber.com/years/how-to-say-years-in-english.html

칼럼으로 배우는 영어 II
- Human Body

일체유심조(一切唯心造)

　말기암**(terminal cancer)** 환자가 있었습니다. 모든 가능성은 이제 그에게서 사라졌습니다. 죽음의 문턱을 넘나들던 어느 날 의사는 환희에 찬 얼굴로 그에게 알약 하나를 내밀었습니다. "이번에 새로 개발된 신약입니다. 당신과 같은 환자에게 100% **완치(complete recovery)**를 가져다 줄 것입니다." 환자는 기쁨의 눈물을 흘리면서 매일 정성스럽게 약을 복용했고, 몇 달 후 시행된 **조직검사(biopsy)**에서 실제로 완치 판정을 받았습니다. 정말 감동스러운 이야기 아닙니까? 그런데 놀랍게도 의사가 내민 것은 신약이 아니라 알약 모양으로 생긴 초콜릿 조각이었습니다. 자신의 병이 나을 것이라는 굳센 믿음이 그의 몸에서 암세포를 없애 버린 것이었습니다. 의학에서는 이것을 가짜 약의 효과라고 해서 **위약효과(placebo effect)**라고 합니다. 즉, **모든 것은 마음먹기에 달려있다는 것이지요(Everything is up to your state of mind)**.
　그렇지만 우리네 삶은 어떻게 마음을 먹느냐에 따라 때로는 반대의 결과를 가져오기도 합니다. **담석증(gallstone)** 수술을 받기로 예정된 어느 심약하기 이를 데 없는 한 여성은 수술대 위에서 자신의 배를 **절개(incision)**할 공포에 극도로 휩싸인 나머지 알콜솜으로 배를 닦는 찬 느낌에 그만 **쇼크사(death from shock)**로 숨져버린 일도 있고, 작동하지 않는 냉동 창고에 갇힌 어떤 사람은 체온이 점점 내려간다는 스스로의 생각에 사로잡혀 **동사(death from cold)**하고만 일도 있습니다. 이 모두가 인간의 정신이야말로 우리의 신체와 더불어 우리 주변의 상황을 지배할 수 있는 중요한 원천임을 잘 보여주는 사례라고 할 수 있겠습니다. 문득 원효대사의 일체유심조(一切唯心造)가 생각나네요.

운동합시다!

시도 때도 없이 갑자기 허기가 지고 목이 마른 적이 있나요? 그렇다면 현대인의 흔한 질병 가운데 하나인 **당뇨병(diabetes mellitus)**을 의심해 보아야 합니다. 일단 이름만 들어서는 **소변(urine)**에 과량의 **당분(sugar)**이 배출되는 질환으로 이해할 수 있겠습니다. 하지만 정작 알아야 할 것은 당뇨병의 원인인데요, 그것은 우리 몸의 **췌장(pancreas)**에서 생성되는 **인슐린(insulin)**이라고 하는 호르몬의 이상에서 비롯된다고 합니다. 인슐린이 신체의 각 세포들로 하여금 사람의 중요 에너지원인 **포도당(glucose)**을 잘 사용하도록 도와주는 물질이고 보면, 그것의 비정상적인 분비가 우리의 활력을 많이 빼앗을 수 있다는 것은 당연한 결과일 것입니다.

당뇨병은 인슐린이 아예 분비되지 않는 **인슐린 의존성 당뇨병(insulin-dependent diabetes mellitus)**과, 인슐린이 분비가 되기는 되지만 그 기능이 정상적으로 작동되지 않는, 때로 성인형 당뇨병이라고도 일컬어지는 인슐린 비의존성 당뇨병(non-insulin-dependent mellitus)의 두 가지로 나눌 수가 있습니다. 현대인에게 나타나는 대부분의 당뇨병은 후자의 경우라고 할 수 있겠는데요, 그 가장 큰 원인은 **비만(obesity)**과 **무기력하고 나태한 생활 방식(inactive lifestyle)**때문이라고 합니다.

따라서 전문가들은 **식생활 개선과 운동 요법(changes in diet and an exercise regimen)**이 가장 좋은 방법이라고 조언합니다. 필자도 요즘 체중이 만만치 않게 불어나서 고민 중이었는데 경쾌한 음악을 귀에 꽂고 당장 **약수터(mineral spring)**에라도 올라가 봐야 할 것 같습니다.

비타(vita)가 생명(life)이었군

매 끼니 식사를 마칠 때마다 필자의 장인어른께서는 큼지막한 약 바구니를 들고 오셔서 이 약 저 약 한 **움큼(handful)**을 챙겨 드시곤 합니다. 가끔 제게도 좋은 것이니 먹어보라고 건네주시는데 그건 다름 아닌 비타민 C 1000mg **정제(tablet)**입니다. 오늘은 **아스코르브산(ascorbic acid)**라고도 불리는 바로 그 비타민 C에 관해 알아 볼까합니다.

1928년에 처음으로 **분리되어(isolated)** 세상에 널리 알려지게 된 비타민 C는 인간이나 **영장류(primate)**는 체내에서 합성할 수 없는 물질로서 음식을 통해 섭취해야만 합니다. 이 물질이 부족하게 되면 피부나 **점막(mucous membrane)**에서 출혈이 발생하는 이른바 **괴혈병(scurvy)**에 걸리기 쉽습니다. 하지만 이 정도는 상식적인 옛날 얘깁니다.

최근에 각광받는 비타민 C의 기능은 그것이 각종 질병에 대한 **면역력(immunity)**은 물론 바이러스의 증식을 억제할 수 있는 **항바이러스(antiviral)** 특성을 지니고 있다는 것입니다. 그뿐만이 아닙니다. **수용성(water-soluble)**의 성질을 지니는 비타민 C는 투여량이 좀 많다 싶으면 체외로 그대로 배설이 되게 되는데 그러는 과정에서조차 체내의 독소를 **중화(neutralization)**시키는 **촉매제(catalyzer, catalyst)**의 역할을 한다고 하니 그 효능은 정말 대단한 것 같습니다.

  약에 너무 의존하는 게 좋은 것은 아니지만 그 위력이 이정도이고 보면 일단 한번 먹어보는 것도 괜찮을 듯싶습니다. "비타민"이라는 말이 '생명'을 뜻하는 라틴어 vita와 '아미노기의 물질'을 뜻하는 라틴어 amin(e)의 결합어라는 사실이 정말이지 이상하게 느껴지지 않을 정도입니다.

우울증에 관하여

  괜스레(without reason) 가슴이 답답하고 짜증도 나며 어딘지 모를 깊은 나락 속으로 한없이 꺼져 들것만 같은 순간이 있습니다. 누구나 그럴 때가 있지요. 그런데 이런 일이 너무 자주 그리고 심하게 발생하면 그건 병이라고 할 수 있습니다. 요즘 자주 듣게 되는 이른바 **우울증(depression)**이 바로 그것이지요.

  우울증은 다양한 치료 방법을 거쳐 왔습니다. 초창기에는 우울함을 호소하는 환자에게 전기충격을 가해 깊은 **무의식의 상태(deep unconsciousness)**로 빠져들게 하는 **전기충격(electric shock)** 요법을 쓰기도 했습니다. 그러나 얼마나 위험했겠습니까? 이후 과학자들은 대부분의 우울증 환자들이 **세로토닌(serotonin)**과 같은 **정상적인 뇌의 기능(normal brain functionality)**에 필수적인 **화학 물질(chemical substances)**을 결여하고 있다는 사실을 알아내었습니다. 그뿐만이 아닙니다. 특정 계절만 되면 감정의 기복을 겪는 **계절적 정서 장애(Seasonal Affective Disorder, SAD)**의 경우는 인위적으로 햇빛을 공급해주는 **물리적 치료법(physical** treatments)이 매우 효과적이라는 사실 또한 밝혀내기도 했습니다.

그런데 잊지 말아야할 사실이 하나 더 있습니다. 전기적이건 화학적이건 물리적이건 어느 치료법을 써서 그 우울증의 **인자**(factor)를 제거한다 해도 여기에는 **심리적 관리**(psychological management)가 반드시 수반되어야 한다는 것입니다. 왜냐하면 원인은 없어졌지만 그로 인해 우리의 마음에 깊게 파인 그 고통의 자국만큼은 오래도록 지워지지 않기 때문입니다.

필자는 병원 치료와 더불어 종교에 의지함으로써 그 힘겨운 싸움을 겪어나가는 한 사람의 모습을 세상 가장 가까이에서 오랫동안 지켜 본 적이 있습니다. 다행스럽게도 이제는 완전히 그 병에서 벗어 나오게 되었는데요, 그 기나긴 고통의 과정의 기간 동안 저로 하여금 곁에서 바라 보는 자로서 **인내**(perseverance)와 사랑하는 법을 깨닫게 해주신 하늘의 그분께 지면을 빌어 진실한 감사를 올려 드립니다.

잠이 안 와요, 잠이!!

학창시절, 잠과의 전쟁은 모든 이들의 **공통된 고민거리일**(common source of trouble) 것입니다. '나는 잠이 없어'라고 말하는 것은 '아무리 먹어도 살이 안 쪄'라고 말하는 것처럼 동기들의 속을 꽤나 들끓게 하는 것 중의 하나일 것입니다. 저 역시 그러하였으니 말입니다.

그러나 직장생활을 시작한 이후 몸은 고단한데 앞으로 살아갈 걱정에 잠이 오지 않기 시작하였습니다. 이른바 **불면증**(sleeplessness, insomnia)에 시달리기 시작한 것입니다. 알아보니 불면증은 **대체로 육체적인 질병과는 별 관계가 없다**(is not usually related to any physical illness)고 합니다. 그것의 가장 큰 원인은 고민이나 불안 혹은 우울증으로 야기되는 정신적 고갈상태(mental exhaustion)라고 합니다. 즉, 뇌가 너무 과도하게 활동하는 바람에 **혈당을 다 써버려(uses up blood sugar)** 정신의 기운이 소진되어 버렸기 때문인 것입니다.

가장 일반적인 해결책으로 이와 같은 정신적 고갈상태에서 벗어나기 위해 **취침 전 당분이 있는 음료를 조금 마시면(if you have a sweet drink before bed)** 뇌로 가는 아미노산의 공급을 증가시켜 잠이 잘 올 수도 있다고 그럽니다.

전문가들에 의하면 **잠의 부족은 신진대사의 변화를 일으킨다고도 합니다(Lack of sleep alters metabolism)**. 또 숙면을 하지 못하면 **허리의 군살(love handles)**이나 **이중 턱(double chins)**이 생기기도 한답니다. 쌔근쌔근 잠을 푹 자면 **혈당수치의 조절(regulation of blood-sugar level)**, 몸에 필요한 에너지의 저장, 여러 **호르몬의 생성(production of hormones)** 등 좋은 게 너무 많다고는 하는데, 글쎄요, 우리가 요새 편하게 잠을 잘 처지입니까, 어디?

필자는 일주일에 이틀 강남에 가서 교원임용고시 과목 중 영어학과 일반영어를 강의하는데요, 정말 열심히들 공부하더군요. 몇 시간 자냐고 물어봤더니 하나같이 네 시간, 다섯 시간이랍니다. 그런 사람들이 이제 중고등학교 영어 교사가 되니 우리나라 영어교육 걱정은 크게 안 해도 될 것 같기는 합니다. 아이고, 사는 게 힘듭니다. 어차피 피하지 못할 거라면 즐기라고 안합니까? 좋게 생각하자구요. 불안한 장래에 대한 걱정과 초조함도 바꾸어 놓고 보면 **발전의 동인(a motivation to improve)**이 될 수도 있지 않겠어요? '어떡하지, 어떡하지?' 하다가 세월은 속절없이 다 흘러갑니다. 잠이 안 오면 날이 새도록 공부하고, 또 언제 그랬느냐는 듯이 아무렇지도 않게 낮으로는 활보하고 다니고 그래보는 게 어떨까요? 정말 필요할 때는 무섭게 잘 수도 있을 테니 말입니다. 무서울 정도의 회복력, 그게 바로 젊은이들의 가장 강력한 무기가 아닐까요?

생각을 고쳐먹으니 저도 오늘 밀린 일을 다 처리할 수 있을 것 같은 힘이 막 샘솟아 오르는 것 같네요. 자, **파이팅(cheer up)** 하자구요!

구관이 명관이네

지난 30년 동안 의사들이 처방한 약은 **알아보지 못할 정도로(beyond all recognition)** 변하였습니다. 질병의 본질과 그것들을 치료하는 방법을 더 잘 알게 됨으로써 **많은 옛 의약품들이 각각의 질병에 맞도록 고안된 새로운 약품으로 대치(the replacement of many old remedies by new ones specifically designed for each illness)**되게 된 것이지요. 그 변화는 실로 놀라운 것이었습니다. **위궤양(stomach ulcer)**, **천식(asthma)**, **고혈압(high blood pressure)**, **전염병(epidemic)**, **관절염(arthritis)**과 일반적 질병들은 **보다 높은 치료율과 오랜 생존율(higher cure rates and longer survival rate)**을 보이게 되었습니다.

그러나 **현대 의학에 뒤처지지 않기 위해(not to keep up with modern medicine)** 의사들이 항상 새로운 약에만 눈을 돌렸다고 생각하면 오산입니다. 우리가 지금 가지고 있는 처방약의 목록에서 매우 오래된 한 가지 약은 계속하여 사용되어 왔으며 심지어는 그 사용 범위를 엄청나게 확대하기에 이르게 되는데요. 그 약은 효능이 높고, 안전하고, **거의 100년이나 사용된 지금에도(after almost a hundred years)** 전 세계적으로 가정용 통증 치료약으로는 가장 믿을 만하답니다**(still the most trusted home remedy for pain, worldwide)**. 게다가 값도 매우 저렴합니다. 그것은 다름 아닌 '아스피린(aspirin)'입니다. 아스피린이 **염증을 줄이고 열을 내리는 (reduces inflammation and cools fevers)** 빠르고 믿을 만한 진통제라는 사실은 누구나 오래도록 알아온 것입니다. 게다가 그것은 **뇌졸중의 예방**

에도 효과가 있음이 밝혀지고 있습니다(It is becoming better known, too, in prevention of stroke). 아스피린에 관한 연구로 인해 밝은 치료 전망을 보이는 질병들 중에는 **당뇨병(diabetes)**, **대장암(colon cancer)** 그리고 **치매(Alzheimer's disease, dementia)**와 같은 것들이 있답니다.

그렇게나 대단한가 싶어서 집에 있는 약 상자에서 아스피린 통을 꺼내 보았더니 정말로 이렇게 적혀 있더군요.

> Aspirin Protects Your Heart by Keeping Your Blood Flowing Freely!
> 아스피린은 혈액순환을 촉진함으로써 당신의 심장을 보호합니다.

칼럼으로 배우는 영어 Ⅲ
- The Earth

지진과 지진파

환(環)태평양 화산대(ring of fire)라는 말을 들어 보았을 것입니다. 아메리카, 일본, 캄차카, 필리핀, 뉴기니에 걸친 **습곡산맥(fold-mountain range)** 지대인 이곳은 태평양을 중심으로 한 고리 모양의 커다란 외부 경계로 **화산과 지진 활동(volcanic and seismic activity)**이 심하다고 알려져 있습니다. 오늘은 요즘 부쩍 관심이 높아진 **지진(earthquake)**에 관해서 살펴보기로 하지요.

우선 알아야 할 가장 중요한 것 중의 하나는 **진앙(epicenter)**이라고 하는 말로 지구 내부에서 암석이 처음으로 움직이기 시작한 곳, 즉 지진이 시작된 지점을 말합니다. 그로부터 발생된 에너지는 지구 내부의 **입자(particle)**를 흔들며 **사방으로 퍼지기(radiation)** 시작하는데, 이때 바로 **P파(primary wave)**, **S파(secondary wave)**, 그리고 **표면파(surface wave)**라고 불리는 세 가지의 파장, 다시 말해 **지진파(seismic waves)**가 관계하게 됩니다.

그런데 이 세 가지의 지진파는 **각기(respectively) 속도(velocity)**와 그 것이 통과할 수 있는 물질의 종류가 서로 다릅니다. 그래서 과학자들을 이러한 특징을 이용해서 지구를 이루고 있는 내부의 **층(layer)**을 연구할 수 있는 단서를 얻어 내기도 했지요. 그 중에서 가장 빠른 녀석은 P파로서 **지각(the earth's crust)**을 무려 초속 5킬로미터의 속도로 통과합니다. 또한 P파는 고체, 액체, 기체를 모두 통과할 수 있습니다. 그리고 나서 **P파의 절반쯤 되는 속도(half the speed of primary waves)**로 S파가 찾아옵니다. 흥미로운 것은 P파와 달리 S파는 고체는 통과하지만 액체와 기체는 통과하지 못한다는 것입니다. 마지막으로 찾아오는 S파는 지구의 **내부(interior)**가 아니라 표면을 따라서 움직이는 파장을 말합니다. 가장 느리게 움직이는 이 S파가 바로 지표면을 **굽이치게 하기도 하고 좌우로 흔들기(rolling up and down and shaking from side to side)**도 하는 우리에게 가장 막심한 피해를 입히는 무시무시한 파장입니다. 고교 시절 **지구과학(earth science)** 시간에 그렇게도 자주 듣고 계산하고 게다가 공책에 그려 보기도 했었던 머리 아픈 얘기가 남의 일 같았는데, 요즘 우리들의 일상을 불안하게 하는 중요한 소재가 될 줄 누가 알았겠습니까?

판구조론

지구의 기원과 역사 그리고 그 구조를 다루는 **지질학(geology)**에서 이 **판구조론(plate tectonics)**의 등장은 마치 생물학에서 다윈이 **진화론(theory of evolution)**을 제기한 것만큼이나 **획기적인(epoch-making)** 사건이었습니다. 판구조론이란 **용어(terminology)** 그 자체가 암시하는 것처럼 우리가 발을 딛고 살아가는 이 대륙들이 사실은 지구 깊숙이 자리 잡고 있는 **용암의 바다(sea of lava)** 위를 떠다니는 일종의 **판(plate)**

이라는 것입니다. 구조를 다루는 학문을 영어로 tectonics라고 하니 plate tectonics라는 말이 그에 가장 적절한 용어가 되었음은 두말할 나위가 없습니다.

그러고 보니 학창 시절 지구과학 시간에 아메리카 대륙과 아프리카 대륙이던가요, 막 이리저리 짜 맞추어 보았던 생각이 나는 것도 같습니다. 아무튼 이 판구조론에서 판이라고 하는 것은 우리가 보통 대륙이라고 생각할 수 있는 **대륙판(continental plate)**과 그에 비해 상대적으로 무거워 바다 밑으로 가라앉은 **해양판(oceanic plate)**으로 나누어 볼 수 있습니다. 이러한 판들이 중요한 것은 그것들의 **상호 움직임(relative movement)**이 거의 대부분의 **지질학적 현상(almost all of geological events)**과 밀접하게 관련이 되어 있기 때문입니다.

이러한 판들의 상호 움직임은 크게 세 가지로 나누어 볼 수 있습니다. 첫째로, 그것들은 서로 **미끄러져(sliding)** 스쳐 지나갈 수 있습니다. 물론 그 스침이라는 것이 엄청나게 거대한 덩어리끼리의 **상호 마찰(rubbing each other)**이니 상상을 초월하는 에너지를 수반하는 것은 당연할 겁니다. 둘째로, 붙어있던 두 개의 판이 서로 **떨어져 떠다니는(drifting apart)** 경우도 있습니다. 그렇게 되면 그 아래에 있던 용암이 밖으로 **분출(eruption)**되는 일이 벌어지겠지요. 마지막으로, 판끼리의 **충돌(collision)**을 생각해 볼 수 있습니다. 무거운 해양판과 상대적으로 가벼운 대륙판이 충돌하면 당연히 해양판이 대륙판의 밑으로 들어가 해안가의 **산맥(mountain range)**과 같은 것을 형성하는 것이고요, 대륙판끼리 충돌하면 서로 밀쳐 **융기(rise, uplift)**하여 히말라야와 같은 높은 산맥을 형성하게 되는 겁니다. 해양판끼리 충돌하면 어떻게 될까요? 그렇게 되면 해저에서 화산이 폭발하게 되어 일본이나 하와이 같은 섬을 만들게 됩니다.

이런 자료를 모을 때마다 생각나는 건데요, 우리야 뭐 대충 읽어서 조금 아는 척 하는 정도지만, 이런 생각을 처음으로 해낸 과학자라는 양반들, 정말 **대단한 사람들(great figures)**인 것 같습니다. 우리 **머리를 좀 아프게는(a little bit puzzling)** 하지만 말입니다.

나비효과

중국 베이징에 있는 나비의 작은 **날갯짓(flaps of wings)**이 한 달 후 뉴욕에서 폭풍을 일으킬 수도 있다는 이론입니다. 에드워드 로렌츠(Edward Lorentz)라는 사람이 처음 제안한 이 이론은 기상데이터를 수학적으로 분석하는 과정에서 **초기 조건(initial condition)**의 **미세한(minute)** 차이가 시간이 흐름에 따라 점점 커져서 나중에는 엄청나게 큰 차이가 날 수도 있다는 생각에서 비롯되었습니다.

보통 쓰나미라고 하는 **지진해일(tsunami)**이 그 대표적인 사례입니다. 멀리서 시작된 작은 **파동(wave)**이 점점 더 커져서 마침내 사람들이 살고 있는 해안가에 도달할 때는 무시무시한 **자연재해(natural disaster)**가 되는 영상을 TV에서 여러 번 보았던 것 같습니다.

기상학(meteorology)에서 출발한 이 이론은 오늘날 사회, 경제학 등 다양한 분야에서 응용되어 사용되는 말이 되었습니다. 가령 미국의 **대공황(Great Depression)**이 어느 시골에 있는 작은 은행의 **부도(dishonor, nonpayment)**에서 비롯되었다고 주장한다면 이는 나비효과의 경제학적 예가 되는 것입니다. 또 나비효과라는 **동명(the same title)**의 영화도 있었습니다. 과거의 **아픈 추억(sad memory)**을 시공을 초월하며 바꾸려는 시도가 후일 엄청난 결과를 가지고 온다는 줄거리로 **운명(destiny)**을 과연 바꿀 수 있느냐는 논란을 가져오기도 했었죠.

나비효과 이론은 이후 **카오스 이론(chaos theory)**의 토대가 되기도 하는데요, 겉으로 보기에는 불안정하고 불규칙적으로 보이지만 **나름대로**

(in its own way)의 질서와 규칙성을 가지고 있는 현상을 말합니다. **주식시장(stock market)**의 변화, 지진이나 해일의 원리 등이 바로 이 카오스 이론을 통해 설명될 수 있게 되었던 겁니다.

우리가 살아가는 이 세상의 삶에도 이런 요소들이 참으로 많은 것 같습니다. **돌이켜 보면(thinking back)** 그때 그렇게 했었던 작은 일의 결과가 오늘날 이렇게 좋거나 나쁜 결과를 가져오는 사례가 아주 허다하지요. 영어 학습과 관련하여 이 글을 읽으시는 독자님들도 이 짧은 글에서 익힌 **토막지식(fragmentary knowledge)**이 실제 시험에서 큰 효과를 발휘해 주었으면 하는 바람을 가져봅니다. 더불어 좋은 점수 하나가 인생을 전환하는 하나의 **결정적 계기(decisive chance)**가 된다면 그게 바로 나비효과가 아니고 무엇이겠습니까.

과유불급(過猶不及)이라…

어릴 적 필자가 다니던 시골의 자그마한 초등학교에는 선생님들이 정성들여 가꾸시는 작은 **온실(greenhouse)**이 하나 있었습니다. 당시에는 조개탄이라고 불렀던 돌멩이처럼 생긴 동글동글한 **석탄(coal)**으로 교실 난방을 했었는데 그나마도 공급이 원활치는 않아서 오후쯤 되면 발이 참 시렸습니다. 그럴 때면 선생님은 몇 안 되는 아이들을 온실로 데리고 가셨지요. 참 좋았습니다. 특별한 **난방장치(heating system)**도 없었는데 그곳은 참 아늑하고 따사로웠습니다.

그런데 최근 **지구온난화(global warming)**의 **주범(chief criminal)**이라면서 **온실효과(greenhouse effect)**라는 말을 심심찮게 듣고 있습니다. 초등학교 시절 온실은 너무나도 좋은 느낌이었는데 그게 왜 범죄자 취급을 받는 건지 참 궁금하더군요. 알고 봤더니 사실 우리가 오해를 해서 그렇지

지구의 온실효과는 없어서는 안 될 너무나도 **자연스러운 현상(natural phenomenon)**이라고 합니다. 주로 **수증기(water vapor)**와 **이산화탄소(carbon dioxide)**로 구성된 **온실가스(greenhouse gases)**라고 하는 커다란 담요와도 같은 것이 지구를 춥지도 덥지도 않게 포근히 감싸 안고 있다는 겁니다. 학자들에 의하면 만일 그런 역할을 하는 온실가스가 전혀 없다면 지구는 매우 추운 곳이 되고 말 거라고 합니다.

그렇다면 뭐가 문제일까요? 그것은 바로 **과유불급(過猶不及, Too much is as bad as too little)**의 문제였던 것입니다. 말하자면 **공해(air pollution)**, **매연(exhaust gas)** 등 지나친 **화석연료(fossil fuel)**의 사용이 가져온 각종 부작용으로 인해 온실가스의 **농도(concentration)**가 갈수록 진해진 결과 지구는 너무 두꺼운 이불을 덮고 있는 셈이 된 것입니다. 즉, 문제는 우리가 온실효과를 가지고 있다는 것이 아니라, 인간의 활동이 온실효과가 상승하는 결과를 초래하고 있다는 것입니다(**The problem is not related with the fact that we have a greenhouse effect, but with the fact that human activities are leading to an enhancement of the greenhouse effect**).

칼럼으로 배우는 영어 Ⅳ
– Animals

올챙이 이야기

　어느새 대학생이 된 아들 녀석이 꼬맹이였을 때만 하더라도 필자는 여름마다 동네 꼬마 녀석 몇을 데리고 **근처의 냇가(nearby small stream)**로 가끔 피라미, 송사리, 모래무지, 지름챙이, 꺽치 (이상은 동네 분들이 알려준 이름이라 정확한 표준어인지는 잘 모르겠습니다) 등의 작은 물고기를 잡으러 다니곤 하였습니다.

　그런데 수풀이나 큰 돌 사이를 막 휘저어 두 개의 막대기 사이에 걸쳐 있는 그물로 (이걸 쪽대라고 하던데요) 힘차게 밀쳐 올릴라치면 언제나 예상과는 반대로 시커먼 **올챙이들(tadpoles)**만 잔뜩 걸려와 주변 사람들의 **실소(fits of laughter)**를 자아내는 겁니다. 저를 따라온 동네 아이들은 어느새 저만치 가서는 능숙하게 고기를 잡아 올리는 아저씨들 사이에 죄다 붙어버려서 저는 늘 **뙤약볕(burning sun)** 아래서 홀로 고독한 투쟁을 해야만 했습니다. 오늘은 저에게 그토록 망신을 준 올챙이 얘기를 할까합니다.

양서류(amphibian)인 개구리**(frog)**는 물속에 **수천 개의 알을 한꺼번에 낳습니다(lay thousands of eggs at a time)**. 이 알에서 깨어나는 놈들이 바로 올챙이라는 사실은 잘 알고 계시겠지요? 그런데 이 올챙이는 개구리와 비교해볼 때 서로 **완전히 다른 유기체(totally different organism)**라고 인식될 만큼 기능적으로 다른 특성들을 가지고 있습니다.

　그중에서 가장 중요한 차이점이 바로 올챙이는 **허파(lung)**가 없다는 것입니다. 그래서 걔들은 개구리처럼 물 밖으로 나올 수 없게 되는 겁니다. 물 밖으로 나올 수 없으니 당연히 물속의 **조류(alga)**같은 것을 먹고 살 수밖에 없습니다. 그렇게 본다면 올챙이는 말하자면 **초식동물(herbivore)**이 되는 셈이지요.

　참말로 **오묘한(profound)** 신의 조화를 느낄 수 있는 대목은 이 별 볼 일 없는 올챙이들이 **수질(quality of water)**을 개선하는 데 큰 도움을 준다는 겁니다. 그들이 먹고사는 조류는 그 양이 많아지면 심각한 오염을 초래하여 수중의 생물을 모두 죽일 수 있기 때문에 올챙이는 그야말로 **정화기(purifier)**의 역할을 훌륭히 수행해 내고 있는 것이지.

　물론 다 아시는 얘기겠지만 외형상의 특징으로 가장 두드러지는 점은, 올챙이는 개구리가 지니고 있는 **팔다리(limbs)**가 없다는 것이겠지요. 그러다가 성장을 시작해 꼬리가 들어가고 팔과 다리가 나오게 되면 그들은 비로소 개구리라는 이름으로 육지로 올라와 작은 **곤충(insect)**을 사냥하는 **육식동물(carnivore)**로 변해가게 됩니다.

　좁다란 그물 속에서 살려달라고 **아우성치는(shouting, outcrying, clamoring)** 올챙이들을 놓아주며, 그들이 겪게 될 짧은 시간의 커다란 변화를 생각해 보았습니다. 그리고 오늘 내가 놓아주는 올챙이는 참 **재수가 좋은(lucky, fortunate)** 녀석이라고 또한 생각했습니다.

크로커다일(crocodile) vs. 앨리게이터(alligator)

한영사전(Korean-English dictionary)에서 '악어'를 검색하면 crocodile은 아프리카산(産)이고, alligator는 북아메리카산이라고 알려줍니다. 악어와 관련하여 전문가들이 **가장 자주 받는 질문**(the most frequently asked question) 가운데 하나라고 해서 좀 더 자세히 알아보았습니다.

첫 번째 차이점은 alligator와 crocodile이 서로 다른 과(科, family)에 속해 있다는 것입니다(**the first difference is that alligators and crocodiles belong to different families each other**). alligator는 alligatoriade 과(科)에 속하며 crocodile은 corocodylidae 과(科)에 포함됩니다. 말하자면 일단 **족보(family tree, genealogy, pedigree)** 자체가 다른 셈이 됩니다. 근데 제 수준으로 접근하기에 너무 전문적이라고(**too technical to approach**) 생각됩니다.

일반인으로서 alligator와 crocodile을 구별하는 가장 쉬운 방법은 개네들의 주둥이를 살펴보는 것입니다(**the easiest way of distinguishing crocodiles from alligators is to look at their snouts**). 앞으로 돌출되어 (**protruded**) 있는 기본적인 생김새는 비슷하지만, alligator가 U자 모양의 넓적한 코(**U-shaped, broad snout**)를 가지고 있는데 반해 crocodile은 V자 모양의 뾰족한 코(**V-shaped, pointed nose**) 모양을 보여줍니다. 대수롭지 않은 일(**a matter of no importance**)로 생각할 수도 있겠지만 이러한 생김새의 차이는 그들의 식단에 큰 차이를 가져 옵니다.

alligator가 가지고 있는 둥글고 넓적한 U자 모양의 턱은 **거북이 같은 딱딱한 먹이를 으깰 때 턱이 받는 엄청난 충격을 견디도록 고안된**(**designed for withstanding the massive force which is applied onto the jaw when cracking open hard-shelled prey like turtles**) 것입니다. 반대로 crocodile이 가지고 있는 뾰족한 주둥이는 **alligator의 그것만큼**

강하지 않다는(not quite as strong as that of a alligator) 있다는 것을 의미합니다. 그러나 세상은 공평합니다. 힘이 조금 부족하지만 대신 그것은 alligator 보다 **다양한 먹잇감(a wide variety of prey)**을 다룰 수 있어서 나름대로의 **유리한 점(advantages)**도 가지고 있으니 말입니다. 하지만 조심하세요. 상대적으로 조금 약하다는 것뿐이지 그래도 악어는 악어이니 기본적은 힘은 필시 대단할 테니까요.

Termite: 식탁을 먹을까, 선반을 먹을까?

필자는 고등학교 시절 termite라는 단어를 몰라 영어 선생님께 큰 **꾸중을 들었던(be scolded/reproved)** 적이 있습니다. 당시 고등학생 수준으로 그렇게 쉬운 단어는 아니었는데 **우물쭈물하다가(mumble, hesitate)** 예습**(preparation)**을 열심히 안한다는 이유로 야단을 맞았던 거죠. 오늘은 바로 그 termite에 관해 이야기해 볼까 합니다. 사전을 찾아보면 보통 '흰개미'라고 나와 있습니다. 또 실제로 원어민들도 보통 이것을 white ant라고 부릅니다. 그래서 그런지 **대부분의 사람들은 termite가 개미의 일종인 것으로(most people think of termites as kind of ants)** 알고 있습니다만 사실 얘네들은 엄밀하게 말해서 개미가 아니라고 합니다.

그런데도 termite가 개미라고 흔히들 생각되는 것은 아마도 그들이 나타내는 **군거성(群居性)곤충들의 일반적 특성들(characteristics common to social insects)** 때문일 겁니다. 개미나 벌처럼 termite는 **군체(群體, colony)**라고 불리는 그들의 집단 내에서 종족의 유지를 위해 알을 낳는 여왕, 일만 하는 일군들, 싸움을 위해 단련된 군인들과 같이 **역할이 잘 배분되어 있습니다(the roles are well divided).**

termite는 우리 인간과 별로 친하지 않습니다. 그것들은 주로 죽은 나무를 먹고 살기 때문에 **목조주택은 그들에게 크고 맛있는 음식처럼 보인답니다**(a wooden house seems to them like it's a big delicious food). 미국의 아이들이 즐겨보는 어느 **만화(cartoon)**이던가요. termite들끼리 '오늘은 **식탁(table)**을 먹을까, 아니면 **선반(shelf)**을 먹을까' 라고 대화하던 장면이 생각나는군요. 우리에게는 조금 낯설지도 모르겠지만 서양 사람들이 termite를 **해충(pest)**으로 생각하는 것이 아마도 그와 같은 이유에서 일 겁니다. 어떤 termite는 아예 목재 안에 살기 때문에 그들의 공간을 비좁게 하지 않으려면 쉴 새 없이 내부의 쓰레기를 밖으로 옮겨야만 합니다. 때문에 목재로 된 건축물 주변에서 그들이 쌓아놓은 **작은 모래더미 같은 것**(little piles of sandy stuff)을 볼 수 있는데, 그건 주변 어디엔가 분명 termite가 무리지어 살고 있다는 증거가 되겠지요.

살기 위해서는 귀여울 수밖에 없답니다

부끄러운 얘기지만 필자는 개(犬)를 좀 무서워합니다. 어른이 되어서도 **막다른 골목(dead end of a road)**에 개가 왔다 갔다 하면 슬며시 다른 길로 돌아다녔습니다. 지금 살고 있는 이 전원 마을의 동네로 이사 와서 가장 불편한 게 있다면 가끔 가게를 갈 때 동네를 의젓하게 **활보하고(stride)** 다니는 무시무시한 개들과 마주칠 때가 있다는 것입니다. 그래서 그런지 개를 아무렇지도 않게 다루는 아이들이나 여성들을 보면 존경심마저 들곤 합니다.

그런데 이상한 것은 강아지만큼은 전혀 무섭지가 않다는 것입니다. **생김새도 그러하려니와**(in addition to its physical shape) 그 하는 짓이 **얼마나 귀여운지**(how cute) '왜 내가 개를 무서워할까' 라는 의구심이 막 솟구치기도 합니다. 그리고 보면 **맹수(wild beast)**중의 맹수인 동물원의 호랑이나 사자도 새끼는 얼마나 예쁩니까? 심지어는 아이들더러 다가와 만져보라고 해 보지도 않습니까?

근데 그게 알고 보니 **포유류들(mammals)**이 새끼 때 보여주는 **귀여움(cuteness)**과 **쾌활함(playfulness)**이 일종의 **생존전략(strategy to survive)**이라고 합니다. **동물학(zoology)**과 **심리학(psychology)**이 교차하는 **지점(crossing point)**에서 발생하는 현상이더군요. 대부분의 포유류들은 어렸을 때 **자기를 방어할 능력(ability to defend itself)**이 거의 없다고 합니다. 다시 말해 그들은 살아남기 위해 귀여워야만 한다는 것이지요.

이러한 사실은 비단 같은 **종(species)** 내에서만 일어나는 일은 아닙니다. 왜 가끔 동물들이 자신과 다른 **계통(family)**의 새끼를 돌보는 모습이 화제가 되고 그러지 않습니까? 인간만 해도 그렇습니다. 조사에 의하면 예쁘게 생긴데다가 하는 짓마저 귀여운 아가들에 대한 어른들의 반응이 훨씬 더 적극적이라고 합니다. 그렇게 보면 귀여움이라는 것은 **하나의 개인적 견해(a personal opinion)**라기보다는 동물로서 우리 모두가 지니는 **일종의 본능적 반응(a kind of instinctive reaction)**이라고 할 수 있겠습니다. 물론 **겉모습에 상관없이(regardless of outward appearance)** 진정한 사랑의 마음으로 **모든 것을 보듬어 안을 수 있는 능력(ability to embrace everything)**은 우리 인간만이 가지고 있는 게 틀림없지만 그래도 귀여움을 **과학적인 틀(scientific framework)** 안에서 볼 수 있다는 것은 분명 흥미로운 사실임에 틀림이 없는 것 같습니다.

칼럼으로 배우는 영어 V
– American History

도시의 전설

분자 그대로 직역하면(**when translated literally**) '도시의 전설[신화]'가 되는 이 urban legend[myth]라는 것은 근거 없이 떠도는 소문 혹은 진실일 것으로 추정되어 사람들의 입에 오르내리는(**often-repeated story assumed to be true**) 이야기를 말합니다. 그 대표적인 것 중의 하나가 미국의 유명한 두 **전직 대통령(former president)**인 링컨과 케네디에 얽힌 흥미로운 얘기입니다. 요는 케네디가 링컨의 **환생(reincarnation, rebirth)**이라는 겁니다. 그 근거로 사람들은 몇 가지 증거를 대는데요, 그것은 다음과 같습니다.

① 두 명이 **국회의원에 당선된(elected to congress)** 것이 각각 1846년과 1946년으로 백년의 차이를 두고 있다는 것.
② 그로부터 둘 다 정확히 14년 후 대통령이 되었다는 것.
③ 두 대통령을 **승계한 부통령(succeeding vice president)**의 이름이 모두 Johnson이었다는 것.

④ Lincoln, Kennedy 모두 7개의 철자로 되어 있다는 것.
⑤ Lincoln의 비서는 Kennedy였고, Kennedy의 비서는 Lincoln이었다는 것.
⑥ 모두 **인권(civil right)**에 깊은 관심을 두었다는 것.

정말 놀랍지 않나요? 그러나 학자들은 이것이 '**전체를 완성시키고자 하는 인간의 심리적 욕구(human being's psychological desire for completeness)**'에서 비롯된 별 중요하지 않은, 다시 말해 **그저 우연의 일치(just coincidence)**일 뿐 주장을 뒷받침하기에는 **의미가 없는(meaningless in supporting the argument)** 가십거리라고 말합니다. 게다가 일부의 사실은 그럴싸한 스토리를 완성하기 위해 임의로 조작되었다고 하는데, 이를테면 Lincoln에게는 Kennedy라는 비서가 실제로 없었다고 합니다. 그러니까 슬쩍 끼워 넣었다는 얘기지요. 또, 두 대통령의 인권에 대한 관심은 개인적인 휴머니즘에 근거한다기보다는 당시의 정세가 그들을 그렇게 할 수밖에 없도록 하였다는 것입니다. 가령 **남북전쟁(Civil War)** 당시 북군을 지휘하던 링컨은 노예제 폐지를 주장한 것으로 유명한데요, 이는 사실 농장이 경제의 중심을 이루었기 때문에 많은 노동력을 필요로 했던 남부를 무력화시키기 위한 전략적, 정치적 이유에서였다는 겁니다. 무척 흥미로운 얘기입니다. 필자도 영문과 학생이던 시절 **노예폐지론(antislavery)**을 정치적으로 주장할 수밖에 없었던 링컨의 상황에 대해 기술한 미국사 관련 서적을 읽고 좀 실망한 적이 있었습니다. 어릴 적 링컨은 너무나 멋지고 닮고 싶은 위인전의 **주인공(hero)**이었으니까요. 하지만 우리가 누군가를 위인으로 존경한다는 것은 그들이 이룩한 **위업(feat, great achievement)** 때문이라기보다는, 다 놓아버리고 싶은 지극히 어려운 순간마다 자신과 싸워 이겨낸 그 수많은 전쟁에서의 값진 승리이기 때문이 아닐까 하는 생각이 듭니다.

대공황

　1914년부터 4년 동안 일어난 제1차 세계대전 이후 미국 경제는 표면적으로 **안정을 찾아가는 듯 보였습니다(seemed to be stabilized)**. 그렇지만 그 이면에 항상 도사리고 있었던 지나친 **과잉생산(overproduction)**과 **꾸준한 실업의 증가(steady increase in unemployment)**로 인해 어쩐지 뭔가 큰 사태가 터질 것만 같은 분위기가 감지되었던 것도 사실입니다. 이런 불길한 예감은 결국 1929년 10월 미국 **주식시장의 붕괴(stock market crash)**를 가져왔으며 그 이후 거의 10년간 미국과 전 세계는 심각한 **경기하락(economic downturn)**을 겪게 되는데, 이것이 이른바 **대공황(Great Depression)**이라고 하는 겁니다. 앞으로 독해하실 때 depression이라는 단어가 대문자로 시작해서 나오면 필시 이것을 가리키는 것이니 우울증(?)이라고 착각하지 않기 바랍니다. 기업들의 도산으로 말미암아 거리는 실업자들로 넘쳐흘렀고, 은행 앞에서는 **난투극(free-for-all, brawl)**이 벌어지는가 하면, 어수선한 시대의 분위기를 반영이라도 하듯 갑자기 난무하기 시작하는 **정치적 격변(political upheaval)**은 사람들을 좌우의 진영으로 **갈라놓았습니다(pushed people to the left or right)**. 민주주의는 **수세에 몰렸고(democracy was on the defensive)** 극단적 선동 가치를 내세우는 히틀러(Hitler), 스탈린(Stalin), 무솔리니(Mussolini) 같은 독재자들이 **득세를 하기 시작했습니다(began to gain power)**. 대공황은 이처럼 이념적 혼란을 야기하더니 결국에는 1939년에 시작하였다가 종국에는 **극동(far east)**으로까지 번져 1945년에야 끝나게 되는 그 엄청난 제2차 세계대전을 일으키는 **주요한 원인이 되고야 말았습니다(helped set the stage for World War II)**.

　그런데요 참 이상한 게 있습니다. 전쟁이라고 하면 온 나라가 쑥대밭이 되어버리는 그런 것이 상상되는 게 우리네 정서가 아닙니까? 아이러니하게도 대공황으로 야기된 제2차 세계대전은 다시금 미국의 **군수산업 (war industry)**을 비롯한 각종 생산 활동을 재가동시켜 결국 미국을 대공황에서 탈출시키는 결정적 계기가 되기도 합니다. 그래서 근대 미국사와 관련된 글들을 읽다보면 이 시기에 다시 호황을 띠기 시작하는 미국 경제의 여러 모습이 심심찮게 나오게 되는 겁니다. 심지어는 문화와 예술 분야에 이르기까지 활기찬 모습이 자주 그려지게 되는 거죠.

쿠바 미사일 위기

미국의 현대 외교사에서 빼놓을 수 없는 것이 바로 이 **쿠바 미사일 위기**(Cuban Missile Crisis)입니다. 이 사건은 1962년 10월 약 2주 동안 있었던 상황인데요, **소련이 쿠바에 핵미사일을 배치함으로써 벌어졌던 대치 국면**을(a confrontation between the Soviet Union and the United States regarding the Soviet deployment of nuclear missiles in Cuba) 말하는 것입니다. 당시 소련은 미사일 배치의 이유를 그보다 좀 더 앞서 있었던 미국의 영국, 이태리, 그리스, 그리고 가장 중요하게는 터키에 대한 핵미사일 기지의 설치에 대응하는 것이라고 하였습니다. 지금에 와서야 그런 일이 있었나 보다하고 편안히 들추어 보는 것이지만 당시에 **세계는 핵전쟁 일보직전까지 갔다고 합니다**(the world was closer to nuclear war).

그러니 미국 사람들이 얼마나 불안에 떨었겠습니까? 그렇지만 **난세의 영웅**(a hero in a turbulent age)이라 했던가요? 미국에는 John F. Kennedy라는 **불세출**(extraordinary)의 대통령이 있었습니다. 그는 2주간 피를 말리는 소련과의 외교적 협상을 통해 마침내 당시 **소련 공산당 서기장인 흐루시초프는 기지의 철수를 선언하게 됩니다**(Soviet Premier

Khrushchev announced that the installations would be dismantled). 그리고 이튿날 그는 TV에 나와 다음과 같이 역사에 남을 유명한 말을 한마디 합니다.

> "어제 한줄기 빛이 어둠을 가르고 지나갔습니다(Yesterday, a shaft of light cut into the darkness)."

지난 2002년 사건 발발 40주년을 맞아 당시 양국의 안보 담당 고위 관리들이 모여 **비밀 문건(secret documents)**을 공개하며 당시의 상황을 **재구성(reconstruction)**해 보았다고 합니다. 놀랍게도 이때 밝혀진 새로운 사실들은 우리가 역사를 통해 알고 있는 것과는 많은 차이가 있다고 합니다. 하지만 이런 사실이 **정사(authentic history)**로 자리 잡기에는 아직 좀 더 시일이 필요할 듯합니다.

워터게이트 스캔들

우리는 정치적으로 나라가 시끄러울 때 '…게이트'라는 말을 언론에서 자주 접하곤 합니다. 도대체 '문(門)'이라는 뜻의 영어 명사 gate가 정치적인 일들과 무슨 관계가 있을까요? 느낌상 별로 좋은 의미는 아닌 것 같은데 말입니다. 그것은 바로 다름 아닌 '워터게이트 스캔들(Watergate Scandal)'이라는 **미국 정치사(American political history)**에서 빼놓을 수 없는 사건으로부터 유래된 말입니다. '워터게이트 스캔들'이란 1972년 **당시 대통령(then-President)**이었던 리처드 닉슨(Richard Nixon)과 그 측근들의 지시 하에, 일단의 괴한들이 **도청 장치를 설치할 목적으로 (to plant listening devices)** 워싱턴 D.C.의 워터게이트 호텔에 있었던 민주당 전국 위원회 본부에 침입(break-in at the Democratic National Committee headquarters at the Watergate Hotel in Washington, D.C.)한 사건으로 미국 역사상 최대의 정치적 스캔들로 알려져 있습니다.

처음에는 큰 주목을 받지 못하다가(not drawing much attention at first) 후일 FBI의 부국장으로 밝혀진 딥 스로우트(Deep Throat)라는 가명(false name)을 쓴 한 고위 관리의 제보로, 그리고 그 시절 워싱턴포스트의 신참내기 기자였던 밥 우드워드(Bob Woodward)와 칼 번스타인(Carl Bernstein)의 끈질긴 추적으로, **사건의 전모(the whole story of the accident)**는 서서히 윤곽을 드러내기 시작하였습니다. 재미있는 것은 이때부터 deep throat라는 말이 '정부의 비리를 고발하는 내부 고발자'를 뜻하는 말로 쓰이게 되었다는 것입니다. 사건의 파장이 얼마나 컸으면 이렇듯 사전에 등재될 정도의 말을 만들었겠습니까?

물론 처음에 대통령을 비롯한 참모진들은 **그들의 관련을 완강히 부인했으며(tenaciously denied their relations)**, 그로 인해 이후 2년간 검찰과의 치열한 법정 공방전이 벌어졌습니다. 한마디로 파워게임이었죠. **백악관의 압력으로 담당 검사가 파면을 당하기도 했으니까요(the prosecutor was discharged from the pressure of the White House)**. 그러나 **진실은 결코 은폐할 수 없었습니다(the truth could never be concealed)**. 부인할 수 없는 증거가 속속 드러나자 결국 미국 역사상 최초로 닉슨은 미 의회로부터 **탄핵(impeachment)**을 당하게 됩니다. 미국 역사의 **씻을 수 없는 오점(indelible stain)**으로 기록된 워터게이트 사건은 다른 한편으로 의회가 대통령을 올바르게 견제함으로써 민주주의의 본질과 전통을 수호한 사건으로 평가받기도 합니다. '게이트'라는 말, 이제 어디서 생긴 건지 아시겠죠?

칼럼으로 배우는 영어 Ⅵ
– The Universe

블랙홀의 정체

  '은하철도 999'라고 기억나시나요? 어린 시절의 **많은 만화들은 우주를 그 배경으로 하고 있습니다(many cartoons have the universe or space as their basic settings)**. 흥미로운 사실은 지구와 우주의 평화를 지키기 위해 출동하는 것은 언제나 무기력한 어른이 아닌 생동감 넘치는 아이들이었죠. 그뿐입니까? 때로는 시공을 초월하여 다른 세상으로 가서 **문제의 근원을 해결하고(solve the source of the problem)** 오기도 다반사였습니다. **주먹을 불끈 쥐며(clenching fists)** 때로는 웃기도 하고 또 때로는 극도로 흥분하기도 하며, **TV 앞에서 넋을 놓았던(completely absorbed in TV)** 기억이 아직도 생생합니다.

  이때 빼놓을 수 없는 것이 바로 블랙홀(Black Hole)입니다. 필자도 예외는 아닙니다만 많은 사람들은 이것을 **다른 차원으로 통하는 시간 여행의 통로(time-travelling tunnels to another dimension)**이거나, 아니면 눈에 보이는 모든 것을 다 흡입해 버리는 우주의 진공청소기(**cosmic vacuums** sucking up everything in sight) 쯤으로 알고 있는 게 사실입니다.

그러나 사실 블랙홀은 거대 항성의 마지막 진화 단계(the evolutionary end point of massive stars)를 언급하는 것입니다. 그 과정은 이렇습니다. 최소 태양의 열 배 이상 가는 항성(stars at least ten times as massive as the Sun)이 그 수명이 다하여 불안정해지면 폭발을 일으키게 됩니다. 이때 사멸해가는 별은 부피가 0이고 밀도가 무한대인 한 점(the point of zero volume and infinite density)을 향해서 줄어들게 되는데 그렇게 되면 내부의 중력이 너무나 커져서 심지어 빛도 그곳을 탈출할 수 없게 됩니다(even light cannot escape from there). 그것이 바로 우리가 블랙홀을 눈으로 확인할 수 없는 까닭입니다(that's why black holes can't be seen). 좀 더 정확하게 말하면 블랙홀 내부를 벗어나기 위한 탈출속도가 빛의 속도보다 크기 때문에 빛이 밖으로 나올 수 없다는 것입니다. 다만 우리가 블랙홀의 존재를 알 수 있는 것은 이웃한 항성들의 물질이 블랙홀로 빨려 들어가는 순간에 방출하는 X-ray를 포착함으로 해서 어디쯤에 블랙홀이 있겠다고 추정하는 것 정도입니다.

때로 과학은 어린 시절 우리의 상상력을 너무나 현실적인 것으로 무참히 깨뜨리는 것 같습니다. 예쁜 숙녀를 태운 기차는 우주의 어디에도 다니지 않을뿐더러, 어딘가에서 그들의 무시무시한 제국을 건설하고 있는 악의 무리도 없는 것 같아 보입니다. 그러나 우리의 이런 상상력이 없었다면(if it had not been for this kind of imagination of ours) 그 어느 누구도 그것을 확인하려 하지 않았을 것입니다. 결국 눈에 보이지 않는 것을 찾으려고 시도하지 않았을 테니 말입니다. 그러고 보면 아이들이 가끔 공상과학만화를 보고 헛소리(?)를 지껄이는 것 같아도 우리의 어린 시절을 생각하며 같이 맞장구(words of agreement)를 한 번 쳐주는 것도 괜찮을 성 싶습니다. 그 아이가 자라서 정말로 우주의 신비를 벗겨낼지도(reveal the mystery of the universe) 모르니 말입니다.

외로운 항해자 보이저(Voyager)호

불어에서 유래한 영단어 voyage가 '항해'를 뜻하는 것이니, voyager는 '항해자'가 되겠네요. 그런데 이 말을 대문자로 쓰면 대체로 1977년 **미항공우주국(National Aeronautics and Space Administration, NASA)**에서 쏘아올린 행성간 **무인 우주탐사선(unmanned interplanetary spacecraft)**을 지칭합니다. 그러니까 지금도 태양계 밖으로 끝도 없는 여행을 홀로 하고 있는 외로운 우주의 '항해자'를 말하는 것이지요.

보이저호는 모두 두 대가 발사되었습니다. 보이저 1호는 발사된 지 거의 2년이 되어갈 무렵 **목성(Jupiter)**에 도달했고, 이듬해에는 **토성(Saturn)**을 지나갔습니다. 그리고는 **태양계(the Solar System)** 밖으로 나가버렸지요. 그보다 느린 속도로 뒤따라간 보이저 2호는 1986년과 1989년에 각각 **천왕성(Uranus)**과 **해왕성(Neptune)**을 통과하였습니다. 보이저호가 지나가면서 **사람들이 그동안 궁금해 했던 많은 것들을 밝혀주었는데요(revealed what people have been curious about thus far)**, 주로 **행성들의 구체적인 특징(specific features of planets)**, 그리고 **행성을 도는 위성들(satellites going around the planets)**에 관한 것이었지요. 목성을 감싸고 있는 여러 가지 구름의 형태와, 그 유명한 위성 중 하나인 **이오(Io)의 화산활동에 대한 신비(mystery about Io's volcanic activity)** 등이 그 예라고 할 수 있겠습니다. 그것뿐이겠습니까? 토성, 천왕성, 해왕성의 **고리(ring)**와, **자기장(magnetic field)** 등에 관한 자료를 보이저호는 정말이지 열심히도 보내왔습니다.

아무런 소리도 없는 그야말로 적막의 공간에서, 때로는 **타버릴 것 같은 열기(burning heat)**를 뚫어가며, 벌써 수십 년째 묵묵히 앞길을 가는 보이저호… 괜스레 마음이 무거워지는 것 같습니다. 얼마나 외로울까요? 도대체 앞으로 얼마나 더 갈 수 있을까요? 예측에 의하면 보이저호의

동력원(power source)으로 사용하는 원자력(nuclear power)이 고갈되는 2020년까지는 계속해서 우주에 관한 자료를 보낼 수 있을 것이라고 합니다. 저는 사실 그 다음이 더 궁금합니다. 에너지도 잃어버리고 최소한의 깜박거리는 신호마저 없어져 잠든 것 같은 보이저호는 아마 우주의 미아(missing child)가 되겠지요. 과학이 더 발달해서 어딘가에 홀로 있을 보이저호를 다시 찾는다면 우주역사 박물관에 훈장이라도 하나 주어서 고이 간직해야하지 않을까요? 오늘따라 왜 이리도 감상벽(sentimentality)이 도지는 건지 모르겠네요. 좌우간 외로운 건 너무 싫습니다.

사랑의 비너스, 금성

예전 광고 카피에서 많이 들어본 것 같네요. 아마 여성용 속옷 광고였던 것으로 기억합니다만, 아무튼 사랑과 아름다움의 로마 여신 비너스(Venus)의 이름을 따서 지어진 금성(金星)이라는 천체는 흔히 우리 지구의 자매행성(sister planet)으로 인식되곤 합니다. 그것은 아마도 직경, 질량, 중력과 같은 물리적 속성이 지구와 거의 비슷하기 때문일 것입니다(physical properties such as diameter, mass, and gravity are approximately the same as the earth). 실제로 지구와 금성의 지름은 각각 1만 2756km와 1만 2103km로 거의 같습니다. 또 금성의 질량은 지구의 0.81배로 상당히 근접한 수치(fairly close numerical value)를 보여주고 있습니다.

그러나 그것을 제외하고(other than that) 금성과 지구는 완전히 다른 양상(totally different aspects)을 나타냅니다. 자매행성이라는 말이 무색해질(overshadowed) 정도이죠.

우선 두 행성은 자전 속도에 있어서 현격한 차이를 보입니다. 주지하는 바와 같이(as is generally known) 지구는 **자전**(rotation)에 1일이 걸리고 **공전**(revolution)은 365일이 필요합니다. 놀랍게도 금성은 말이죠, 자전이 243일, 공전이 225일입니다. 즉, 하루가 일 년보다 긴, 이상한 현상이 나오게 되는 것이지요. 게다가 자전 속도의 차이는 **자기장**(magnetic field)의 형성과도 관련이 있는데요, 지구가 비교적 강한 자기장을 형성하는 반면, **축**(axis)을 중심으로 한 자전 속도가 매우 느린 금성은 거의 자기장이 없다고 할 수 있습니다. 이것은 **발전기 효과**(dynamo effect)로 설명할 수 있는데요, 학생시절 과학 실험실에서 한번쯤 보았을 것입니다. 발전기의 손잡이를 빨리 돌리면 불이 밝게 들어오는 것과 같은 이치이지요.

그렇지만 무엇보다도 두 행성의 가장 큰 차이는 **대기와 표면**(atmosphere and surface)의 차이라고 할 수 있습니다. 금성에 비하면 지구는 대단히 맑고 깨끗한 그리고 매우 안정적인 대기와 표면을 가졌다고 할 수 있습니다. 물론 최근의 **온실효과**(greenhouse effect)가 지구를 조금 **불투명**(opaque)하게 하기는 하지만 말입니다. 이에 반해 대략 97%의 **이산화탄소**(carbon dioxide)와 3% 정도의 **질소**(nitrogen)로 이루어진 금성은 그 짙은 대기와 구름층으로 인해 바깥에서는 아예 표면이 보이지 않을 정도입니다. 또 **화산 활동**(volcanic activity)도 계속 일어나고 있는 것으로 추정 되고 있습니다. 들어오는 빛과 열을 다 흡수해 버리는데다가 끊임없는 화산 활동으로 인해 금성의 평균 대기온도는 섭씨 약 470도 정도로 태양계의 행성 가운데 가장 높다고 합니다. 빽빽한 이산화탄소와 작렬하는 열기… 우리가 **샛별**(morning star, rising star)이라고 불렀으며, 서양 사람들은 비너스라고 칭했던 **천체**(heavenly body)의 실체치고는 너무나도 무섭고 격렬한 것 같습니다. 자신의 속을 다 녹이고 태워버려야 겉이 아름답게 되는 건지 어쩐 건지….

Space travel

미지의 세계(unknown world)… 우리 인간에게 그것은 두려움인 동시에 끝없는 동경의 대상이기도 하였습니다. 중세의 권위적인 종교는 인간이 가지고 있는 미지에 대한 **그 두려움을 당연한 것으로 간주하고(taking the fear for granted)** 또한 강요하여 인간의 자연현상에 대한 탐구를 정지시켜 버리려는 어처구니없는 일을 저지르기도 하였습니다. 그러나 그토록 절대적인 권위에도 **종교개혁(Reformation)**이라는 재구성의 혁명이 일어나고 종교와 철학이 **오히려 발전을 장려하는(rather encouraging the development)** 시대에 와 있는 지금, 우주여행을 논한다는 것은 **더 이상 불경스러운 일이 아닐(no more impious or profane)** 것입니다.

아시는 바와 같이 미국의 **우주비행사(astronaut)** 닐 암스트롱(Neil Armstrong)이 인류 최초로 달 표면에 발을 디디며 '**인류를 위한 위대한 도약(giant leap for mankind)**'이라며 감격에 겨워하였던 그 유명한 말이 벌써 1969년의 한참 지난 얘기가 되었습니다. 이후 우주로 나가려는 인간의 노력은 지속적으로 경주되어 왔습니다. 태양열 아니면 원자력… 아무튼 연료는 문제가 없을 것도 같은데 도대체 왜 태양계 밖으로는 못 나가는 걸까요? 그것은 바로 시간의 문제입니다(it's the matter of time). 태양계 **밖의 가장 가까운 항성인(the closest star outside the solar system)** 알파 센타우루스(Centaurus α)까지의 거리가 무려 43조 킬로미터라고 합니다. **우리가 알기로(as we know of it)** 가장 빠른 초속 30만 킬로미터, 즉 빛의 속도로 간다하더라도 4년이 넘는 세월이 걸리고 맙니다. 그러니 지금 우리의 과학이 보유하고 있는 우주선의 속력으로는 가다가 다 늙어 죽을 것입니다. 아니 그보다 식량이 다 떨어져 **굶어 죽고(starve to death)** 말 것입니다.

그렇다면 영원히 불가능한 것일까요? 몇 가지의 방법이 있다고 하는

데, 첫째는 **인공 동면(artificial hibernation)**을 하는 겁니다. 목적지까지 먹지도 않고 계속 잠만 자다가 도착할 때쯤 컴퓨터가 깨우는 방법이지요. 또 한 가지는 도시 우주선을 건설하는 겁니다. SF영화 같은데서 보았음직한 이 방법은 수만 명이 거주하는 거대한 우주도시 자체가 계속 어디론가 이동을 하게 되는 거죠. 물론 아득히 먼 **미래의 후손들(future descendants)**이 무언가를 발견하리라 기대하면서 말입니다.

지금 당장 가시적인 성과를 이룰 수는 없다하더라도 우리가 계속 끝없는 탐구와 노력을 해야 하는 것은 그 과정 속에서 얻어내는 중간 결과들만으로도 우리는 충분히 행복할 수 있기 때문일 것입니다. 그렇게 본다면 미래를 위해 투자하는 것이 문명인의 기본자세라는 어느 에세이 작가의 말이 결코 지나친 것은 아니라고 봅니다.

칼럼으로 배우는 영어 Ⅶ
– Fine Arts

Les Demoiselles d'Avignon

우선 fine arts라는 말부터 알아보겠습니다. fine arts라 함은 우리말로 '시각예술' 정도로 번역할 수 있는데, **유용성보다는 아름다움을 위해 제작되거나 의도된 예술을(art produced or intended primarily for beauty rather than utility)** 일컫습니다. 따라서 그림이나 **조각(sculpture)**, 그리고 **건축(architecture)**까지도 여기에 포함될 수 있습니다.

이번 칼럼의 제목으로 나와 있는 프랑스어 Les Demoiselles d'Avignon은 영어로 하면 The Young Ladies of Avignon으로서 20세기 가장 **영향력 있는 화가 중의 한 명인(one of the most influential painters of the 20th century)** 파블로 피카소(Pablo Picasso)의 **대표작(masterpiece)** '아비뇽의 아가씨들'입니다. 뉴욕의 현대미술관에 걸려 있지요. 저는 예전에 '아비뇽의 처녀들'이라고 배웠는데, 찾아보니 '아비뇽의 여인들'이라고 하기도 하구요, 그새 한국식 이름이 여러 개 더 생긴 모양입니다.

여러분들은 어떠실지 모르겠지만 저는 솔직히 이런 그림 잘 모르겠습니다. 학교 다닐 때 시험 준비를 위해 그냥 미술책에 나와 있는 그림과 작가, 특징 등을 열심히 외웠을 뿐이지요. 그렇지만 이토록 무식한 저의 관심을 끈 것은 다름이 아니라 전 세계의 이목을 집중시킨 이 그림을 그린 피카소의 당시 나이가 **불과 20대 중반이었다는 것입니다**(he was just in his mid twenties). 전기 작가들은 대체로 **피카소의 끊임없는 실험과 혁신의 의지**(Picasso's relentless willingness to experiment and innovate)를 입체파의 선구적 그림이라고 **널리 여겨지는**(widely held as a seminal work of cubism) 이 작품의 창작 원동력으로 기술한다고 합니다. 작품을 처음으로 전시할 당시에는 피카소의 지인들조차도 **그를 이해하지 못했다고 합니다**(Even Picasso's close friends did not understand him at the time of its first exhibition).

더욱 놀라운 것은 **다섯 명의 기하학적 형태를 지닌 나체의 여인들을**(geometric shapes of five naked women) 묘사한 이 그림이 후일 엄청난 사회, 예술계의 파장을 몰고 올 것을 피카소 자신이 너무 잘 알고 있었다는 것입니다. 즉, 그는 여러모로 **선구자**(pioneer), **처음**(the beginning), **효시**(the first), 뭐 이런 표현들로 묘사되는 인물이 된 것입니다. **아무도 생각하지 않고 있던 것을 최초로 마음에 품고 있을 때의 즐거움**(the amusement of having in mind what nobody has thought of), 그래서 앞으로 다가올 세인들의 신랄한 손짓도 별로 두려울 게 없는 천재의 고독한 노력과 자신에게 보내는 미소, 너무 매력적이지 않습니까? 비록 저 같은 사람은 그러한 감동으로 인한 노력이 일주일도 채 못 가는 게 문제이지만 말입니다.

크레용(crayon)

필자가 초등학생이 되던 첫 날의 첫 시간이었습니다. **담임선생님(homeroom teacher)**은 코흘리개들에게 크레용 잡는 법부터 가르쳐 주셨던 기억이 납니다. 오늘은 그 크레용이 갑자기 생각이 나서요, 한번 알아보았습니다.

크레용하면 대부분 세계적으로 가장 유명한 회사인 미국의 크레올라(Crayola)라는 회사를 떠올립니다. 하지만 흥미롭게도 사실 크레용은 이 회사가 아니라 유럽에서 가장 먼저 발명되었습니다. **최초의 크레용은 숯과 기름을 주요 성분으로 한다고 합니다(the first crayons consisted of a mixture of charcoal and oil)**. 이후 기술이 발전하여 크레용의 원료이던 **기름을 왁스로 대신하면서(substituting wax for the oil)** 제품이 더 견고하고 다루기 쉽게 되었지요. 그리고 1903년 이것을 최초로 **상품화(merchandising)**한 곳이 바로 Crayola라는 회사입니다. 그러니 어떻게 보면 제품을 가장 먼저 세상에 알린 주인공인 Crayola社를 그 기원으로 보는 것도 크게 무리는 아닐 듯싶습니다.

1864년 미국의 Joseph W. Binney라는 사람이 the Peekskill Chemical Company라는 **화학회사(chemical company)**를 설립합니다. 말하자면 크레용을 만들 수 있는 기술력의 **모태(matrix, ground)**가 되었던 셈이죠. 그러다가 1885년 그의 아들인 Edwin Binney와 조카인 Horold가 동업으로 Binney & Smith라는 회사를 설립하게 됩니다. 즉, **사촌 간의 동업관계(cousin partnership)**가 형성된 것이지요. 이 회사가 바로 최초의 상품용 크레용인 Crayola Crayon의 제조사가 됩니다. Crayola라는 말은 Edwin Binney의 아내인 Alice가 생각해 낸 것으로 분필을 뜻하는 프랑스어 craie와 기름을 뜻하는 프랑스어 oleaginous를 합성하여 만들었다고 합니다.

2003년, 100주년을 맞아 회사는 그때까지의 96가지 색깔에 4개를 덧붙여 100개의 색깔을 가진 크레용을 출시하게 됩니다. 일부 구식이 된 색은 새로운 색깔에게 자리를 **양보해**(make room for the new colors) 주었지만 말이지요.

지금도 있는지 잘 모르겠지만 필자는 어릴 적 '동아'크레파스와 '신신'크레파스를 썼던 기억이 납니다. 원형으로 생긴 덕택에 잘 굴러다녔던 그 크레용이 책상 아래로 주르륵 떨어질 때면 **어김없이**(without fail) 부러지곤 했었는데, 나중에 **육각**(six angles)으로 생긴 크레용이 나와서 좋아했던 생각이 납니다. 비닐 화판을 들고 시골의 들판에 앉아 하얀 스케치북에 아무 걱정 없이 하늘을 담던 1979년의 가을소풍이 **불현듯** **(suddenly)** 떠오릅니다. 여러분은 크레용에 어떤 추억이 있으신지….

인상주의(Impressionism)

모네(Monet), 르누아르(Renoir), 드가(Degas)… 이런 화가들은 미술에 있어서 어떤 계파로 분류될까요? 성인으로서 어지간한 교양인이 아니라면 선뜻 대답하기 어려운 얘기입니다. 아니면 다행이구요. 학창시절 미술 과목의 필기시험에서는 자주 등장했던 기억이 납니다. 그들은 바로 **19세기 중후반에**(in the latter third of the nineteenth century) 당시의 **경직된 스타일에 대한 반동**(a reaction to the rigid style)으로 등장한 **인상주의**(Impressionism) 화가들입니다. 세상의 모든 일이 그러하듯 그들 역시 처음에는 자신의 그림을 전시할 기회조차 갖지 못했던 주변인의 신세였습니다. 인상파라는 말도 모네의 "Impression: Sunrise(인상: 해돋이)"라는 작품에서 따온 것으로 어느 잡지사가 그의 작품을 **폄하하는 방식으로**(in a demeaning way) 붙인 이름이라고 합니다. 그렇지만 그들은 그 명칭이 자신들의 작품세계를 잘 반영하는 이름이라 하여 전혀 위축되지 않고 오히려 조롱받았던 이름을 미술사의 큰 획으로 남겨놓는 **대업(a great achievement)**을 이루어내고야 맙니다.

인상파의 가장 큰 특징은 그림을 보는 이들에게 일종의 **자율성 혹은 독립성(autonomy or independence)**을 부여하려 하였다는 것입니다. 가령 색채를 혼합하기 보다는 **선명한 색채(clear colors)**를 사용함으로써, 보는 각도에 따라 독자 **스스로가 시각적으로 색채를 혼합하게(optically mix the colors themselves)**할 수 있도록 하는 데요, 이를 통해 독자는 특이하고 생생한 경험을 할 수 있게 된다는 것이지요.

독자를 존중한 인상파 화가들은 문학과 음악에도 지대한 영향을 끼쳤습니다. 예를 들어 졸라(Zola)와 같은 인상주의 문학가들은 **독자의 상상력을 제한할지도 모른다(might restrict the readers' imagination)**하여 작가 자신의 **해독(decoding)** 작업을 하지 않았습니다.

오명(disgrace)을 권위로 확립시킨 인상주의 화가들의 믿음과 용기, 그리고 눈물겨웠을 그들의 노력을 생각해 봅니다. 나의 역사는 우월성을 지닌 척 거만하게 접근하는 **조언자(advisor)**의 삶을 그대로 사는 것이 아니라, 결국 내가 고통을 통해 만들어 나가야 하는 것이 아닌가 싶습니다. 또한 관람객의 해석 능력을 존중한 그들의 **사조(trend)**는, 늘 학생들의 자율성을 강조해온 필자에게는 참으로 **마음에 와 닿는(appealing, attracting)** 얘기였습니다. 학생들의 **개별성(individualization)**을 무시하고 무조건 자신들의 뜻대로만 교육 방향을 정하는 교육자들과 또 때로는 부모님들을 볼 때마다 학생들이 참 안됐다는 생각이 많이 듭니다.

끝으로 고 스티브 잡스(Steve Jobs)의 연설문 중 일부를 소개해드릴까 합니다.

Your time is limited, so don't waste it living someone else's life. Don't be trapped by dogma, which is living with the results of other people's thinking. <u>Don't let the noise of others' opinions drown out your own inner voice</u>. And most important, have the courage to follow your heart and intuition. They somehow already know what you truly want to become. Everything else is secondary.

- Steve Jobs: 2005 Stanford Commencement Speech

여러분의 시간은 유한합니다. 그러니 남의 인생을 사느라고 그것을 낭비하지 마십시오. 신념의 덫에 갇히지 마십시오. 그것은 다른 사람의 생각에서 나온 결론에 따라 사는 것입니다. <u>여러분 자신의 내면에서 나오는 소리가 다른 이들의 의견에서 나오는 잡음에 묻혀서 들리지 않아서는 안 됩니다.</u> 가장 중요한 것은 여러분의 가슴과 직관을 따르는 용기를 가지는 것입니다. 그것들은 여러분이 진정으로 되고자 원하는 것을 이미 잘 알고 있습니다. 그 밖의 모든 것은 그 다음에 생각할 일입니다.

- 스티브 잡스: 2005 스탠포드 졸업식 연설

낙서도 예술이다

미국 New York의 Manhattan을 여행할 때의 일입니다. **해가 질 무렵(toward evening)** 관광객을 실은 버스가 북쪽의 **할렘(Harlem)**가로 접어들었습니다. 당시 필자가 탄 버스의 가이드는 한 잘생긴 한국 유학생 청년이 맡고 있었구요, 그 친구는 **건축학(architecture)**을 전공한다고 했습니다. 문화, 예술에 대한 그의 그저 놀라울 정도의 **박식함(knowledge-ableness)**에 모두들 칭찬을 아끼지 않았습니다(showered unstinting praise).

그런데 필자의 관심을 더욱 더 끈 것은 벽에 그려진, 제게는 단지 **낙서(scribble)**로만 보이는 그림들에 대한 그 친구의 **이상하리만치의(extraordinary)** 극찬이었습니다. 분명 그 유학생은 그것들을 하나의 예술로 보고 있었던 것 같습니다. '누가 누구를 좋아한대요'처럼 그저 철없는 아이들의 **애정 관계(love connection)**를 고발하는 공중 게시판쯤으로 알고 있던 동네 벽의 지저분해 보이는 낙서가 넓게 보면 **그래피티(graffiti)**라고 불리는 현대미술의 한 장르일 수 있다는 것입니다. 물론 그러한 것들을 그저 **공공의 재산(public property)**에 대한 **훼손(damage)**이나 **오손(汚損, vandalism)** 쯤으로 여기는 사람들도 있지만 말입니다.

graffiti는 '쓰다'라는 의미의 **희랍(Greek)**어에서 유래합니다. 역시 희랍어에서 출발하여 라틴어를 거친 현대 영어의 -graph라는 말과 그 기원이 동일하지요. 정리하자면 graffiti란 공공의 재산에 어떠한 형태로든 긁거나 휘갈겨 쓰인(scratched or scrawled) 이미지나 글자를 칭합니다.

그때 마침 버스가 지나가던 어느 담벼락 위에도 청소년들이 **스프레이(spray paint)**로 무언가를 열심히 그리고 있었습니다. 흥미로운 사실 중의 하나는 graffiti를 하는 이들조차 저마다의 유형에 따라 여러 **계파(lineage)**로 분류되기도 한다는 것입니다. 심지어는 대사부(大師父)가 있어서 **문하생들(followers)**을 지도하기도 한답니다. 또 도로 표지판 위에 어느 날 느닷없이 그어진 페인트 칠 하나를 그들은 대단한 작품으로 여기기도 한답니다. 배가 부르니까 별 걸 다하는구나 하는 생각이 들기도 했습니다. 하지만 때로 graffiti가 **사회, 정치적인 메시지를 전달하는 데 이용된다고도(employed to communicate social and political messages)** 하니 그럭저럭 괜찮은 구석도 있는 모양입니다.

며칠 전 탄천 변에 자전거를 타러 나갔는데 그곳으로 통하는 **지하보도(underground walkway)**에 수많은 낙서가 있었습니다. 별다른 메시지는 없는 것 같았지만 그래도 그때 그 여행 이후로 필자는 낙서를 유심히 관찰하는 버릇이 생겨 버린 것 같습니다. 그렇지만 제발 하트 모양은 이제 그만 보았으면 합니다. 좀 더 **창의적인(creative)** 것을 그리세요, 기왕에 할 거면.

칼럼으로 배우는 영어 VIII
– Education

입신양명의 유전자

예전에 저는 자그마한 교육 업체를 하나 운영한 적이 있습니다. 상담을 받다보면 **참으로 세상이 많이 변했다**(things have changed a lot)는 것을 실감하곤 했습니다. 무슨 말인고 하니(What I mean is…) 상담부터 등록까지의 전 주체가 학생이 아닌 엄마라는 것입니다. **학생은 개강일이나 되어서야 얼굴을 볼 수 있지요**(It's not until the starting day of the class that the student actually shows up).

이렇듯 교육에 대한 열성이 대단하다보니 부작용도 있겠지만 어떤 경우에는 그러한 **지극정성**(至極精誠, extreme devotion)이 해외에서 우리 학생들이 **두각을 나타내는**(outstanding) 상황으로 많이 연결되기도 한다는군요. 실제로 미국에 유학 중인 아시아계 학생들은 현지의 아이들보다 **학문적으로 우수한 경향이 있습니다**(tend to be superior to Americans academically). 이는 공공연한 사실입니다(This fact is not unknown to many). 그렇다면 이처럼 아시아계 학생들이 공부를 잘하는 비결은 무엇일까요?

서두에서도 언급하였듯이 그 주요한 원인 중의 하나는 **아이들이 양육되는 방식(the way the students are brought)**에 있다고 할 수 있습니다. 다시 말해 **아시아계 부모들에게 있어서는 교육이 언제나 최고의 우선순위가 되는 것입니다**(Asian parents have always given education a top priority).

또 하나의 이유라면 미국 **가정의 지속적인 해체**(constant family disruptions)를 들 수 있겠습니다. 이혼과 재혼 등으로 인한 **결손가정**(broken family)이 학생들의 심리적 안정감에 많은 영향을 미친다는 것이지요. 실제로 영문학에서 자타가 공인하는 거장인 Shakespeare는 말하기를 broken family는 그 영향이 3代를 걸쳐간다고 했습니다. 참으로 슬픈 얘기입니다. 자세히 말할 순 없지만 필자도 예외라고 할 수는 없기든요. 그러나 저는 때로 눈물을 삼킨 적도 많지만 이를 악 물고 공부했고 그래서인지는 모르지만 그럭저럭 살아갑니다. 가난이든, 가정의 불화든 그것이 중요한 게 아니라고 생각합니다. **알코올중독**(alcoholism)에 걸린 아버지를 따라 그 아들도 알코올중독자가 되는 경우가 허다한 서구의 사례와는 달리 우리 젊은이들의 피 끓는 마음속에는 '**내가 반드시 다시 이 기울어진 집을 재건하고 말거야**(Whatever happens, I will surely reconstruct this waning family)'라는 **입신양명**(立身揚名, success and fame)의 포부가 유전적으로 꿈틀거리고 있고 그것이 바로 서구의 아이들과 우리 학생들의 근본적인 차이라고 필자는 굳게 믿습니다. 혹시 독자님 중 깊은 계곡에 나만 홀로 외로이 갇혀 있다고 슬퍼하는 분이 있습니까? 믿으십시오. **골이 깊으면 산은 높은 법입니다**(The deeper the valley, the higher the mountain).

ESL과 EFL

영어교육에 관심을 두고 각종 칼럼이나 학원 전단지를 **유심히 살펴본 (take a close look)** 사람이라면 ESL이라는 말을 무척이나 자주 들어 보았을 것입니다. 그러나 엄밀히 말해 우리나라에서 ESL이라는 표현을 쓰는 것은 맞지 않습니다. ESL은 "English as a Second Language"의 **약어(abbreviation)**로서 문자 그대로 번역하면 "제2언어로서의 영어"라는 말이 됩니다. 이는 가령 이민을 갔거나 유학 중인 상황에서 해당국의 일원으로 적응하거나 혹은 살아남기 위해 원어민에게 영어를 배우는 상황을 가리키는 것입니다. 즉, ESL이라는 환경 하에서는 교실을 나가서도 상점을 가건 **대중교통(public transportation)**을 이용하건 간에 영어를 쓸 수밖에 없는 환경이 되는 것이지요.

그러므로 교실 밖에서는 영어를 쓸 일이 거의 없는 한국에서의 영어교육을 ESL이라고 칭하는 것은 맞지 않으며 교육 방식 또한 **다르게 접근되어야(should be addressed in a different way)** 함은 재론의 여지가 없다고 봅니다. 우리의 경우는 EFL로 부르는 것이 맞으며 이는 "English as a Foreign Language(외국어로서의 영어)"의 약어입니다. 학원의 무수한 선전 문구에서 ESL이 등장하는 것은 아마도 현지와 같은 환경을 조성해 보겠다는 운영자의 갸륵한(?) 의지 정도로만 받아들여야 하지 않을까 싶습니다.

실명을 거론하기는 곤란하지만(difficult to reveal the real name) 이르면 초등학교 때부터 많이들 시작하는 외국의 저명한 문법책들은 알고 보면 ESL 상황을 가정하고 제작된 것이 많습니다. 영어가 완성되지 않은 상황에서 **언어적 체계(linguistic system)**를 넣으려다보니 원리에 입각한 설명보다는 비슷한 구문의 일정 패턴을 반복시키고 또 이를 실제 상황에서 활용하도록 함으로써 원어민의 **직관(intuition)**에 근접하도록 유도할 수밖에 없기 때문입니다.

학습자의 모국어가 외국어 학습에 부정적인 영향만을 미친다고 생각하는 것은 완전히 잘못된 생각입니다. 이미 모국어를 통한 사고력이 완전히 형성된 중학교 이후에는 오히려 그것을 효과적으로 이용하는 것이 바람직하며 이것은 학문적으로도 "**긍정적 모국어 전이**(positive first language(L1) transfer)"라 는 개념으로 상당 부분 입증된 바이기도 합니다. 우리의 어린 학생들은 장차 살아남기 위해서만 영어를 하는 것이 결코 아닙니다. 그들은 영어라는 **매개체(medium)**를 통하여 협상 테이블의 반대편에 앉아있는 이에게 그들의 **주장을 관철시킴은(push on their demands)** 물론 그들과 올바른 세계관을 공유하며 친구가 되기 위해 영어를 배우는 것입니다. 그것이 소위 진정한 "글로벌" 교육이라고 필자는 생각합니다.

Position and Posture

스무 살이 되던 해, 필자는 **머쓱한 모양새로(in a hesitating manner)** 검도 도장의 신입 관원이 되었습니다. 운동을 해야겠다는 생각도 생각이려니와 검도라는 운동이 주는 그 자세와 멋스러움, 그리고 일종의 **도사(ascetic, guru, whiz)**에 가까워 보이는 관장님의 기품이 한 풋내기 젊은이의 마음을 완전히 사로잡았던 것이지요. 그것도 제일 이른 새벽반으로 하루도 거르지 않고 일부러 2km가 넘는 거리를 뛰어 다녔습니다. 그래야 **수련생(trainee)**이라는 생각이 들었으니까요.

어느 날이었습니다. 그날은 **어쩐 일인지(for no reason)** 다른 때보다 더 빨리 눈이 떠졌습니다. 도장은 아직 문을 열지 않았겠지만 그래도 가서 기다리자는 생각으로 또 **죽도(竹刀)**를 등에 메고 **집을 나섰습니다**

(set out with a bamboo-sword on my back). 이상하게도 도장으로 내려가는 큰 철문이 열려있었습니다. 사무실 안쪽으로 환하게 불이 켜져 있었는데, 세상에나, 그곳에는 무시무시한 아저씨들이 **자욱한 담배 연기 속에서**(in a heavy smoke of cigarettes) 판이 무척 커 보이는 노름을 하고 있었습니다. 그리고 그 가운데 연신 담배 필터를 씹어가며 저의 그 존경스러운 관장님이 자신의 화투 패를 벌겋게 **충혈된 눈으로**(with bloodshot eyes) 뚫어져라 쳐다보고 있는 것이었습니다.

저는 **두말없이 발길을 돌려 집으로 왔습니다**(turned back home without hesitation). 그리고 다시는 그 도장에 나가지 않았습니다. 도복은 어디 갔는지도 모르겠고 그때 쓰던 죽도는 소파나 침대 밑에 뭐가 굴러들어갔을 때 꺼내는 작대기가 되어 버린 지 오래입니다. 지금 생각해 보면 **아무 일도 아닌 것도 같은데**(thinking back, it was no big deal), 왜 그랬나, 가끔 생각이 납니다. 그것은 아마 무도인으로서 그 분께 제가 어느 정도의 절제된 삶을 암묵적으로 기대하고 있었던 것이어서가 아닐까 싶습니다. 그분도 사람이니, 하고 싶은 것, 재미있는 것, 아니면 어떻게 살든지 자기가 **하고 싶은 대로 살 자유가 있다고**(have a right to live as he pleases) 할 수 있습니다. 그러나 자신이 선택한 삶이 허용하는 **최소한의 도덕적 한계의 폭이라는 것이 있는 게 아닐까요**(isn't there a minimum level of conscience or morality)?

칼럼을 꾸준히 읽으신 독자라면 이제는 아시겠지만, 필자는 임용고시 준비생들에게 일주일에 두 번씩 특강을 합니다. 가르치는 이들이지만 정말 저는 그들의 깨끗한 마음씨에 반하고 또 놀랐습니다. 교육공무원이 된다는 것은, **적어도 상식 이하의 행동을 하지 않는 것이라고들 하였습니다**(To be a teacher is to live with a common-sense view). 아무리 갑부 집의 자식이라도 학교 마당에 수입차를 세울 수는 없는 것이고, **명품 가죽 가방을 휘날리고**(showing off a luxurious bag) 다닐 수는 없는 것 아니냐는 겁니다. 왜냐하면 그러한 광경을 보고 실망하는 학생이 단 하나라도 있다면, 그래서 그 아이의 깨끗하고 희망 찬 마음에 조금이라도 상처를 줄 수 있다면 **그것은 적어도 새로이 시작하는 교육자의 자세가 아니라는 겁니다**(it does not go well with the right carriage for a new teacher).

대학 교정에는 교수들의 고가 수입차들이 즐비하고, 신도가 어지간히 모인다는 교회 혹은 사찰의 성직자들은 기사를 둔 최대 배기량의 차를 탑니다. 그래서야 어디 가슴이 메어지는 심정으로 저 뒷 구석에 홀로 앉아 알 수 없는 눈물을 삼키는 가련한 여인을 조금이라도 위로할 수 있겠습니까? 세상에 못 먹을 것 하나도 없지만 믿음이 약한 자가 실족하여 넘어질까 평생 고기를 먹지 않았던 **사도 바울(Apostle Paul)**을 어떻게 가르칠 수 있느냐 말입니다. 자성과 변화를 추구하는 종교계의 지도자들이 고급 양복을 입고, 고급 세단을 타고, 입에 단 것만 먹고, 아무리 조찬 기도회니 뭐니 해봐야 그들이 구국의 결단으로 모였다는 것을 누가 믿어주고 **어느 젊은이가 그 광경을 보고 눈물을 훔치며 마음의 열정에 불을 붙이겠느냐**(who can be fueled with passion by the sight)는 말입니다. 자유, 자본주의 국가에서 우리는 우리가 하고 싶은 대로 무엇이든 할 수 있다고 합니다. 그러나 혹 가르침을 주는 위치에 서야겠다고 마음먹는다면, 먼저 자신이 포기해야 할 것이 무엇인가를 고려해 보는 것이 우선이 아닐까 싶습니다. 설사 억대가 넘는 차가 있더라도 최소한 출근할 때는 타지 말고 집에 세워두는 교육자로서 **일말의 양심(a scrap of conscience)**이라도 있든지요. 저더러 **세상을 모른다고 철이 없다고(for my naive and indiscreet thought)** 비웃으려면 비웃으십시오. 사회지도층이라구요? 천만에요, 당신들은 결코 지도자가 아닙니다.

Approach & Technique

　외국어 교육(foreign language education)은 과거 유럽에서 그들의 식자(educated people, 植字) 언어였던 라틴어 교육이 그 효시(origin)라고 할 수 있습니다. 종교와 정치를 장악하는 지배 계급(ruling class)의 전유물(exclusive right)이었던 그 외국어 교육이 일반 계층에게까지 확대된 것은 두 차례의 세계대전을 거치면서부터입니다. 즉, 교전(war, battle) 상대국의 정보를 감청(wiretapping)이나 스파이 활동(espionage)을 통해 빼내자면 완벽한 현지인 수준의 외국어 구사력이 필요했던 것이지요.

　이후 한 세기가 지난 지금에 와서 보면 그간 참으로 많은 종류의 교수법(teaching method)이 있었습니다. 각기 등장할 때마다 (사실은 지금도 그러하지만) 자신의 교수법이 최고의 것이라고 주장하였을 것은 명약관화한(obvious, clear) 일입니다. 그러나 넓게 놓고 보면 교수법이라고 칭하는 것들은 두 가지 수준으로 분류될 수 있는데(in general the so called teaching methods can be divided into two kinds of levels), 그것은 다름 아닌 '원리(approach)'와 '기술(technique)'의 단계입니다. 흔히들 '접근'이라는 말로 종종 오역(mistranslation, 誤譯)하는 영어 교육학의 어프로치(approach)는 쉽게 말해 '학문적 성격을 띤 이론적 근거'를 이르는 용어입니다. 이에 반해 테크닉(technique)이라는 것은 이론적 근거를 갖추고 있지 않은 교사 개인만의 자질과 상당부분 부합하는 말이 되겠습니다.

　필자가 이렇듯 영어 교육학의 역사까지 들먹거리며 장황한 배경을 설정하는 것은 요즈음 대한민국의 혼란스러운 영어 교육이 바로 그 approach(이론 혹은 원리)와 technique(개인적 기술)의 엇박자에서 비롯되었기 때문입니다. 즉, 이론이 바탕이 된 기술은 대체로 좋은 결과를 예고할 수 있으나 그렇지 않은 개인의 잔재주는 자칫 큰 위험을 가지고 올 수 있는 바, 영어 몇 마디 할 줄 아는 것이 영어 교사의 전부라고 착각하는 뭘 몰라도 너무도 모르는 참말로 어처구니없는 몇몇 **행정가(administrator)**들의 **근시안적 견해가(near-sighted way of thinking)** 온 나라에 이렇듯 큰 혼란을 불러일으키고 만 것입니다. 누구나 영어를 가르칠 수는 있습니다. 그러나 그 누구나의 자기 마음대로 설정한 아무런 잣대 없는 테크닉이 소기의 목적을 설정하지 못하고 오랜 세월동안 표류만을 거듭해왔음은 지난 세기 영어 교육학의 역사가 너무나도 잘 입증해주고 있습니다.

올바르게 선택된 말의 힘(the power of rightly chosen words)! 바로 그것이 역사의 위인들을 위인답게 만든 **선결과제(first consideration)**였음을 누구도 부인할 수는 없을 것입니다. 지금 우리가 혹은 우리의 자녀들이 배우는 언어가 그것이 한국어가 됐든 영어가 됐든 올바른 양식으로 합당한 이론 하에서 체계적으로 **습득(acquisition)** 혹은 **학습(learning)**되고 있는지를 점검해 볼 필요가 있습니다. 물론 그들의 교사가 자신의 갈고닦은 이론과 정확성으로 말미암아 이미 **공인되고 검증되어 있어야 함은(must be authorized and authenticated)** 두말할 나위도 없습니다. 어린 아이들의 가방에 꽂혀 있는 꽤나 폼 나는 원서 몇 권이 그 아이의 실력이 절대로 아님을, 오히려 초라하고 낡은 독본(讀本)임에도 정확한 이론을 배경으로 정성을 들인다면 고작 그것만으로도 분명 불세출의 명인이 나올 수 있음을 결코 잊지 말아야 할 것입니다. 감히 주장합니다! 진정한 배움이란 강사의 잘 계획된 멋지고 재미난 발표를 듣는 것을 넘어 각고의 노력을 통해 그가 얻게 된 마스터로서의 내공을 전수받는 것이라는 사실을……

훌륭한 교사에 대하여

훌륭한 교사는 그의 직업 내에 있는 극적 가능성(the dramatic possibilities in his profession)을 의식적으로든 무의식적으로든 인식하고 있는 사람입니다. 그는 학생들을 위해서 쇼를 벌이는 것을 **위신이 깎이는**(beneath his dignity) 일이라고 생각하지 않습니다. 그래서 그는 가르치는 것과 **불가분의**(inseparable) 관계에 놓이게 됩니다.

모든 훌륭한 교사들은 **학생들뿐만 아니라 자신도 즐겁게 할 수 있는 경험**(the experience of interesting themselves as well as their students)을 잘 알고 있는데, 이것은 곧 그들이 자신들보다 훨씬 위대한 사람의 (유클리드나 셰익스피어나 플라톤이나 또는 자신들에게 힘과 삶을 제공해 준 그 밖의 누구든) 역할을 하고 있다는 사실을 보여 주는 증거가 됩니다.

평범한 교사가 가르치는 학급에서는 언제나 **세 가지 뚜렷이 구별되는 요소**(three distinct and distinguishable elements)가 존재합니다. 교사, 그가 가르치려고 애쓰는 주제, 그리고 학생들이지요. 훌륭한 교사가 가르치는 학급에서는 그러한 구별이 없습니다. 교사가 학생들과 자신을 위해서 설명과 동시에 재창조를 시도 하는 것을 공통으로 소유한다고 여기는 점에서 학생들은 교사와 한마음이 됩니다. **마치 훌륭한 연극을 볼 때**(just as in a good play) 관객이 두 시간 동안 배우도 되고 **극작가(playwright)**도 되는 것처럼 말입니다.

- 김일곤·이광희 공저 "영문독해501+실전문제집" 中

습득(acquisition)이나 학습(learning)이나

요즘 영어 교육은 많은 이들의 관심을 끄는 주제 중의 하나입니다. 초중고등 학생과 학부모는 말할 것도 없고 대학생, 직장인, 유학(준비)생 등 너나할 것 없이 최선의 방법과 최고의 교재를 찾느라 분주합니다. **필자가 여러분에게 꼭 당부 드리고 싶은 것은(What I would like you to know is that ~)** 어떠한 정보가 되었든 그 정보를 제공하는 출처의 전문성을 먼저 확인해 보라는 것입니다. 가만 보면 정작 해당 분야의 권위자들은 곤란한 상황을 피하기 위한 애매한 답변으로 일관하거나 아예 자신의 권위를 의식하여 언급을 하지 않는 사례가 빈번합니다. **무언가를 가졌다는 것은 무언가를 해야만 하는 책임의식이며(To be privileged means to be responsible for something)** 경우에 따라서는 그러한 책임에 따른 희생도 각오해야 할 텐데 말입니다.

영어 교육에서 가장 많이 오해되는 문제 중의 하나는 **문법(grammar)**을 어떻게 다루어야 하느냐는 것입니다. 분명히 말씀드립니다만 모국어가 됐든 외국어가 됐든 **언어교육의 궁극적 목표(the ultimate goal of language education)**는 해당 언어의 문법을 익히는 것입니다. 물론 여기서 말하는 문법이라는 것은 보통 우리가 문법책에서 배우는 '부정사, 동명사, 분사 등'을 위시한 **문장론 혹은 통사론적 지식(syntactical knowledge)**을 포함하여 **음성적(phonetic), 어휘적(lexical), 의미론적(semantical)** 정보 등 해당 언어에 대한 총체적 **언어구조(language structure)** 시스템을 말하는 것입니다. 지금 우리는 한국에 대한 문법, 즉 언어구조를 **무의식적으로(unconsciously)** 완벽하게 체득하여 가지고 있습니다. 그러나 그 개개의 내용을 구체적으로 상술하지는 못합니다. 왜냐하면 문법은 우리에게 본능적으로 자연스럽게 **습득된(acquired)** 것이기 때문입니다. 그렇다면 한국어를 배우려는 외국인은 어떻게 해야 할까요? 그는 **외국어**

로서의 한국어에 관한 구조를 학습해야(should learn the structure of the Korean language as a foreign language) 하는 것입니다. 그러므로 언어교육학에서 **습득(acquisition)**과 **학습(learning)**은 서로 큰 차이를 지니는 것입니다. 지금 여러분이 외국어를 **자연스럽게 습득하고(naturally acquire)** 있는지 아니면 **인위적으로 학습하고(artificially learn)** 있는지 잘 생각해 보시기 바랍니다.

　언어학의 세계적 권위자인 Noam Chomsky 교수에 의하면 사람은 누구나 **언어습득장치(language acquisition device)**를 가지고 태어난다고 합니다. 그 장치를 가지고 어느 곳에 태어나건 현지의 언어를 완벽하게 구사할 수 있게 된다는 것이죠. 그런데 문제는 이 장치의 습득 성능이 나이가 들면서 떨어지기 시작한다는 것입니다. 그러면 어떻게 해야 할까요? 그 해답에 대한 많은 전문가들의 이견이 엇갈립니다만, 아직 남아있는 습득의 능력에다가 이미 확고히 굳어진 자신의 모국어를 통한 언어적 사고 통찰력을 종합적으로 활용해야 한다는 것이 대체적인 중론입니다. 이른바 **긍정적 모국어 전이(positive language transfer)**라고 하는 것이지요. 그런데 이러한 일련의 과정을 잘 계획해서 할 수 있는 교육 기관이 그리 많지 않다는 것이 문제입니다. 학원은 셀 수 없이 생겨나고 책은 홍수처럼 쏟아지는데 정작 알고 보면 알맹이 없이 겉치장만 화려하게 하는 경우가 많다는 것이지요. 아무튼 기억하십시오. 만일 여러분이 **사춘기(puberty)**를 지난 연령이라면 외국어는 상당 부분 습득이 아닌 학습으로 전환되어야 한다는 것을 말입니다.

칼럼으로 배우는 영어 Ⅸ
– Life & Society

궁극적 행복 (ultimate happiness)

멕시코의 한 작은 해안 마을의 부두에(at the pier of a small coastal Mexican village) 어떤 야심차 보이는 사업가가 서 있었습니다. 이내 한 어부를 태운 작은 배가 들어왔습니다. 배 안에는 큰 물고기 몇 마리가 들어 있었지요. 사업가는 어부의 고기를 칭찬하면서 **그것들을 잡느라고 시간이 얼마나 걸렸는지를**(how long it took to catch them) 물어보았습니다.

어부   : 얼마 안 걸렸답니다.
사업가 : 왜 좀 더 바다에 머물며 고기를 더 잡지 않는 거요?
어부   : 이 정도면 **가족들이 당장 필요한 만큼**(my family's immediate needs)은 됩니다.
사업가 : 그러면, 남는 시간에는 무얼 하시오?
어부   : 늦게까지 자고, 고기 잠깐 잡다가, 애들하고 놀아주기도 하고, 아내와 **낮잠**(siesta)도 즐기고, 저녁이 되면 마을로 어

슬렁거리며 나가서 친구들하고 와인도 마시고 기타도 치면서 놉니다. **정말 꽉 짜인 바쁜 삶을 살죠(I have a full and busy life)**.

사업가 : 당신은 물고기 잡는데 더 많은 시간을 보내야 합니다. 그리고 그 수익을 가지고 더 큰 배를 사야지요. **중개업자에게 당신이 잡은 것을 팔지 말고(Instead of selling your catch to a middleman)**, 가공업자에게 직접 팔도록 하세요. 결국에는 당신이 직접 **통조림공장(cannery)**을 열 수도 있을 겁니다.

어부 : 그걸 다 하는 데 얼마나 걸릴까요?

사업가 : 한 15년에서 20년은 걸리겠죠.

어부 : 그리고는 무얼 하죠?

사업가 : 그렇죠. 그 이후가 진짜 목적이지요. **때가 되면(When the time is right)** 회사주식을 팔아서 대단한 부자가 되겠지요. **당신은 수백만 달러를 벌어들일 것입니다(you would make millions)**.

어부 : 수백만 달러를 벌고는 무얼 하죠?

사업가 : 그 다음에는 은퇴를 하는 겁니다. 작은 어촌으로 이사 가서 늦게까지 잠도 자고, 고기도 좀 잡고, 아이들하고 놀이도 하고, 아내와 낮잠도 자고, 저녁이 되면 마을로 어슬렁거리며 가서 친구들하고 와인도 마시고 기타도 치면서 노는 겁니다(???).

많이들 알고 계신 얘기입니다. 받아들이기 나름이겠지만 힘들고 지친 사람들이 그래도 지금 내게 주어진 삶에 잠시라도 감사하는 기회로 삼았으면 합니다. 지혜의 왕 솔로몬(Solomon)의 말 중에 "**있어야 할 시간에 있어야 할 장소(at the right time, in the right place)**에 있으면 **우연히(by** chance) 모두에게 다가오는 기회를 잡을 수 있다"고 했습니다. 저나 독자 여러분이나 삶 가운데 갑갑하고 짜증나는 시간을 피할 순 없겠지만, 그래도 열심히 가다보면 우리에게도 곧 찬스가 오겠지요. 그렇다고 해서 감나무에서 떨어지는 **감(persimmon)**을 기다리라는 말은 아닌 거 알죠?

다수결 원칙 (Majority Rule)

가장 기초적이고 직접적인 민주주의의 개념은 순수한 다수결 원칙의 개념일 것입니다(**The most basic and straightforward notion of democracy is that of simple majority rule**). 이것은 대다수의 국민들이 특정 정책 또는 지도자들에게 자신들의 동의를 부여하는 것을 의미합니다. 국민들은 직접적으로 또는 국민의 이름으로 통치하도록 선출된 대표자들을 통해서 간접적으로 이 다수결 원칙을 실행할 수 있습니다.

하지만 다수결에 의한 민주주의가 언제나 합리적으로 실현가능하고 공정하며, 공평한 정치제도를 가져다주는가에 대한 의문도 많습니다. **예를 들어 다수는 어떤 종교와 정당들을 불법화시킬 결정을 내릴 수 있을까요?(Will a majority, for example, decide to outlaw certain religions or political factions?)** 다수의 결정이라고 해서 커다란 부를 가진 소수의 재산을 뺏을 수 있습니까? 또 다수는 일관되고 분별 있는 방식으로 정부를 운용할 수 있겠습니까? **이러한 것들은 단순한 정의만으로 해답을 줄 수 없는 문제들입니다(These are questions that a simple definition cannot answer).** 또한 이는 고대 그리스 이후 다수결에 의한 민주주의에 대해 계속해서 제기된 바로 그 문제들이기도 합니다.

다수결 원칙과 연관된 문제들이 처음으로 부각된 것은 그리스의 아테네에서였습니다. 고대 아테네의 민주주의는 제비뽑기로 선출된 입법회의의 형태를 띠었습니다(Democracy in ancient Athens took the form of a legislative assembly selected by lot). 이것은 어느 시민이라도 봉사하도록 요청받을 수 있음을 의미하였습니다. 또한 민중 법정이 있었는데 그 구성원들 역시 제비뽑기로 선출되었습니다. 공공 정책의 기본 이슈들은 시민들이 경청하고 참여하며 마지막으로는 그 이슈들을 결정하기 위한 투표를 하는 입법회의에서 토의되었습니다. 아테네에서 다수결 원칙을 옹호하는 자들은 이 제도를 시민들이 정치적 결정을 내리는 과정에서 자신의 목소리를 내도록 허용하는 방편으로 보았던 것입니다. 다수결 원칙이 없다면, 부를 가졌거나 출생신분이 높은 사람들의 손에 권력이 배타적으로 놓이기가 쉽다고 그들은 주장하였습니다. **아테네의 정치제도는 국민을 무작위로 선출함으로써 민중의 일을 합리적인 방식으로 모아서 처리할 수 있음을 보여 주었습니다(the Athenian political system demonstrated that a random selection of the people could assemble and attend to the public's business in a reasonable fashion)**. 어떤 사람들은 또한 아테네식의 민주주의 경험은 법을 만들고 집행하는 데 참여하는 사람들이 법을 더 잘 지키게끔 할 수 있음을 보여 주었다고 주장하기도 하였습니다. **민주주의는 보다 헌신적인 시민을 형성하는 데 기여하였던 것이지요(Democracy made for a more committed citizenry)**.

- 김일곤 · 이광희 공저 "영문독해501+실전문제집" 中

스톡홀름 신드롬(Stockholm Syndrome)

좀 철지난 것이기는 한데요, "마을금고 습격 사건"이라는 영화를 보신 적이 있으신가요? 저는 한 가지 흥미로운 장면이 강하게 인상에 박혀 있는데요, 괴한과 인질 사이에 묘한 동질성이랄까, 아무튼 서로 이해해

주는 것 같은 분위기가 참 신기하게 느껴졌습니다. 알고 봤더니 그걸 "**스톡홀름 신드롬(Stockholm Syndrome)**"이라고 한답니다. 다시 말해 인질이 처한 **위험에도 불구하고(regardless of the danger)** 괴한들에게 우호적 감정을 보이는 **일종의 심리적 반응(a kind of psychological response)**을 이르는 것이지요. **명칭이 암시해주듯(as the name implies)** 스톡홀름 신드롬이라는 말은 1973년 스웨덴의 스톡홀름시에서 있었던 은행 강도사건에서 유래합니다. 당시 사로잡힌 은행원들은 자신들을 인질로 삼고 있었던 그 괴한들을 심지어 6일간의 **고통 속에서 풀려난 이후에도(even after they were freed from their six-day ordeal)** 옹호하려고 했다는 겁니다.

가정 내 학대 등을 소재로 한 시사 고발성 프로그램에서 고통을 당하는 아이들이 가학적인 부모를 오히려 옹호한다든지, 매를 맞고 사는 여인이 남편의 부당한 행동을 인지하고 있지 못한다든지 하는 것도 이 스톡홀름 신드롬과 유사한 경우라고 볼 수 있다고 합니다. 즉, **보다 강력한 학대자에게 강한 애착(strong loyalty to a more powerful abuser)**을 보임으로써 그들과의 **심리적 동일시(psychological identification)**를 시도한다는 것입니다. 주위에서 안타까운 마음에 안전한 장소를 제공해 주어도 그것을 쉽사리 못 받아들이는 것이 다 그런 이유에서 랍니다.

세상에 갓 나온 아이(newborn babies)가 자신과 가장 가까운 강한 존재에게 보이는 **감정적 집착(emotional attachment)**도 본능적으로 자신의 생존을 위탁할 사람을 믿을 수밖에 없는 심리적 요인에 의해 비롯된 것으로서 스톡홀름 신드롬과 **심리분석적인 측면(psychoanalytic aspect)**에서는 유사하다고 할 수 있습니다.

반대로 "리마 신드롬(Lima Syndrome)"이라는 것도 있는데요, 여기서는 거꾸로 **납치 괴한(abductor)**이 **인질(hostage)**과 동질감을 느끼는 것을 말합니다. 1996년 페루의 수도인 리마에 있는 일본 대사관에서 있었던 사건으로부터 이름 붙여진 것인데요, 괴한이 대부분의 인질을 풀어주게 되는데 심지어는 그들의 협상에 있어 결정적인 인질까지도 그냥 놓아주었다고 하네요.

열 길 물속은 알아도 한 길 사람 속은 모른다(Human nature is unfathomable)고 하더니 정말 "내 마음 나도 몰라"라고 노래했던 어느 흘러간 유행가의 가사가 문득 떠오릅니다.

PART 5

상식 - 영어사

[æsk, 애스크]와 [ɑsk, 아스크]

셰익스피어는 영국 영어가 제맛이지

　미국을 단체로 여행 중이었습니다. 브로드웨이(Broadway)를 방문했을 때의 일입니다. 뉴욕을 남북으로 가로지르는, 명칭 그대로 널따란 거리 브로드웨이에는 극장이 많았습니다. 그리고 우리 일행 중에는 가는 곳마다 시종일관 자신의 경륜과 박학다식을 끊임없이 늘어놓는 노년의 신사가 한 분 계셨습니다. 저는 그때 아마 박사과정을 밟으며 토플 강사 생활을 하고 있었을 겁니다. 돌이켜 보면 지금보다 박사과정생일 때가 이런저런 주워들은 지식이 더 많을 때였는데요. 뭐 아무튼요. 근데 셰익스피어 시대의 연극을 관람한 그 노신사 왈, "역시 셰익스피어는 브리티시 악센트(British accent)로 들어야 해. 음…. 좋아. 좋아. 오늘 귀가 제대로 호강하는구먼…." 나머지 일행은 아무 말도 못 하고 그 아저씨의 다채롭고도 놀라운 지식에 그저 눌려야만 했습니다. 더불어 부인 되시는 아주머니께서는 만면에 미소를 띠며 다른 일행 여자분들의 권위를 자연스레 장악하는 듯했습니다. '그게 아닌데….' 그때 저는 정말이지 입이 근질거려 죽는 줄 알았습니다.

변방 콤플렉스

　지금 이 책을 보시는 전국 각 지역의 독자분들, 오해 없이 들으시기를 바랍니다. 순수하게 언어 발달 및 변천의 입장에서 통계적인 자료를 바탕으로 한 내용이라는 사실을 미리 말씀드립니다.

　일반적으로 언어의 변화는 중앙에서부터 시작되어 변방으로 퍼져나갑니다. 변방은 자체적 언어의 변화라는 관점에 있어서 소극적일 수밖에 없습니다. 이를 언어학에서는 '변방 콤플렉스(peripheral complex)'라고 합니다. 그래서 우리나라도 제주도 지방을 보면 고려 시대의 흔적이 보이는 말까지도 남아 있다고 합니다. 가장 언어가 활발하게 변하는 것은 대체로 서울 지역의 젊은 여성들이 사용하는 언어라고 볼 수 있지요. 그들은 또 엄마가 되어 언어 코치로서 훌륭한 임무를 수행하게 될 터이고, 그렇게 언어는 조금씩 변해갈 것입니다.

강대국이면 말도 강대국인가

　미국이 워낙에 강대국이다 보니 우리는 어떤 착각을 하고 살 때가 있습니다. 마치 뉴요커(New Yorker)들의 영어가 가장 아름답게 들리는 것 같은 착각 말이지요. 하지만 잘 생각해 보십시오. 영어의 고향이 어딥니까? 그렇죠. 영국이지요. 미국은 아시다시피 박해를 피해 신대륙으로 이주해 온 청교도(Puritan)들에 의해 세워진 나라잖아요? 자, 그때로 한번 가보시지요. 때는 1620년. 청교도들을 태운 그 유명한 메이플라워(Mayflower)라는 이름의 배가 미국 동부 해안가에 닿습니다. 그들은 이제 막 영국에서 건너 온 사람들입니다. 이 시기에 영국이나 바다 건너 미국이나 사용하는 말은 똑같았을 것입니다. 하지만 언어학적 관점에서 보면 영국은 중앙이고 미국은 변방일 수밖에 없습니다. 그러다 보니 중앙에서 일어나고 있는 언어의 숨 가쁜 변화를 바다 건너 언어적 변방 콤플렉스를 지닌 신대륙의 사람들이 받아들이는 데까지는 오랜 시간이 필요했던 것입니다. 무슨 말이냐구요? 예를 들어 봅시다. ask라는 영어 단어를 등장시켜 보겠습니다. 어떻게 발음하는지 웬만한 학습자들은 영국식과 미국식 모두 익히 들어서 잘 알고 있을 겁니다.

    ask 영국식 [ɑsk, 아스크]
        미국식 [æsk, 애스크]

어떤 일이 있었느냐 하면은요, 메이플라워호가 대서양을 건너던 당시의 발음은 원래 [아스크]가 아니라 [애스크]였습니다. 그런데 이후 언어적으로 변화가 활빌한 중앙 영국은 점차 이 발음이 [아스크]로 변해가는 데 반해, 변방 미국은 계속 [애스크]가 유지되면서 지금까지 오게 된 것이지요. 요즘처럼 인터넷 같은 게 발달했다면 아무래도 본토의 변화를 좀 더 빨리 수용했을지도 모르겠지만 그때는 뭐 그런 게 불가능했으니까요.

    자, 그러면 이제 다시 그 노신사 아저씨 얘기로 돌아오죠. 셰익스피어가 1564년부터 1616년까지의 사람이니까, 필경 이 대문호는 ask라는 단어를 [아스크]가 아닌 [애스크]로 발음했을 겁니다. 다만 브로드웨이의 연극에서는 영국 분위기를 냅답시고 [아스크]로 발음해서 우리를 지역적 착각에 빠뜨리려고 했던 것이죠. 사실 엄격하게 보면 오늘날의 미국식 발음이 셰익스피어 시대의 발음과 비교해 볼 때 오늘날의 영국식 발음보다 더 비슷할 텐데 말이지요.

아는 척은 금물

저는 그 신사분에게 끝까지 아무 말도 하지 않았습니다. 그거 하나 안다고 다른 것까지 아는 것이 아니기에 그냥 넘어갔던 거죠. 하지만 지금까지도 기억에 생생히 남아 있는 것을 보면 저로서는 꽤 인상이 깊었던 일이었나 봅니다. 부디 그 아저씨가 이 글을 보게 되지 않기를 바랍니다.

사실 요즘처럼 지식이 대중화된 시대에는 섣불리 아는 척했다가 망신당하기 십상이지 않습니까? 바로 스마트폰으로 검색을 해대는 통에 저도 요새 동네 사람들이 뭐라도 물어보면 주저 없이 스마트폰을 꺼냅니다. 그게 안전하기 때문이지요.

역사란 무엇인가

말이 거창하네요. 제가 말씀드리고픈 역사는 한국사, 동양사, 서양사 같은 것이 아니라 우리가 공부하는 영어와 관련된 역사입니다. 소위 영어사(英語史)라고 하는 것이지요. 어떤 분야의 권위자로서 이론적 정통성을 논할만할 위치에 계신 분들은 이제껏 이어져 온 내력, 다시 말해 그 분야의 역사에도 정통한 경우가 대부분입니다. 그렇듯 모든 학문에는 역사가 있습니다. 그리고 그 역사는 오히려 미래를 비추어 주는 거울과도 같은 역할을 하며 오늘의 우리를 점검하게 합니다. 그래서 지금 우리에게는 '영어사'가 필요한 것입니다. 이어지는 내용에서는 정말 교양 수준으로 간추리고 간추린 짧은 영어사를 다루어 보도록 하겠습니다. 여러분들의 영어를 한층 더 업그레이드시켜 줄 것입니다. 최소한 브로드웨이의 그 노신사와 같은 촌극은 면하게 해 줄 거라 확신합니다.

간추린 영어사 I
– 인구어, 게르만어, 그리고 영어

영국과 독일은 한 조상을 모신다

혹시 독일어 좀 배워보신 분 있나요? 그러면 아마도 영어하고 독일어하고 거의 똑같은 단어가 제법 있다는 것을 느꼈을지도 모르겠습니다. 한번 보시죠.

독일어	영어	
Bruder	brother	형제
Haus	house	집
Land	land	땅
Freund	friend	친구
singen	sing	노래하다
bringen	bring	가지고 오다
helfen	help	돕다
gut	good	좋은
warm	warm	따뜻한

blind	blind	눈먼
jung	young	젊은

왜 그럴까요? 우연의 일치일까요? 가령 우리말 '많이 [마니]'와 영어의 'many [메니]'처럼 말이죠. 설상가상으로 어떤 사람들은 '채소'를 의미하는 영 단어 'vegetable [베저터블]'이 우리말 '배추 다발'에서 왔고, 교회 가면 많이 들을 수 있는 '할렐루야(hallelujah)'라는 말이 우리말 '헬렐레'에서 왔다고 심각하게 주장하기도 한다고 들었습니다. 우습지요? 이것이야말로 정말 우연의 일치입니다. 하지만 영어와 독일어는 전혀 그렇지 않습니다. 우연의 일치라고 하기에는 영어와 독일어 사이에 겹치는 어휘가 너무 많기 때문입니다. 그러면 어째서 그렇게 겹치는 말들이 많아지게 된 걸까요?

   여러분, 유럽의 게르만(German)족이라고 많이 들어 보셨죠? German이라는 말에서 알 수 있듯 현 독일인들의 조상입니다. 1, 2차 세계대전을 일으킨 세계사의 엄청난 민족이죠. 물론 정말로 머리 좋은 우리 한민족(韓民族)보다 조금 뒤지기는 할 테지만요. 또 앵글로·색슨(Anglo-Saxon)족이라고 들어 보셨죠? 네, 맞습니다. 현 영국인들의 조상입니다. 그런데요, 이 앵글로·색슨족들은 원래부터 섬나라 영국에 살던 민족이 아니었습니다. 그들 역시 원래는 보통 우리에게 유럽 대륙에서 독일인들의 조상으로만 알려진 게르만족의 일부였습니다. 그러다가 바다를 건너 영국으로 가게 되었던 것이죠. 즉, 바다를 건너기 전, 그러니까 시기적으로는 약 BC 1세기경부터 독일인들과 영국인들은 지금의 덴마크 주변에서 게르만족으로 함께 살고 있었던 것이고, 그때 그들이 함께 사용하던 언어가 바로 게르만어(Germanic)입니다. 그러다가 같은 언어였던 것이 지역적으로 떨어지다 보니 점점 방언의 차이로 변모해 갔고, 더 오랜 시간이 흘러 급기야 각기 다른 언어로까지 발전하게 된 것입니다. 그래도 원래 같은 언어에서 출발하다 보니 제법 많은 흔적을 아직도 영어와 독일어의 겹치는 어휘들로 남기면서 말이지요.

비교언어학 – PR도 적당히

지금부터 2100년 전, 녹음기도 없던 시대의 일을 어떻게 알았을까요? 언어학자들, 참 대단하지 않습니까? 현대의 언어들을 재구성해서 역추적의 역추적을 거듭한 결과 놀랍게도 그들은 게르만어보다도 훨씬 이전의 언어인 인구어(Indo-European)까지도 찾아내었습니다. 이는 19세기 언어학의 최대 성과라고 할 수 있는데요, 이렇게 언어 간의 친족 관계를 밝히는 학문을 저희 분야의 사람들은 역사언어학(historical linguistics) 또는 비교언어학(comparative linguistics)이라고 한답니다.

꼭 몇 사람이 이미지를 흐리는 경우가 있던데요. 경쟁이 죽기 살기로 치열하다는 학원가 강사님들, 아무리 그래도 그렇지, 뻥 좀 그만 쳤으면 좋겠습니다. 학력을 슬쩍 가리고 위장하는 것은 뭐 어떻게 보면 짠한 얘기라서 그냥 넘어가기도 하지만, 구태여 자신을 하필이면 이 엄청난 비교언어학의 대가라고 소개하는 건 뭔지. 그게 수능 영어하고 무슨 상관인지. 비교언어학의 대가라는 것은 유럽의 거의 모든 고대 언어에 능통하다는 것인데…. 전문가라고 불릴 만한 사람도 전 세계적으로 볼 때 손으로 꼽힐 정도입니다. 저는 다가올 1학기에(2018년 1월 초판본 집필 당시) 한양대학교에서 교양과 전공으로 각각 '영어의 역사와 문화'와 '영어변천사'라는 과목을 통해 이 내용을 가르치기로 되어 있는데요. 강의 준비가 얼마나 힘든지 모릅니다. 참 나…. 그 강사분 PR도 어느 정도껏 했으면 합니다.

간 김에 좀 더 과거로 갈까나

앞에서 살짝 언급했습니다만, 영어와 독일어의 조상어인 게르만어 훨씬 이전에는 인구어(印歐語)라고 불리는 공통의 말이 있었습니다. 같은 명칭인데요, 인도·유럽(Indo-European)어라는 말을 아마 학창 시절 들어 보았을 겁니다. BC 5000년경의 일이죠. 지역적으로 따지자면 현재의 스페인에서 인도에 이르는 방대한 공간이구요. 문헌상의 기록은 전혀 없고, 오직 언어학자들의 연구로 100퍼센트 재구성(reconstruction)된 것입니다. 이 내용을 그림으로 나타내면 다음과 같습니다.

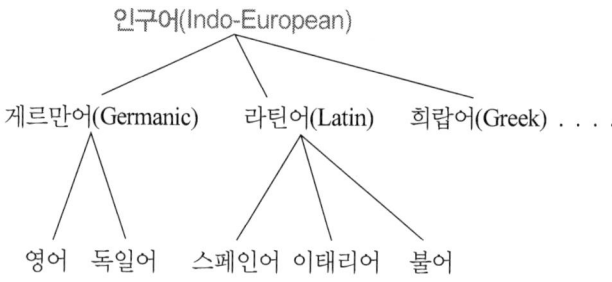

그림을 보면 이렇습니다. 원래 인구어를 사용하던 화자들은 각기 게르만어, 라틴어, 희랍어 등으로 분리되었고, 다시 게르만어는 영어와 독일어 등으로 갈라졌으며, 한편 라틴어는 스페인어, 이태리어, 불어 등으로 갈라지게 된 것입니다. 그래서 보면 유럽 사람들이 서로의 말들을 우리가 배우는 것보다 훨씬 쉽게 잘 배우는 경향이 있는데 그게 다 이러한 연유에서입니다.

그렇다면 현존하는 언어 가운데 인구어의 특징을 가장 많이 간직한 언어는 무엇일까요? 학자들에 의하면 아마도 리투아니아(Lithuania) 지방의 농부 정도라면 타임머신을 타고 미래로 날아 온 7000년 전의 인구어 원어민(native speaker)과 어느 정도는 일상적인 대화를 나눌 수 있을지도 모른다고 합니다.

주인이 바뀌었다

우리는 지금 영어를 중심으로 보는 거니까, 다시 앵글로·색슨으로 돌아오도록 하겠습니다. 그들은 유럽에서 게르만족으로 살다가 바다를 건너 섬나라 영국 땅으로 갔다고 앞서 얘기했는데요. 근데 대체 왜 바다를 건너갔을까요? 또 그 이전에는 영국에 무슨 일이 있었던 걸까요?

영국 땅에 앵글로·색슨을 불러들인 장본인은 켈트(Celt)족이라고 불리는 사람들이었습니다. 그들의 북쪽으로는 현 아일랜드 지빙의 스콧(Soct)족과 현 스코틀랜드 지방의 픽트(Pict)족이 살았는데요, 이들이 남쪽으로 침략하자 유럽의 강력한 게르만족에게 원조를 요청하게 된 것이고, 그들 중 앵글족과 색슨족, 즉 앵글로·색슨이 말하자면 파병을 갔던 것입니다. 그리고 그들은 쉽게 적들을 물리쳐 주었는데, 그만 자신들의 원래 땅으로 돌아가지 않고 영국의 새로운 주인이 되어버린 것입니다. 이에 켈트족은 그 유명한 아서(Arthur)왕을 중심으로 결사의 항전을 벌이지만 결국에는 영토를 상실하고 현재 영국의 콘월(Cornwall)과 웨일스(Wales) 지방으로 밀려나게 되었답니다.

어이없는 얘기 같지만, 세계사란 게 다 그렇지요. 남의 땅을 차지한 앵글로·색슨은 이제 새로운 주인으로서 그들의 언어인 영어를 사용하며 자리를 잡습니다. 사실 잉글랜드(England)라는 명칭도 앵글족의 땅, 즉 Angles' Land라는 말에서 온 것이고, 영어를 뜻하는 English라는 말도 앵글족의 말, 즉 Anglish에서 유래된 것입니다. 좀 복잡했나요?

자, 다음의 영국 지도를 보면서 지금까지의 얘기를 다시 한번 되짚어 보시죠.

간추린 영어사 Ⅱ
– 고대영어 시대

고대영어의 시작

앵글로·색슨이 영국의 새 주인이 되고, 그들이 새로운 정착지에서 사용했던 언어를 영어라고 했습니다. 이른바 고대영어(Old English) 시대가 시작되는 것입니다. 시기적으로는 딱 특정해서 450년부터라고 할 수 있는데, 이전 주인이었던 켈트족이 유럽에 있던 앵글로·색슨에게 군사적 지원을 요청해서 자국으로 불러들인 것이 449년이기 때문입니다. 그런데요, 이 고대영어라는 것은 웬만한 영미인(英美人)들에게는 사실상 외국어나 마찬가지입니다. 또 한 가지 흥미로운 사실은 고대영어가 영어보다는 독일어에 더 가깝다는 사실입니다. 원래 두 언어는 게르만어를 공통 조상어로 가지고 있다고 앞에서 말했지요? 그런데 영어는 시간이 흐르며 변화를 많이 겪은 반면, 독일어는 그에 비해 변화를 많이 겪지 않아서 게르만어의 형태를 영어보다 많이 간직하고 있는 까닭입니다. 게다가 지금으로부터 1500년 전의 말이잖아요. 그때 우리나라는 어떤 상태였는지 갑자기 궁금해져서 저도 한국사 연표를 한번 찾아보았습니다.

- 455년 백제 개로왕 즉위
- 458년 신라 자비 마립간 즉위
- 475년 백제 수도가 고구려군에 함락되고 개로왕이 피살됨. 백제 문주왕이 즉위하고 웅진으로 천도
- 477년 백제 삼근왕 즉위
- 479년 백제 동성왕 즉위
- 479년 신라 소지 마립간 즉위
- 491년 고구려 문자명왕 즉위

아이고, 삼국시대이군요. '나랏말쏘미'로 시작하는 『훈민정음』을 위대하고 위대하신 세종대왕님께서 창제하신 해가 1443년이니, 그보다 거의 천 년 전의 고구려어, 신라어, 백제어가 어땠을지는 상상도 안 됩니다. 아무튼 이건 제 분야가 아니니 얼른 넘어가겠습니다.

바이킹의 침입과 스칸디나비아어

외국어가 다 어렵지만, 특히 영어라는 언어가 더더군다나 만만치 않게 어려운 언어가 된 것은 수많은 외세의 침략을 겪은 결과 많은 변화를 겪었기 때문입니다. 고대영어가 시작되고 한동안 잘 사는가 싶더니 8세기부터는 바이킹(Viking)들이 침략해 오기 시작합니다. 원래 바이킹이라는 말은 해안가에 사는 사람들(creek-dweller)이라는 뜻으로 주로 덴마크와 노르웨이 지방의 스칸디나비아 해적들을 가리킵니다. 10세기까지 당시 유럽의 북서부 해안을 초토화했지요. 바다 건너 영국도 예외는 아니었습니다. 1016년에는 급기야 런던이 함락되기에 이르렀으니까요. 이와 더불어 스칸디나비아어가 물밀듯이 밀려 들어오기 시작합니다. 근데요,

여기서 잠깐. 앵글로·색슨도 원래 유럽에서 온 게르만인들이라는 사실 기억나시나요? 즉, 덴마크 지방의 바이킹과 앵글로·색슨은 과거 유럽에서 이웃해서 살던 민족들이었던 것입니다. 학자들에 의하면 그들은 혈통적으로 같은 민족이라는 의식이 대단히 강했다고 합니다. 대학자 예스퍼슨(Jespersen)에 따르면 그들은 '형제들처럼 싸웠다가는 또 형제들처럼 사이좋게 살았다'고 합니다. 글쎄요, 뭐 그건 그렇다 치고, 아무튼 그래서 스칸디나비아어가 영어에 미친 영향은 실로 어마어마합니다. 다음에 제시하는 일부의 어휘들은 모두 그때 바이킹들에 의해 영국으로 차용(borrowing)된 스칸디나비아 계통의 어휘들이랍니다. 아마 깜짝 놀라실 겁니다.

- a. 명사   bread, husband, score, sky, window
- b. **대명사** **she, they**
- c. 형용사   happy, odd, ugly, wrong
- d. 동사   call, cut, get, take, want

우리나라 역시 일제 강점기 동안 많은 일본말이 유입되었습니다만, 그래도 위에서 보듯 대명사를 차용하지는 않았습니다. 차용이라는 게 부족한 어휘를 들여오는 과정이니만큼 주로 학문적인 고급 어휘에 국한되는 것이 보통입니다. 그런데 대명사를 들여오다니 이건 엄청난 일이지요. 그만큼 바이킹과 앵글로·색슨은 동족 의식을 지닌 채 밀접하게 붙어 살았나 봅니다. 또 동사들을 한번 보세요. 특히나 get 같은 경우는 원래부터 영어라고 생각하셨던 분들이 꽤 많았을 겁니다. 영어 사전을 한번 펴보세요. get을 이용한 표현이 얼마나 많습니까? 오죽하면 좀 전에도 언급한 예스퍼슨(Jespersen)이 말하길 '영국인들은 get 동사 없이는 아침에 일어날 수도 없으며, 심지어는 죽거나 병들 수도 없다'라고 했을까요. 근데 그게 스칸디나비아에서 건너온 말이라니 참 놀랍기만 할 따름입니다.

베어울프(Beowulf)

이 명칭을 들어 보신 분들이 꽤 되리라 생각합니다. 어디 온라인 게임에도 나오는 거 같았고, 당연히 영화로도 제작이 되었었지요. 사전을 찾아보았더니 다음과 같이 나와 있네요. 그만큼 Beowulf라는 말이 영어와 영어 문화권을 관심에 두어야 하는 이들에게는 상식적으로나 교양적으로나 알아 두어야 할 만할 내용이라는 것이죠.

> a. 8세기 초기의 영문학 최초의 두운(頭韻) 서사시
> (뉴에이스 영한사전)
> b. 8세기 초의 고대영어 서사시; 그 주인공
> (에센스 영한사전)

아까 덴마크의 바이킹과 앵글로·색슨이 매우 친했다고 했었지요? 오죽하면 심지어 대명사까지도 차용했다고 했잖아요. 그래서인지는 몰라도 덴마크 Hrothgar왕에 대한 전설을 담은 고대영어의 대표적 작품인 이 Beowulf는 희한하게도 덴마크가 아니라 영국에 더 잘 보존되어 있습니다. 그 대략의 내용은 아래와 같습니다. 너무 싱겁나요?

> 베어울프라는 왕자가 괴물을 물리치고 왕위를 이어받아 50년간 태평성대를 누린 후 마지막으로 용을 이기고 자신도 치명상을 입어 죽는다.

굳이 분석하자면 부족과 족장에게 충성을 바치고 적에게는 확실한 응징을 한다는 게르만족의 계명을 잘 보여 주고 있다고 할 수 있지요. 다음은 원문으로 된 베어울프의 첫 부분입니다. 무슨 말인지 도통 알 수가 없을 겁니다. 불행인지 다행인지 다음 학기 '영어변천사'를 수강하는 저의 학생들은 전공자로서 최소한 흉내라도 내기 위해 이 부분을 암기하게 될 겁니다.

> Hwæt! Wē Gār-Dena in gēardagum,
> þēodcyninga þrym gefrūnon,
> hū ðā æþelingas ellen fremedon.
> Oft Scyld Scēfing sceaþena þrēatum,
> monegum mǣgþum, meodosetla oftēah,
> egsode eorlas. Syððan ǣrest wearð
> fēasceaft funden, hē þæs frōfre gebād,
> wēox under wolcnum, weorðmyndum þāh,
> oþþæt him ǣghwylc þāra ymbsittendra
> ofer hronrāde hȳran scolde,
> gomban gyldan. Þæt wæs gōd cyning!
> Ðæm eafera wæs æfter cenned,
> geong in geardum, þone god sende
> folce tō frōfre; fyrenðearfe ongeat,

인터넷을 잘 찾아보면 이것을 읽어 주는 유명한 교수님을 만날 수 있는데, 한번 들어 보세요. 장난이 아닐걸요. 물론 영국인도 미국인도 무슨 소린지 전혀 모릅니다. 음원을 못 찾겠으면 저한테 개인적으로라도 연락하세요. 방법을 알려 드리겠습니다. 장난삼아서라도 한 두세 줄 외워 두시면 어디 가서 아는 척하며 써먹을 데가 제법 있을걸요. 기업체에서 해외 영업을 하는 제 친구는 한두 줄 외우고 바이어한테 극찬을 들었다고 하더군요. 갑자기 푸른 눈의 그 바이어가 자신을 존경의 눈으로 바라보더랍니다. 왜, 그 사람들, 묘한 특성 있잖아요. 자신보다 낫다고 생각되면 바로 젠틀맨으로 돌변하는 그런 거요. 자기네 나라 고대 국어에 관심을 가져주니 기분이 꽤나 좋았나 봅니다. 위 내용 중 첫 세 줄만 현대영어로 바꾸면 다음과 같습니다.

Listen! We have heard of the might of the Spear-Danes,
in the old days, the kings of the tribes,
how those nobles performed courageous deeds.
들어라! 우리는 옛날 창을 든 덴마크 사람들에 대해 들었다,
그 시절, 부족의 왕들에 대하여,
그 귀족들이 어떻게 용감한 행위를 했는지에 대해.

간추린 영어사 Ⅲ
- 중세영어 시대

노르만인들의 침략과 중세영어의 시작

그래도 역사상 영어에 가장 큰 영향을 미친 사건을 꼽으라면 단연 1066년 일어났던 노르만인들의 침략을 들 수 있습니다. 영어로는 이를 Norman Conquest라고 하는데요, 말을 보면 대충 짐작할 수 있듯이 Norman이라는 말은 '북쪽에 사는 사람(Northman)'이라고 하는 뜻입니다. 이들 역시 앵글로색슨이 영국으로 오기 전, 앞에서 언급한 또 다른 해적들인 바이킹과 함께 대륙에서는 이웃해 살던 스칸디나비아 출신의 북유럽 종족입니다. 혹시 세계사 시간에 '노르망디 상륙 작전'이라고 들어보신 적 없나요? 제 2차 세계대전을 승리로 이끄는 데 결정적인 계기가 된 연합군의 북유럽 상륙 작전 말이에요. 바로 그 노르망디 지방을 말하는 겁니다. 근데 이 친구들이 유럽에서 무지하게 골칫거리였거든요. Norman이라는 말을 사전에서 찾아보니까 이렇게 나와 있습니다. 일반인들을 위한 영어 사전에 등장할 정도니 큰 사건은 큰 사건인 셈이지요.

a. 노르만 사람(10세기경 북프랑스 등에 침입한 스칸디나비아 출신의 북유럽 종족)

(Essence 영한사전)

b. 노르만인 (1) 10세기에 Normandy를 정복한 고대 스칸디나비아인 (Northman) (2) 1066년 영국을 정복한 노르만인과 프랑스인의 혼혈 민족

(Newace 영한사전)

그 당시 세계의 맹주는 프랑스였는데 하도 이 친구들이 약탈을 일삼으니까 프랑스의 왕은 이들에게 노르망디 땅을 떼어 주고 그 우두머리에게 노르망디 공작(Duke of Normandy)이라는 작위를 하사해서 살살 달래주었던 거죠. 이게 911년의 일입니다. 큰 나라가 조심스럽게 대우해주니까 기분이 좋았나봅니다. 그들은 이를 받아들여 바로 굽실거리면서 제후국처럼 굴었다고 합니다. 줏대가 없는 건지 어쩐 건지 심지어는 자기들의 말을 버리고 프랑스어를 사용하기 시작했는데요, 이를 프랑스 본토의 불어를 지칭하는 중앙 프랑스어(Central French)와 구별해서 노르만 프랑스어(Norman French)라고 하는 겁니다. 이 일련의 북유럽에서 일어났던 사건들이 영어를 대대적으로 확 바꾸어 놓을지 누군들 상상이나 했겠습니까? 이제 불어를 사용하게 된 이 해적들의 시선은 영국으로 향하기 시작했고, 급기야 1066년 역사상 잊을 수 없는 대 침략이 일어났던 것입니다. 이때가 바로 고대영어가 막을 내리고 중세영어(Middle English)로 들어서는 순간입니다.

영어가 사라지다

영국은 노르만인들에 의해 완전히 함락을 당했습니다. 그리고 국가의 공용어는 영어에서 프랑스어로 바뀌었습니다. 우리 민족도 비슷한 일을 30년이 넘는 시간 동안 겪은 터라 이 부분을 대하는 마음이 글쎄요, 좋지는 않더라구요. 근데 어떻게 보면 앵글로색슨도 원래 남의 땅을 빼앗아 살던 사람들이잖아요. 그러니 유구한 역사를 가진 우리의 아픔하고 비교하는 게 무리가 있을 것 같기도 하구요. 아무튼, 이제 영국 땅에서 영어는 공식적으로 사라지게 됩니다. 이후 오랜 세월이 흘러 1363년 영어가 공용어로 다시 지정 될 때까지 300년간 영어는 지하의 언어였습니다. 그런데요, 민초(民草)들의 힘이라는 게 어마어마한 것이거든요. 그들은 영어를 다시 부활시키게 됩니다. 비록 엄청나게 상하고 갈기갈기 찢겨 이전 고대영어의 모습과는 확연히 달라졌지만요. 또 사실 우리들의 관점에서 보면 현대영어에 한층 더 다가선 것이기는 하지만 말입니다.

어원, 알고 시작할 것!

영어 어휘를 공부하다보면 라틴어 계통의 어원이라는 말을 참 많이들 하고 또 많이들 듣게 됩니다. 그냥 그렇구나하고 알고 있는 경우가 대부분이더군요. 근데 우리는 이제 왜 그렇게도 영어에는 라틴어 계통의 어휘가 많은지 어느 정도 알고 말할 수 있을 것 같습니다.

잠시 앞에서 했던 인구어(Indo-European) 얘기를 꺼내 볼까요? BC 5000년 경 인도에서 스페인에 걸치는 광대한 지역의 공통 조상 언어 말이지요. BC 4세기경 이 인구어족은 서로 흩어지기 시작합니다. 그래서 그림으로도 한 번 보았지만 게르만어, 라틴어, 희랍어 등으로 분파되게 되었지요. 자, 이때 바로 라틴어가 나옵니다. 지금은 이 라틴어마저도 소멸되어 사어(dead language)가 되기는 했지만, 라틴어의 후예들은 계속 갈라져서 현재에도 프랑스어, 이태리어, 스페인어, 포르투갈어, 루마니아어 등의 이른바 로망스 언어(Romance language)라는 이름으로 그 명맥을 계승하고 있습니다.

이런 사실을 안다면 1066년 침공으로 인한 300년간의 Norman French, 즉 라틴어의 자손 언어인 프랑스어의 유입은 곧 라틴어의 대대적 유입을 뜻한다는 것과 일맥상통함을 이해하실 수 있을 것입니다. 사실 영국 섬과 라틴어의 접촉은 이때뿐만이 아니었습니다. 고대영어 이전에도, 다시 말해 앵글로색슨이 영국으로 오기 이전에도 영국 땅에는 라틴어가 판을 쳤습니다. 로마의 황제 줄리어스 시저(Julius Caesar)는 BC 55년과 54년에 걸쳐 두 차례나 영국으로 군대를 보내어 정찰을 하도록 지시했고, AD 47년에는 결국 영국 섬이 로마제국의 영향권 아래에 들어가게 됩니다. 서양사에서는 미개한 영국이 수준 높은 로마의 문화를 향유하는 축복의 기간이었다고 말은 합니다만, 어쨌든 410년 로마의 군대가 본국 수비를 위해 철수할 때까지 약 350년간 라틴어와의 접촉은 계속 있었지요. 449년 앵글로색슨이 들어와서 영국 땅의 말이 영어라는 언어로 바뀌기는 했지만, 이 로마 지배의 시기 동안 있었던 라틴어의 흔적은 아직도 영어에 남아 있습니다. 왜 영국 지명에 보면 랭커스터(Lancaster), 맨체스터(Manchester), 레스터(Leicester)와 같은 말에서 -caster, -chester, -cester 등이 보이잖아요? 이게 알고 보면 모두 'camp'를 의미하는 라틴어 castra에서 온 것이랍니다. 이래저래 영국 땅에는 고대영어 이전 로마에 의한 오리지널 라틴어가 됐든, 1066년 Norman Conquest 이후 중세영어 기간 동안의 프랑스어를 통해 유입된 라틴어가 됐던, 좌우간 라틴어가 많이 들어오게 되었던 것입니다. 혹시 이 책을 보시는 분들 가운데 영어 선생님들 계세요? 소견입니다만, 이런 얘기를 들려주고 시작하면, 아이들이 어휘 공부에 훨씬 더 흥미를 가지지 않을까 싶습니다.

캔터베리 이야기(The Canterbury Tales)

고대영어의 대표적 작품으로 Beowulf를 이미 소개해드렸습니다. 우리 각 시기별로 하나씩은 들어보고 가자구요. 중세영어의 대표적 작품은 단연 캔터베리 이야기(The Canterbury Tales)입니다. 중세 설화문학의 모든 장르가 집약된 제프리 초서(Geoffrey Chaucer, 1340-1400)의 고전이지요. 대략의 내용은 다음과 같습니다.

> 어느 해 봄인가, 캔터베리 대성당을 참배하려고 온 순례자들은 런던의 어느 숙소에 묵게 되었다. 마침 그들 사이에서 제안이 나오게 되었는데, 숙소의 주인을 포함해서 참배 행렬에 참가하는 순례자들은 재미있는 이야기를 두 가지씩, 각각 갈 때와 올 때 하도록 하고, 이 중에서 가장 재미있게 이야기를 한 사람에게 나머지가 대접을 해주자는 것이었다. 그렇게 해서 첫 번째로 뽑힌 기사부터 이야기를 시작하게 되고 참배자들이 돌아가며 갖가지 이야기를 들려주게 된다.

역시 조금 맛만 느껴 보도록 하겠습니다. 다음은 프롤로그(prologue) 중의 일부입니다. 이 역시 음원을 들으면 재미있습니다. 고대영어에 비해 그래도 간간히 아는 말들이 보여서 추리력이 정말 좋다면 어쩌면 간신히 읽을 수 있을 것도 같습니다. 역시 현대영어 버전을 함께 제시해 드리겠습니다.

Whan that Aprill with his shoures sote
The droghte of March hath perced to the roote,
And bathed every veyne in swich licour
Of which vertu engendered is the flour;
Whan Zephirus eek with his sweete breeth
Inspired hath in every holt and heeth
The tendre croppes, and the yonge sonne
Hath in the Ram his halve cours yronne,
And smale foweles maken melodye,
That slepen al the nyght with open yĕ
(So priketh hem nature in hir corages),—
Thanne longen folk to goon on pilgrimages,
And palmeres for to seken straunge strondes,
To ferne halwes, kowthe in sondry londes;
And specially from every shires ende
Of Engelond to Caunterbury they wende,
The holy blisful martir for to seke,
That hem hath holpen whan that they were seeke.

[현대영어]

When April with its gentle showers has pierced the March drought to the root and bathed every plant in the moisture which will hasten the flowering; when Zephyrus with his sweet breath has stirred the new shoots in every wood and field, and the young sun has run its half-course in the Ram, and small birds sing melodiously, so touched in their hearts by Nature that they sleep all night with open eyes — then folks long to go on pilgrimages, and palmers to visit foreign shores and distant shrines, known in various lands; and especially from every shire's end of England they travel to Canterbury, to seek the holy blessed martyr who helped them when they were sick.

간추린 영어사 Ⅳ
- 현대영어 시대

르네상스와 현대영어의 시작

사람이 중심이다! 고전으로 돌아가자! 이른바 인본주의(humanism)와 고전주의(classicism)를 표방하는 문예부흥의 슬로건이었습니다. 우리도 보통 르네상스(Renaissance)라고 하는 말로 익히 들어 잘 알고 있습니다. 오죽하면 무엇인가를 다시 부활해서 웅장하게 재건할 때 르네상스라는 말을 보통명사화해서 많이 갖다 붙이기도 하니까요. 이태리를 중심으로 14세기에 시작된 르네상스가 영국으로까지 번지게 된 것은 한참의 시간이 지난 16세기가 되어서입니다. 후일 '해가 지지 않는 나라'로까지 불리며 어마어마한 식민지를 개척한 대국이 되었지만 당시만 하더라도 영국은 세계사의 고작 작은 변방 국가에 불과했기 때문입니다. 아무튼 이 시기는 중세가 근대로 옮아오는 과도기적인 때였습니다. 세계사적으로도 굵직한 사건들이 많이 일어났지요. 그 중 대표적인 몇 가지를 언급하면 다음과 같습니다.

- 콜럼버스(Columbus)의 신대륙 발견

- 지리상 발견: 바스코 다 가마(Vasco da Gama), 마젤란(Magellan)
- 코페르니쿠스(Copernicus)의 지동설
- 마틴 루터(Martin Luther)의 종교개혁

지금 우리가 알아보고 있는 영어사적으로 볼 때, 현대영어(Modern English)라고 불리는 시기는 이러한 역사적 대변혁, 그 가운데에서도 르네상스와 맞물리어 태동되기 시작합니다. 뒤에서 살펴보겠지만, 그 유명한 셰익스피어(Shakespeare)가 등장한 것이 바로 이 시기입니다. 연도로는 특정해서 1500년 이후의 시기를 말하는데요, 아무리 현대영어라고 해도 지금으로부터 무려 500년 전의 이야기입니다. 그래서 학자들은 전기 현대영어와 후기 현대영어를 나누어서 보기도 합니다만 지금 우리가 사용하는 영어와 많이 가까워졌다는 점에서 그냥 묶어 보면서 우리에게 소용 닿을 만한 얘기들로만 꾸며 가기로 하겠습니다.

debt에서 철자 b가 묵음인 까닭

'빚'을 의미하는 영단어 debt의 발음은 [debt, 데브트]가 아니라 [det, 데트]이다. 과거 영어 선생님들이 목에 힘을 주어 가며 강조하셨던 내신 영어 빈출 내용입니다. 저도 중학교 때 이 내용으로 시험을 봤던 기억이 아직도 납니다. 혹시 다음과 같은 문제 기억 안 나세요?

다음 중 밑줄 친 철자 b의 소리가 나머지 셋과 다른 것은?
a. de*b*t   b. *b*rother   c. dum*b*   d. dou*b*t

정답: b (나머지는 묵음)

저야 학교와 학원에서 직접, 간접으로 교원임용시험을 지도하며 늘 들여다보는 사람입니다만, 그때의 일을 지금에 와서 보면 아련한 추억이 떠오르기도 하네요. 사실 위의 문제는 성립 자체가 안 되는 문제입니다. 문제에서 보면 철자 b의 '소리'라고 했는데 그러면 철자 b가 나타낼 수 있는 여러 가지 물리적으로 다른 소리의 버전들을 (전문적으로는 이를 '이음(allophone)'이라고 합니다만) 물었어야 했습니다. 그런데 소리가 나지 않는 b의 소리를 물었으니 논리상 궤변이 되어버리고 말기 때문입니다. 이런 일이 어디 한두 번이었겠습니까? 스승의 은혜가 하늘과 같은 것은 절대 부인할 수 없는 것이겠지만, 이때 말하는 스승이란 이미 교과 내용학적으로 철저한 전문가가 되어 우리의 성장을 도울 수 있는 지식적으로 검증된 존재라는 기본적 전제 하에서만 성립될 수 있는 얘기라고 생각합니다. 그래서 유행어처럼 어디선가 간간이 들려오는 '니 아버지 뭐하시노'를 접하며 우리는 그리도 웃고 또 한편으로는 씁쓸해했나 봅니다.

자, 다시 debt로 돌아와 봅시다. 어째서 b가 묵음(silent)일까요? 그것은 다름 아닌 바로 르네상스의 영향이기 때문입니다. 르네상스가 무엇이라 했습니까? 고전의 부활을 의미하는 것이지 않았습니까? 여기서 말하는 고전이란 다른 게 아니고 라틴(Latin) 고전을 말하는 것입니다. 우리 앞에서 중세영어를 보았지요? 그때는 이 단어의 철자가 debt가 아니라 b가 없는 det였습니다. 그러니 당연히 있지도 않은 b의 소리를 낼 리가 만무하지요. 그런데 이 말의 라틴어 원어는 dēbitum [데비툼] 이거든요. 여기서는 b가 발음되고 있어요. 사람들은 고전으로 돌아가자는 문예부흥의 소용돌이 속에서 이 단어에 다시 b를 첨가시켰던 것입니다. 그렇지만 발음까지 바꾸지는 못해서 우리가 묵음, 묵음 하는 그 얘기가 여기서 만들어지게 된 것입니다. 하나 더 볼까요. '의심'을 의미하는 영단어 doubt도 [daubt, 다우브트]가 아니라 [daut, 다우트]로 b 소리가 안 나지요?

이 말 역시 르네상스 이전, 즉 중세영어 시기에는 b 없이 doute로 쓰던 것을 이 말에 해당하는 라틴어 원어 dubitāre를 참조해 다시 b를 첨가하게 된 것이죠. 하지만 역시 발음에서는 b를 살리지 못한 것이구요. 문예부흥으로 인한 이와 같은 라틴어 원전이 영어에 미치는 영향을 유식한 말로는 '어원적 재철자(etymological respelling)'라고 한답니다.

윌리엄 셰익스피어(William Shakespeare)

뭐니 뭐니 해도 현대영어, 즉 문예부흥 시대의 대표적인 작가는 단연코 셰익스피어라고 할 수 있지요. 여기에 이견을 다는 사람은 아마 아무도 없으리라 생각합니다. 제가 잘하는 거 있잖아요. 일반인들의 사전을 또 보았습니다. 이번에는 미국인들이 많이 사용하는 헤리티지 사전(American Heritage Dictionary)을 한번 들추어 봤는데요, 이렇게 나와 있네요. 제가 번역을 달아 놓겠지만 스스로의 힘으로 한번 읽어 보시기 바랍니다.

> **William Shakespeare** (1564-1616) English playwright and poet whose body of works is considered the greatest in English literature. His plays, many of which were performed at the Globe Theatre in London, include historical works, such as *Richard II*, comedies, including *Much Ado about Nothing* and *As You Like It*, and tragedies, such as *Hamlet*, *Othello*, and *King Lear*. He also composed 154 sonnets. The earliest collected edition of his plays, the First Folio, contained 36 plays and was published posthumously (1623).

윌리엄 셰익스피어(1564-1616) 영국의 극작가이자 시인으로서, 그의 작품은 영문학에서 가장 위대한 것으로 간주된다. 그의 연극은 대부분 런던의 글로브 극장에서 상연되었으며, 여기에는 Richard II와 같은 역사적 작품, Much Ado about Nothing, As You Like It을 포함한 희극, 그리고 Hamlet, Othello와 King Lear와 같은 비극을 포함한다. 그는 또한 154편의 소네트(14행의 단시)를 지었다. 그의 초기 작품을 모은 the First Folio는 36편의 희곡을 수록하고 있으며 1623년 사후 출간되었다.

이게 말이지요, 일반인들이 보는 사전입니다. 영문학 전문 사전이 아니라요. 구체적인 작품명까지 거론하며 자세하게 설명을 한 것 같지만, 그래도 그의 업적에 비하면 진짜 아는 척에 불과한 정도입니다. 그러니 여러분도 작품 몇 개 정도는 슬쩍 머리에 넣어두시기 바랍니다.

셰익스피어는 과도기적인 언어가 가지는 그 유연함을 최대한 활용한 그야말로 천재였습니다. '영어는 절대로 문학의 언어가 될 수 없다'고 오만방자하게 굴던 유럽의 로망스 언어 화자들에게 셰익스피어가 제대로 강펀치를 날린 셈이지요. McKnight라는 학자는 오죽하면 셰익스피어를 들어 다음과 같이 표현하기도 했습니다.

It was a plastic medium ready for the modeling hand of genius.
그것(당시의 영어)은 천재의 손에 쥐어진 점토와도 같았다.

실로 그는 언어를 이용해서 여러 가지 실험을 하는 데 있어 엄청난 대담성을 보여 주었습니다. 권위자와 대가가 된다는 것은 스스로가 새로운 길을 개척하는 게 아니겠습니까? 그가 영어에 쏟아 부은 실험 정신은 지금 우리가 사용하는 많은 어휘에 고스란히 남아 있습니다. 세계에서 가장 권위 있는 사전 중의 하나인 옥스퍼드 사전(Oxford English Dictionary, OED)은 그가 최초로 사용한 말들 가운데 다음과 같은 것을 우리에게 소개하고 있습니다.

- frugal (검소한)
- accommodation (숙박, 편의)
- assassination (암살)
- apostrophe (소유격 부호)

많은 천재들은 당대에 자신을 알아봐주는 사람을 만나지 못하고 불운하게 살다 나중에 가서야 인정을 받는 사례가 많이 있습니다만, 셰익스피어는 당대에도 흥행을 이어가는 성공한 작가였다는 점에서 참 행운이 있는 천재 같다는 생각이 듭니다. 거기다 '영국하고도 안 바꿀 작가'라고까지 하니 참 대단하긴 대단하지요. 한 명이 이렇게까지 역사를 바꿀 수 있나 싶네요. 그렇지만 사실 따지고 보면 인정할 것은 인정해야 돼요. 솔직히 봅시다. 언제나 역사의 대전환점은 어디선가 불현 듯 나타난 것 같은 위대한 최초의 한 명으로부터 출발하기 시작했으니까요. 위대한 지도자 하나가 나라를 구하기도 하고, 어리석은 지도자 하나 때문에 온 나라가 구렁텅이에 빠지기도 하잖아요.

저는 학부생 때 셰익스피어를 열심히 읽었던 기억이 납니다. 물론 시험을 봐야 했으니까요. 그러다가 30대 중반쯤 우연히 서재 귀퉁이에 있는 그의 책들을 다시 보게 되었는데, 저는 문학 전공이 아니라서 조심스럽기는 합니다만, 그의 위대함이란 '시대를 초월한 내면의 이야기'라서가 아닐까 하는 생각을 합니다. 보다 보면, '어, 이거 내 얘기고 우리 얘긴데'라는 생각이 종종 들거든요. 어쨌든 비전문가로서 소개만 해드리고 빠질까 합니다. 언제 서점에 가시거들랑 한 권씩 사서 읽어보시길 권해드리면서요.

앞에서와 마찬가지로 현대영어 시기의 대표적 작가, 아니 전 시대를 통틀어 영문학의 대표라고 불리는 셰익스피어의 작품 중 극히 일부를 감상하시겠습니다. 보시면 알겠지만 우리가 보는 영어와 거의 같습니다.

> King Henry:
> Canst thou, O partial sleep, give thy repose
> To the wet sea-boy in an hour so rude,
> And in the calmest and most stillest night,
> With all appliances and means to boot,
> Deny it to a king? Then happy low, lie down!
> ***Uneasy lies the head that wears a crown.***
>   (Henry IV 중 Part 2, Act 3, scene 1, 26-31)

특히 마지막 줄의 내용은 많이들 인용되는 부분인데요, 권력에는 막중한 책임이 따른다며 '왕관을 쓰려는 자 그 무게를 견뎌라'와 같은 명언으로 대부분 알고 있더라구요. 보니까 어떤 드라마에서도 인용이 되었던데요, 제가 보기에는 번역이 조금 잘못 된 것 같습니다. 지금 이거는요, 정상적이지 않은 방법으로 왕위를 찬탈한 헨리 4세의 잠 못 이루는 정말이지 괴로운 밤을 묘사하는 장면입니다. 앞부분의 내용에 보면 '돛대에 올라가 있는 소년도 하물며 쉽게 조는데…'라고 되어 있잖아요. '모든 것을 갖춘 나는 왜 잠을 이루지 못하는가' 뭐 이정도로 번역할 수 있을 것 같습니다.

지금까지 I, II, III, IV 편으로 나누어 영어의 역사를 간추려 보았습니다. 이후에도 영어사와 관련하여 영국에는 청교도혁명(Puritan Revolution), 왕정복고(Restoration), 청교도들의 미국 대륙 이주 등 중요 사건들이 일어납니다만, 일단 우리는 셰익스피어까지만 보면서 교양 수준의 마무리를 할까 합니다. 무엇인가를 끊임없이 연구하다 도저히 답을 못 찾겠으면 역사를 들여다보면 된다고 합니다. '영어 학습'이라는 차원에서도 백퍼센트 공감이 가는 얘기라는 것을 여기까지 진지하게 읽으신 독자라면 고개를 끄덕이실 줄로 압니다. 우리에게 덜러덩 주어진 현상만을 급하게 시시때때로 기회에 맞추어 외우는 것 보다는 그 현상이 있기까지의 경로를 살펴보는 것이 훨씬 인간이라고 하는 우리의 특성에 부합하는 지적 활동이기 때문입니다. 필자로서 당부하건대, 어차피 영어를 곁에 두고 사셔야 하는 분이 계시다면, 꼭 이정도의 영어사(History of the English Language)는 익혀 두시길 바랍니다. 매우 요긴하리라 생각합니다. 저도 친구들과의 모임에서도 계기가 되면 가끔씩 들려주곤 했는데 다들 재미있게 듣더라구요. 사극을 좋아하는 우리네 정서에 딱 맞는 얘기들이잖아요.

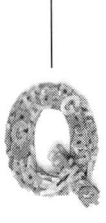

PART 6

기타 - 생각들

국보 1호는 한글이다

소리글자 한글

저는 다섯 살 때부터 엄마한테 한글을 배웠습니다. 달력 뒷면에 색연필로 쓰면서 말이죠. 그때의 기억이 생생한데 어떤 스스로의 깨우침(?)이랄까요? 그런 게 어느 날 불현듯 어린애의 머릿속으로 찾아오기 시작하더군요. '이' 소리를 'ㅂ'에 넣으면 '비', 'ㅍ'에 넣으면 '피', 'ㄱ'에 넣으면 '기', 뭐 이런 식으로 말이지요. 아마 문맹률 0%를 자랑하는 대한민국 사람 어느 누구라도 다들 이런 순간이 있었을 것입니다. 그와 같은 깨달음이 가능했던 가장 큰 이유는 아시다시피 한글이 말의 소리를 기호로 나타내는 이른바 소리글자 혹은 표음문자(表音文字, phonogram)이기 때문입니다. 그 덕에 우리는 발음기호를 몰라도 거의 어지간한 소리를 흉내 낼 수 있는 그 한글 덕분에 어렸을 적 영단어의 발음을 한글로 적어서 공부한 적도 있지 않습니까?

누구나 가진 것의 소중함은 잘 모르는 법이랍니다. 한글이 그토록 편리할 수가 없다는 제대로 된 인식은 중학교에 진학해 한자를 배우기 시작하면서부터 들게 되더란 말입니다. 중국말은 낱낱의 글자가 일정한 뜻을 나타내는 뜻글자 혹은 표의문자(表意文字, ideogram)이기에 의미를 전달하기 위해서는 해당하는 글자 하나하나를 다 익혀야 하지요. 말과 글이 따로 노니 얼마나 피곤하겠습니까?

언어학자 세종

앞서 분절음(segment)의 발견에 대한 세종대왕의 이야기를 해드린 적이 있습니다. 중국말과 다른 우리의 소리를 그들의 문자로 나타내려 하니 문맹률은 당연히 높을 수밖에 없었겠지요. 따라서 전업으로 공부만 할 수 있는 소수의 특권층만 그것도 엄청나게 많은 시간을 투자했을 경우에만 비로소 글을 익힐 수 있었던 것입니다. 근데 고생해서 얻은 거는 또 되게 지키고 싶은 모양이었나 봅니다. 우리의 소리를 우리만의 분절음 기호로 나타내고자 했던 세종의 의지가 그 잘난 사대부 양반들에 의해 그토록 많은 반대에 부딪혀야만 했으니까요.

'백성을 사랑하는 마음, 긍휼히 여기는 마음', 정말 존경해 마땅한 군주의 덕목입니다. 세종의 아버지, 즉 태조 이성계의 다섯째 아들 이방원이 조선의 제3대 국왕으로 있을 당시 어린 세종에게 임금의 덕목으로 물었을 때 총명하신 대왕께서 하신 답변이라고 합니다. 실제로 '자비와 긍휼'을 의미하는 영단어 mercy는 라틴어 mercēs에서 왔는데 이 말은 다름 아닌 '임금'이라는 뜻입니다. 서양에서조차 '임금'과 '긍휼'은 떼려야 뗄 수 없는 말인 것이지요.

그러나 무엇보다도 필자의 개인적 관심과 존경을 더욱 더 불러일으킨 것은 세종대왕 본인께서 스스로 위대한 언어학자였다는 사실입니다. 지금도 그렇지만 어떤 뛰어난 연구 결과나 우수한 간행물의 발행은 해당 기관의 기관장 명의로 나가는 경우가 허다합니다. 일은 밑의 사람들이 죽어라 다 하고 대장은 심지어 어떤 경우에는 내용도 모르면서 폼만 잡는 거죠. 가관인 것은 절대로 그래서는 안 될 대학에서조차 일부 몰지각한 교수들이 제자의 연구를 가로채거나 슬쩍 자신들의 이름을 끼워 넣기 하여 우리들의 눈살을 찌푸리게 하지도 않습니까? 그런데 말입니다, 세종대왕님께서는요, 당대 최고의 학자들로만 꾸려진 한글 연구팀, 즉 '집현전'의 그 대단한 석학들을 오히려 당신께서 직접 가르치고 지도하시며 이끌어 나갔다는 거예요. 저는 정말 여기에서 너무나도 큰 충격과 아울러 깊은 감명을 받았습니다. 국왕으로서 이름만 올리는 게 아니라 당신께서 직접 그 내용을 가장 많이 알고 계셨다니, 언어학을 하는 저로서는 정말 더더욱 놀라지 않을 수가 없습니다. 실제로 세계적으로 저명한 인문사회과학 출판사인 루트리지(Routledge)는 인류의 역사에 있어 혁혁한 공을 세운 '주요 사상가'를 선정해 발표했는데요, 우리의 자랑스러운 세종대왕님께서 2011년 7월, 드디어 '언어와 언어학의 50대 주요 사상가로(Fifty Key Thinkers on Language and Linguistics)' 그 찬란한 이름을 올리시고야 말았습니다.

발성기관을 본뜨다

지금은 미국에 한국 유학생들이 엄청나게 많습니다. 뭐 중국하고 1, 2위를 다툰다고 하지요. 나라는 작은데 이렇게 공부를 시켜대니 대단한 나라가 될 수밖에 없지요. 근데 60, 70년대만 해도 유학생은 극히 드물었습니다. 한국이 어딘지도 모르는 게 태반인 그 나라에서 우리의 유학생들은 (지금은 다 은퇴하셨겠네요) 어렵게 공부해가는 가운데 기회가 닿을 때마다 조국의 언어인 한글의 우수성을 세상에 알리기 시작했습니다. 그런데요, 미국의 언어학자들이 기절초풍을 한 것은 그 독창성도 독창성이지만 무엇보다도 다름 아닌 한글의 '창제원리'였다고 합니다.

저도 어렸을 적 한글의 창제원리에 관해 어디선가 무식한 얘기를 듣고 그런가보다 한 적이 있었는데요. 그건 이렇습니다. 세종대왕께서 글자를 만들긴 만들어야 하겠는데 어떤 기호를 사용할까 하다가 문득 달빛에 비친 문풍지를 보셨다합니다. 예상할 수 있듯이 문풍지에는 격자 모양의 무늬가 비치지 않았겠습니까? 그 모양의 일부를 본떠 한글 자모의 기초로 삼으셨다는 겁니다. 그렇다면 이건 정말 실망스러운 얘기가 아닐 수 없습니다. 하지만 알고 보니 다행히 이건 정말 웃자고 한 무식한 소리에 불과했습니다.

'훈민정음 해례본'을 통해 그간 궁금해 했었던 창제의 원리를 확실하게 알게 되었는데요, 거기에 보면 한글이 천지인(天地人)과 우리의 발성기관의 모양을 본떠서 만들었다고 명확하게 기재되어 있습니다. 그 내용의 일부를 아래에 소개해드리겠습니다.

> 今正音之作
> 이제 훈민정음을 만드는 것은
> 初非智營而力索
> 처음부터 슬기로 마련하고, 애써서 찾은 것이 아니라
> 但因其聲音而極其理而已.
> 다만 그 성음(의 원리)을 바탕으로 이치를 다한 것뿐이다.
> ……
>
> 正音二十八字 各象其形而制之.
> 훈민정음 스물여덟 자는 각각 그 모양을 본떠서 만들었다.
> ≪훈민정음 해례≫(訓民正音解例), <제자해>(制字解)

자, 이제는 어떻게 발성기관을 모양을 본떴는지 다음의 그림을 한번 보시죠. 우리 구강의 옆면입니다. 우리 혀가 윗니 뒤에 닿는 소리 중 'ㄴ'을

한번 그려볼까 하는데요.

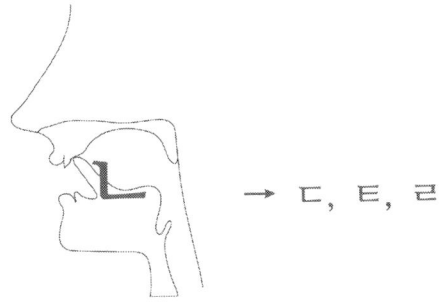

그림을 보니까 이해가 되시겠지요? 혀의 구부러지는 모양을 보고 'ㄴ'을 만드는 원리입니다. 그런데요 윗니의 뒤에서 혀를 대며 나는 우리말 자음은 이것 말고도 더 있습니다. 뭘까요? 그렇죠, 'ㄷ, ㅌ, ㄹ'입니다. 근데 어떻게 만들어졌나요. 위의 그림에서 보는 'ㄴ'에다가 획을 더하여 'ㄷ, ㅌ, ㄹ'이 된 것입니다. 말하자면 조음점(place of articulation)이 동일한 자음은 기본자음에 가획을 하여 만들게 된다는 원리이지요. 양입술소리(bilabial) 'ㅁ'도 마찬가지입니다. 같은 입술소리 'ㅂ, ㅍ' 역시 발성기관의 모양을 본뜬 'ㅁ'에 획을 첨가하여 만들었습니다. 유학생들에게 우리나라의 문자가 이렇게 발명되었다는 설명을 전해들은 외국의 학자들은 그야말로 놀라 나자빠질 지경이었습니다.

외국에서도 10월 9일을 기념한대요

1991년부터 느닷없이 한글날이 공휴일에서 제외되기 시작했습니다. 이유인즉슨 산업화에 방해가 된다는 것이었죠. 참말로 어이없는 발상이었죠. 우여곡절 끝에 2013년 다시 지정되기는 해서 다행입니다만 그동안 우리가 잠깐 의식이 없었나봅니다. 아무튼 유학생들에게 전해들은 한글의 우수성에 오히려 세계가 놀라고 말았는데요, 일례로 그 과학성에 감탄한 미국 시카고대학의 언어학과에서는 매년 10월 9일이 되면 태극기를 내걸고 이를 기념한다고 저도 학창 시절 수업 시간에 어떤 교수님에게 전해 들은 기억이 얼핏 나는 것 같네요. 그래서 검색을 해 보았더니 비슷한 얘기를 한 인터넷 기사를 찾을 수 있었습니다. 거기 보니까 더 많은 얘기가 있던데 한번 찾아 들어가서 읽어보시기 바랍니다.

> 세계의 저명한 기관과 학자, 작가들은 한글의 우수성에 대해 일찍이 인정하고 극찬했다. 언어연구학으로 세계 최고인 영국 옥스퍼드대의 언어학대학에서 세계의 모든 문자를 놓고 합리성, 과학성, 독창성 등의 기준으로 한 순위에서 한글이 당당히 1위를 차지했다. 또 유네스코가 1998년부터 2002년까지 말뿐인 언어 2900여 종에 가장 적합한 문자를 찾는 연구를 진행했는데, 최고의 평가를 받은 것 역시 한글이었다.
> 　소설『대지』를 쓴 미국의 작가 펄벅은 "한글이 전 세계에서 가장 단순한 글자이며 가장 훌륭한 글자"라며 세종대왕을 한국의 레오나르도 다빈치로 생각했다.
> 　영국 언어학자 제프리 샘슨은 "한글은 신이 인간에게 내린 선물"이라고 밝혔으며, 영국의 역사 다큐멘터리 작가 존 맨도 "한글은 모든 언어가 꿈꾸는 최고의 알파벳"이라고 말했다. 또, <u>시카고 대학의 매콜리 교수는 미국사람이지만 우리나라의 한글날인 10월 9일에는 20년 동안 빠짐없이 한국 음식을 먹으면서 그 날을 기념한다고 한다.</u>
> <http://news.chosun.com/site/data/html_dir/2015/09/14/2015091401267.html>

국보 1호는 훈민정음이다

이렇게 과학적이고 훌륭한 언어가 또 있을까요? 저로서 불행한 일은 훈민정음의 위대함을, 그것을 신나게 암기하던 고등학생 때는 몰랐고, 오히려 언어학자가 된 나중에야 깨닫게 되었다는 사실입니다. 서양 학문으로 비추어 봐도 당대에 세계적으로 유일무이한 언어학자이셨다는 사실에 놀라움을 금할 길이 없습니다. 해서 저는 국가에 수많은 유산이 있지만 국보 제1호가 어째서 남대문이 되어야 하는지 잘 모르겠습니다. 우리민족이 가장 소중하게 여겨야 할 국가적 자산은 저는 다름 아닌 '훈민정음(현재 국보 제70호)'이라고 생각합니다. 한국어는 세계적으로 어떠한 어족에도 속해 있지 않은 이른바 고립어(isolated language)입니다. 즉, 한반도에 사는 사람들만 사용하는 아주 특이한 언어인 것이지요. 그럼에도 세계적으로 막강한 영향력을 행사하는 주요 언어 가운데 하나로 자리 잡을 수 있었던 것은 세종대왕님이 계시지 않았다면 불가능했을 것입니다.

조선시대 국왕께서 계시던 경복궁의 정문이 바로 광화문입니다. 그리고 그 앞 광화문 광장으로 우리 역사상 가장 위대한 두 분이 계시는데, 무지무지하게 큰 검을 차고 앞에 서 계신 분은 충무공 이순신 장군이시고, 또 한분은 그 뒤에 앉아 계신 세종대왕이십니다. 대한민국의 수도 정 중앙에 이렇듯 세종대왕님께서 앉으셨다는 사실은 우리 모두가 대왕을 기꺼이 모시고 그의 업적을 영구히 기리는 데 동의했다는 것을 뜻합니다. 그것만으로도 저는 '한글'이 우리의 마음에 국보 제1호가 되었다고 확신합니다.

아무리 영어책이라지만 한국 사람으로서 제 나라 말에 대한 얘기 한 쪽은 남기고 싶었습니다. 그런데 쓰다 보니 예의로 남겨야 할 것이 아니라, 오히려 그 위대한 유산을 기록할 수 있는 제가 영광일 뿐입니다. 길이길이 빛나 우리의 정신을 담아내는 한글이 되기를 간절히 바라마지 않습니다.

스스로에 대한 확신

다의성(polysemy)으로 인한 해프닝

다음은 제가 '넥서스'라는 출판사에서 펴냈던 '어법장문독해특강'이란 책의 32쪽에 있는 글입니다. 지금은 수능이 좀 바뀌어서 저도 그에 발맞추어 책을 개편 중이라 시중에서 살 수는 없으니 괜히 찾아보지 마세요. 자, 그 얘길 하려는 게 아니라요, 일단 한번 읽어 보시죠. 평범한 수준의 글입니다. 잠시 후에 번역을 제공해드릴 테니 갑갑해도 한번 죽 읽어보세요. 이게 슬픈 얘길까요? 웃긴 얘길까요? 과학적인 얘길까요?

> A photographer friend of mine, had just started his professional career when he met a corporate executive who told him, "We urgently need a shot to be taken of our board." My friend was rather nervous and spent ages studying different styles used in numerous photos of boards of directors. Laden with borrowed equipment, he arrived at the company's head office. He asked the receptionist for the man who had commissioned him, and he duly arrived a few minutes later. "Well, there it is," he said, pointing to large display board mounted on the wall behind the receptionist.

글을 읽고 박장대소는 아닐지라도 살짝 웃으셨다면 정상적인 읽기를 하신 겁니다. 만일 무표정이었다. 그러면 감정이 메말랐거나 (그럴 리는 없다고 생각합니다만), 아니면 (거의 이게 확실한데) 흔히 말하는 독해가 안 된 겁니다. 그리고 그것은, 위의 글이 사고력을 요구하는 관념적인 내용이 아니라 일상의 해프닝을 다룬 글이기에, 필경 절대어휘의 절대적 빈곤에서 비롯되었을 것입니다. 만일 그렇다면 지금 당장이라도 무데뽀로 절대어휘를 암기하는 게 필요한 시점이지요. 이제 위의 글에 대한 번역을 보여드리겠습니다.

> 나의 한 사진사 친구가 그의 일을 막 개시했을 때의 얘기이다. 친구는 한 회사의 임원을 만나게 되었는데, 그가 부탁하길 "우리 보드(board)의 사진을 급히 한 장 찍어 주십시오"라고 하더란다. 내 친구는 조금은 걱정이 되어 다른 이사회(board of directors)의 사진들에 나타난 여러 가지 스타일을 검토하면서 한동안을 보냈다. 빌린 장비들이 무거워 낑낑대면서 그는 본사에 도착하였다. 사진 의뢰를 했던 임원을 불러달라고 안내원에게 요청하였는데 때마침 그가 나타났다. 그는 안내원 뒤 벽에 걸려 있는 전시판(display board)을 가리키며 말했다. "자, 저기 있습니다."

아, 그랬군요. 영단어 board가 여러 가지 의미를 지닐 수 있음으로 해서 (이를 다의성(polysemy)라고 합니다) 일어난 의사소통(communication) 상의 혼선을 재미있게 묘사한 글이었습니다. 우리말로 하자면 동상이몽(同床異夢)을 한 것이지요. 사진사 친구의 생각과 임원의 생각이 서로 달랐기에 같은 단어를 다른 관점으로 바라본 겁니다. 즉, 사진사 친구는 board를 '위원회, 이사회'의 뜻으로 알아들은 것이고, 임원은 같은 말을 '널, 판자'의 뜻으로 전달했던 것이지요. 오늘은 이 해프닝을 가지고 영어라고 하는 언어와 그 언어를 구사하는 소위 네이티브 스피커(native speaker)들을 우리가 어떻게 대해왔는지 한번 생각해볼까 합니다.

원어민은 무조건 옳다?

당연한 얘기지만 우리도 우리말을 쓰면서 늘 실수를 합니다. 오죽하면 방송마다 아나운서들이 나와서 우리말을 바르게 쓰자며 캠페인을 벌이기도 하겠습니까. 영미인들도 꼭 같습니다. 그들도 각각의 교육 수준에 따라, 아니면 지식 연마의 수준에 따라 정확한 말을 구사하기도 하고 그렇지 않기도 합니다. 또 서로 다른 배경적 정황을 미리 그들의 인지에 설정함에 따라 앞서 본 해프닝처럼 같은 말을 서로 달리 이해하기도 합니다. 저는 여기서 어떤 사람의 수준을 논하자는 것이 아닙니다. 영어를 공부하는 외국인으로서 우리가 가지고 있는 오랜 착각을 과감히 꺼내보자는 것입니다.

해마다 국가에서 시행하는 각종 영어시험들이 있습니다. 결과에 따라 울고 웃는 자가 나뉘어야 하는 뼈아픈 경쟁시험들이지요. 그러다 보니 단 1점에 민감하지 않을 수 없습니다. 시험이 끝나면 게시판에 오답시비가 끊이지 않지요. 그때마다 갖가지 주장들이 있지만 언제나 공통적인 방어 논리로 빠지지 않는 것이 '우리 학원에 있는 원어민이 그러던데…, 구글(Google)을 찾아보니까 그런 표현이 있던데…'와 같은 오리지널이 주는 권위에 의존하고자 하는, 말하자면 네이티브 스피커에 대한 절대적이고도 무조건적인 맹신입니다. '영어가 중요하다, 중요하다' 귀에 못이 박히게 듣다보니 자기네 나라 말인 영어를 당연히 자연스럽게 구사하는 원어민이 마치 절대적 심판관처럼 여겨졌던 모양입니다. 그런데요, 여러분, 절대 그렇지 않습니다. 앞의 해프닝에서 보았듯 그들 역시 자기들끼리 서로 딴 소리를 해서 의사소통이 깨지는 경우가 허다합니다. 그리고 그것은 비단 영어를 사용하는 화자들만의 문제가 아닙니다. 조물주가 원래 인간의 언어를 그렇게 만들어 놓은 것입니다. 경우에 따라서는 일부러 그렇게 의사소통을 깨서 개그를 하는 경우도 있을 것이고, 일부러 애매하게 얘기해서 후일 있을 갈등 상황에 대비하기 위한 외교적 책략이 될 수도 있고, 또는 일부러 중의적으로 남겨 두어 읽는 이로 하여금 다양한 상황을 가정할 수 있도록 하는 것과 같은 일종의 문학적 효과를 기대하기 위함일 수도 있습니다. 따라서 그것은 언어가 불완전해서가 아니라, 역설적이게도 완벽하기 때문에 일어난 일입니다. 우리가 국어의 완벽한 네이티브 화자로서 경우에 따라 얼마든지 한국어 원어민으로서의 실수를 자행할 수 있음이, 그와 마찬가지로 영어권 원어민이라고 할지라도 구사하는 말에 대해 결코 불변의 진리와 권위를 가지지 않았음을 증명하는 것입니다.

구글링도 마찬가지입니다. 인정을 하든 안 하든 이미 영어는 국제어로서의 영어(English as an International Language, EIL)라는 지위를 확보한 학문, 정치, 경제, 외교, 무역 등의 세계 공용어가 되었습니다. 그러다보니 일본인이 하는 영어도 구글에 있을 것이고, 남미인이 하는 영어도 구글에 있을 것이고, 동남아인이 하는 영어도 구글에 있을 것입니다. 즉, 내가 하는 것과 똑같은 실수를 하는 비영어권 외국인이 얼마든지 있을 수 있다는 얘기입니다. 그런 까닭에 내가 쓴 영어를 점검하기 위해 구글링에만 의존하는 것이 때에 따라서는 굉장히 위험할 수도 있다는 얘기가 되는 겁니다.

영어선생님은 감독이다

저의 제자 가운데는 영어선생님의 길을 걷는 이들도 많이 있습니다. 그들이 하는 큰 걱정거리 가운데 하나가 외국에서 살다 온 아이들이 하도 많아서 혹시라도 뭔가 책이 잡힐까 너무나도 신경이 쓰인다는 겁니다. 아니, 그러면 우리는 과거 국어시험에서 모두 100점을 맞았습니까? '보조 선어말 어미가 어쩌구저쩌구' 하면서 매번 국어문법을 신경 쓰고 살고 있습니까? 그렇지 않잖아요? 게다가 그 선생님들이 가르쳐야 하는 자는 아직 지식적으로 불완전한 애들입니다. 운동 종목 가운데 제가 좋아하는 야구를 빗대어 말하자면, 걔네들은 아직 배워야 할 게 많은 현역 선수들입니다. 그렇죠, 하기로야 말하자면 걔들이 얼마나 야구를 잘 합니까? 사실 감독이 잘 합니까, 아니면 선수가 잘 합니까? 두말할 필요도 없이 실전으로는 현역 선수를 따라갈 수가 없지요. 그럼에도 불구하고 감독이 엄연히 있잖아요. 더 뛰어난 선수를 만들기 위한 중요한 임무를 띤 채로 감독은 반드시 필요한 겁니다. 저는 영어선생님도 그와 똑 같다고 생각합니다. 그들은 감독이지 선수일 필요가 없습니다. 비록 외국에서 살다 온 아이들의 네이티브처럼 들리는 발음을 따라 하지는 못하지만 언어를 가르치는 자들로서 이론적으로 무장되어 있다면 전혀 신경 쓸 일이 아니라는 것이지요.

더 심한 얘기 해볼까요? 만일 그 영어선생님들이 더 갈고 닦아서 자신만의 이론을 완벽히 정립한다면 미국 학생들에게 영어를 가르칠 수도 있습니다. 안 믿어지시나요? 이런 일은 우리나라 대학에서도 종종 일어나고 있습니다. 영문법 강좌에 영어권 학생들이 앉아있습니다. 그리고 한국인 교수가 그들 언어의 문법을 강의합니다. 수업이 끝나고 그들은 유창한 영어로 자신보다 훨씬 덜 유창한 교수에게 문법에 관한 질문을 하고 교수의 답변을 진지하게 청취하고는 한국식으로 연신 허리를 숙이며 존경과 감사의 뜻을 표합니다. 그것뿐인 줄 아세요? 미국에서도 토종 한국인 선생님들이 원어민 학생들에게 문법은 물론이고 작문을 가르치는 것도 심심찮게 찾아볼 수 있습니다.

　기왕에 해야 하는 영어공부, '늘 나는 부족하고 누군가의 자문을 받아야 해'라고만 생각한다면, 바꾸어 말해 나의 영원한 정복 불가능의 지배자를 미리 설정해 두어야 한다면, 우리는 결코 '정복'이라는 말을 사용할 수 없습니다. 오늘 내가 한 단어를 익혔으면 나는 그 말을 정복한 것이고, 적어도 그 말 만큼은 원어민처럼 아니 원어민 보다 더 올바르게 구사할지도 모른다는 확신이 필요한 것입니다. 그러니 되지도 않는 원어민과 구글링에만 의존하지 말고 나를 선수를 거쳐 감독으로 만들어 줄 수 있는 권위 있고 안전한 교재를 선정해서 꾸준히 연마하시기 바랍니다. 나의 종착지는 어디가 될 것인가 미리 속단하지 말구요. 어느덧 사십대 중반에 이른 저는 (연세가 많으신 분들께는 죄송합니다) 적어도 공부에 있어서만큼은 토끼가 절대로 거북이를 이길 수 없다는 사실을 날마다 깨닫고 살고 있습니다.

토종이냐 수입이냐

First, Second, and Foreign Language

일단 간단히 용어부터 정리하고 시작할게요. 가령 영어를 기준으로 볼 때 미국 아이가 미국에서 태어나 자연스럽게 자기네 나라의 말을 배운다면 그게 바로 그 아이의 모국어(mother tongue), 즉 제1언어(first language)입니다. 자, 이제 한국말을 배우고 자란 학생이 미국에 유학이나 이민을 가서 영어를 배우고 사용한다고 합시다. 그때는 제2언어(second language)라고 합니다. 그러면 우리나라처럼 영어를 공용어로 하지 않는 곳에서 주로 교실을 통해 영어를 배우면 그것을 뭐라고 할까요? 그게 바로 외국어(foreign language)라고 하는 것입니다. 그러니까 우리나라에서의 영어교육은 외국어로서의 영어(EFL: English as a Foreign Language)이지 제2언어로서의 영어(ESL: English as a Second Language)가 아닌 것입니다.

내공 있는 학원 고르기

좋은 학원을 어떻게 고르느냐하는 질문을 참 많이 받습니다. 일단 그 학원의 홈페이지나 전단을 한번 보세요. 위에서 말한 세 가지 용어를 올바르게 쓰지 못하는 곳이 의외로 많습니다. 교과교육론적 전문성을 상당 부분 결여하고 있다는 반증이지요. 천자문도 모르면서 대학과 중용을 가르친다고나 해야 할까요? 이론적 체계가 결여되었으니 우리는 그것을 미안하지만 주먹구구식 흉내 내기 교육이라고 부를 수밖에 없습니다. 행정고시를 패스했다고 해서 고위 공무원이 자신만의 지적 수준으로 완벽한 교육 체계를 구축할 수 없음은 물론이고, 외국에 단지 몇 년이건 몇 십 년이건 살았다는 이유만으로 훌륭한 영어 교사가 될 수 없음이, 바로 그와 같은 이론적 체계의 부재에 기인하는 것입니다. 이는 마치 드라이버 하나만을 들고 자동차를 조립하겠다는 것과 같은 모양이라고 할 수 있습니다.

토종 교사도 괜찮다

제2언어 영어교육 환경을 조성해 주지 못할 바에야, 즉 학교 문을 나서도 온통 영어로 덮인 세상이 아니라면 (그러면 나라꼴이 말이 아니겠지요) 우리는 너무 ESL, ESL 할 필요가 없습니다. 단지 자기네 나라 말을 유창하게 한다는 너무나도 당연한 사실만으로 교과교육론적 혹은 교과내용학적 전공 지식의 이론적 기초도 없는 ESL 외국인 강사를 무분별하게 들여오는 것은, 지금 이 순간에도 영어 교사가 되기 위해 온갖 이론 서적을 불철주야 손에서 놓지 않는 예비 공립학교 교사들은 물론이거니와, 교육 현장에서 어떻게 하면 효과적으로 영어를 가르칠까 늘 고민하는 일부(?) 훌륭한 선생님들의 노고를 써보지도 못하고 무력화시키는 결과를 가지고 올지도 모르는 일입니다.

　엄격하게 영어 교사를 선발하고, 테크닉만 남발하는 개그맨인지 선생인지 알 수 없는 이들의 이론적 정체성을 점검하며, 이제 선생이 되었으니 편하게 정년을 채우려는 사람들의 재교육을 확실하게 해준다면 (물론 그들의 마음이 열려 있는 것이 우선이겠지만) 외국인들에게 더 이상 의존을 하지 않고서도 영어 교육에 성공한 북유럽의 나라들처럼 우리도 될 수 있지 않을까요?

　가계 수입의 절반 이상을 교육비로 쓰는 사람들도 많다고 합니다. 그중 영어 시장에 쏟아 붙는 돈이 무척 크다고 합니다. 가뜩이나 경제도 어렵다는데 쉽게 돈 벌어가는 사람들 좀 진정시켜야 하는 거 아닙니까? 대학의 시간강사 박사님들은 생계를 위협당하고 있다는데 그 좋은 자원을 왜 활용하지 않는 건지 모르겠습니다. 그 사람들은 법정 수강료만 받고서도 고용만 보장된다면 기꺼이 양질의 교육을 대단히 이론적이고 체계적으로 나누어 줄지도 모르는 이들인데 말입니다.

혹시 우리 애가 천재?

신기한 내 아이

어제도 TV를 보는데 어떤 연예인이 자기 자식 자랑을 합니다. 물론 전혀 듣기 싫지 않습니다. 세상에 안 그런 부모가 어디 있겠습니까? 오죽하면 눈에 넣어도 안 아프다 하지 않습니까. 내 분신, 어쩌면 내 목숨 같은 아이인데요. 그 연예인의 말인 즉 이렇습니다. "우리 애가요, 이제 백일 막 지난 갓난쟁이 애가 말이지요. '아빠, 엄마'라고 말을 합니다. 너무 신기해요. 혹시 천재 아닐까요?"

사실 생존이라는 차원에서 보면 인간만큼 진행이 더딘 동물도 없지요. 동물의 왕국을 보세요. 얼룩말이 새끼를 낳습니다. 근데, 어라, 태어나자마자 비틀비틀 저 혼자 서려고 합니다. 그런가 하면 얼마 안 지나난 것 같은데 혼자 풀을 뜯습니다. 1년 정도 있다가 보면 또 어떻습니까? 정말 동물들에게 1년이라는 시간은 엄청나지요. 그 크기에 있어 다 자란 얼룩말과 비전문가들인 우리로서는 구분이 잘 안됩니다. 근데 인간은 생후 1년 후에 어떻습니까? 여전히 기저귀를 차고 다녀야 함은 물론, 누군가 음식을 지속적으로 공급해 주지 않으면 생존 자체가 불가능합니다. 사실 2년이 지나고 3년이 지나도 그 발달 속도는 초원의 얼룩말에 비해 현저히 느립니다. 그런데, 어떻게 우리는 만물의 영장이 되었을까요? 말할 것도 없이 우리에게는 어떠한 피조물도 가지고 있지 못한 압도적인 능력의 뇌(brain)와 그것이 하는 기가 막힌 인지(cognition)의 힘이 있기 때문입니다.

비밀을 벗기다

하지만 그 인지의 힘이 아무리 대단하다 한들 이제 태어난 지 백일 밖에 안 된 아이한테 '엄마, 아빠'라는 소리를 내었다고 해서 과연 영재니, 천재니 하며 거품을 물어도 될까요? 이 문제를 이렇게 한번 접근해 보겠습니다. 여러분 자음이니 모음이니 하는 말들 잘 아시지요? 우선 우리말 체계를 한번 봅시다.

a. 자음: 기역(ㄱ), 니은(ㄴ), 디귿(ㄷ), 리을(ㄹ) …
b. 모음: 아, 야, 어, 여, 오, 요, 우, 유, 으, 이 …

또 우리말처럼 소리를 나타내는, 이른바 표음문자라고 하는 영어의 자모음은 어떻습니까? 역시 대충 한번 보죠.

a. 자음(consonant)
   b, d, g, p, t, k, m, n, l, r …
b. 모음(vowel)
   a, e, i, o, u (아, 에, 이, 오, 우)

근데요, 이 두 언어에서 모음만 한번 비교해 보세요. 몇 개 겹치는 게 보일 겁니다. 일단 '아, 이, 오, 우' 이 정도가 공통으로 보이지요? 만일에 계속해서 여기에다 다른 언어들을 더 추가해서 계속 겹치는 부분을 추려보면 틀림없이 '이(i), 우(u), 아(a)' 이렇게 세 개만 남게 되어있습니다. 놀라운 것은 이게 우연의 일치가 아니라는 겁니다. 그것은 동양이건 서양이건 피부가 희건 검건 상관없이 우리는 인간으로서 동일한 생물학적 구강 구조를 가지고 있다는 너무나도 단순한 사실에서 출발합니다. 그리고 소리의 생성이라는 것은 허파(lung)에서 올라오는 공기를 목(throat)과 구강(oral cavity)을 통해 밖으로 내보내며 공기를 진동시키는 과정입니다. 그림을 보면서 설명을 이어가기로 하지요. 다음 그림은 우리 인간의 옆모습입니다.

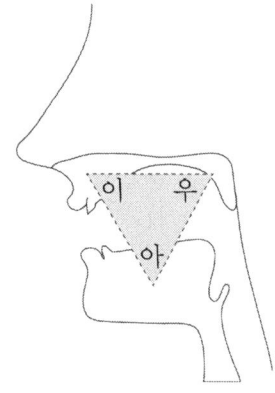

그림에서 보시는 바와 같이 '이(i)'와 '우(u)'는 구강의 위쪽의 각각 앞쪽과 뒤쪽에서 비교적 힘을 주어서 나는 소리입니다. 한번 해 보세요. 그리고 '아(a)'는 아래쪽에서 그냥 입을 벌린 채로 내는 소리입니다. 전문가들에 의하면 물리적인 구조학의 관점에서 볼 때도 삼각형이 가장 안정적인 구조라고 하던데요, 이 구강 내의 삼각형도 세 개의 소리가 서로 가장 멀리 떨어져 서로간의 구별이 매우 용이하다는 관점에서 볼 때 가장 안정적인 소리 체계의 구성입니다. 말하자면 어떤 언어에 만일 모음이 세 개라면 그것은 틀림없이 '이, 우, 아'라는 것이요. 즉, 어떠한 언어에도 다음과 같은 소리의 구성만은 있기가 어렵습니다.

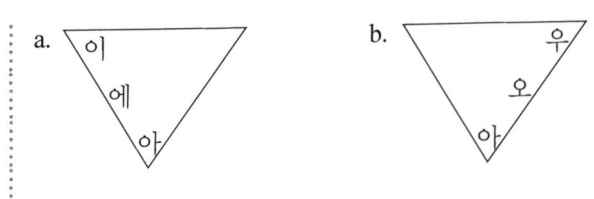

왜 그럴까요. 그것은 말하는 사람과 듣는 사람 모두의 편의를 위한 것입니다. 인접한 소리는 서로 구분해서 발음하기도 힘들 뿐만 아니라 듣는 사람의 입장에서도 정확한 구분을 위한 보다 많은 신경학적 에너지를 요구하기 때문입니다. 그래서 가장 안정적으로 거리가 많이 확보되어 구분과 생성이 모두 용이한 이 세 모음이 언어마다 공통적으로 존재하게 되는 것이지요. 이를 유식한 말로 음운론적 거리(phonological distance) 라고 합니다. 참 조물주의 섭리가 놀랍지 않습니까? 우리는 분명 우연히 함부로 막 만들어 진 것이 아닙니다. 상상할 수 없는 고도의 설계도에 의해 분명 창조된 것입니다. 그래서 혹자는 '언어학(linguistics)이 대체 뭐야? 누구나 하는건데'라고 생각하기 쉽지만 그 언어라는 것을 자세히 살펴보면 이렇게 놀라운 메커니즘이 숨어 있답니다. 그리고 언어학자들은 그 놀라운 메커니즘의 설계도를 정말 조금씩 조금씩 벗겨 나가고 있는 겁니다. 지금부터 100년이 지나도 여전히 그러고 있을 테지만 그들은 절대 멈추지 않을 것입니다. 모든 학문이 그렇듯 학자들에게는 새로운 발견과 그에 따른 새로운 설명, 그리고 그것이 후대를 위한 새로운 초석이 된다는 것 그 자체가 중분할 테니까요.

'아빠, 엄마'를 부르다

자, 다시 돌아옵시다. 앞서도 잠깐 언급하기는 했는데요, '이, 우, 아' 중에서 힘이 가장 덜 드는 게 뭘까요? 한번 해 보세요. … (실험) … 그렇습니다. 바로 '아(a)' 소리입니다. 즉, 발성의 에너지가 가장 적게 드는 셈이지요. 결국 뭡니까? 우리의 천재 같은 아기가 낼 가능성이 가장 많은 모음이 바로 이 '아(a)' 소리라는 것이지요.

이제는 자음으로 한번 넘어가 봅시다. 이거는 그림이 더 복잡해지니까, 게다가 이 교양서적이 뭐 전문적인 음성학(phonetics) 도서를 표방하는 것도 아니니까, 그냥 말로 해볼게요. 가장 힘이 덜 드는 자음은 어떤 것들일까요? … (고민) … 그거는요, 뭐냐 하면요, 바로 입을 닫았다 떼면서 내는 음들인 이른바 '양입술소리(또는 양순음, bilabial)'입니다. '프, 브, 므'에서 보이는 자음 소리 'p, b, m'가 바로 그것들이죠. 이제 대충 추측이 되시죠. 어떤 개별 소리가 가져올 수 있는 의미의 차이를 구별해서가 아니라 아기들은 그저 생물학적, 신경학적 에너지가 가장 적게 소비되는 그 소리들로 그들이 세상에 태어나서 처음으로 의미 있게 들린다고 어른들에 의해 착각되는 소리를 만들어 내게 되는 것입니다. 그 조합은 다음과 같습니다.

apapapapa
아빠   파파

amamamama
아마→엄마   마마

우리 아이를 천재로 착각한 것이 바로 이거였습니다. 우리 한국 사람들은 아이들이 생물학적 구조상 편하게 내는 그 첫소리를 '아빠, 엄마'로 들은 것이고, 지구 반대편의 저 사람들은 '파파, 마마'로 들으며 신기해했던 것입니다. 그러고 보면 세상 많은 언어들이 '엄마, 아빠'를 지칭하는 단어들에 대해 비슷한 소리를 가지고 있음을 우리의 어렴풋한 상식 속에서 떠올릴 수 있음을 알게 됩니다.

실망할 일이 절대 아니다

혹시 실망하셨나요? 절대 그렇게 생각할 일이 아닙니다. 바꾸어 생각하면 이것은 놀라운 잠재력입니다. 세상 모든 아이들이 어디에 태어났건 특정한 소리를 골라서 내기 시작하는 서로 비슷한 시기가 있다는 사실은 역으로 말해 어떠한 방향으로든 학습을 통해 성장해 나갈 수 있다는 훌륭한 토대를 가지고 있다는 뜻으로도 해석할 수 있기 때문입니다. 만일 이 시기에 삶의 터전을 옮기면 어떻게 될까요? 아프리카로 가는 아이는 그 생물학적 조음 능력을 바탕으로 아프리카 부족의 언어들을 유창하게 구사할 것이고, 한국으로 오는 아이는 그 피부색과 생김새에 관계없이 우리말을 열심히 재잘거리게 될 겁니다. 비록 성인이지만 우리도 이런 점을 의식하며 학습하면 좀 더 원어민다운 소리를 낼 수 있습니다. 물론 꼭 원어민처럼(native-like) 되는 게 외국어 학습의 전부는 아니겠지만요.

더 중요한 것은요, 아이는 비록 의미 없는 소리를 냈지만 그것을 '아빠와 엄마'로 알아듣는 우리의 무한한 사랑이겠지요. 그리고 쉴 새 없이 한 번도 지루해하거나 답답해하지 않고 그 귀여운 아이에게 우리의 언어 습득 과정을 물려주게 되겠지요. 그것 또한 놀라운 일이 아닐 수 없습니다. 조음이니 음운론적 거리니 자음이니 모음이니, 이런 거를 전혀 몰라도 부모는 완벽한 언어의 코치로서 그 역할을 훌륭하게 수행해내니 말입니다.

외국어 간 학습 난이도
- 어문학계열 적성 테스트

독(German)-영(English)-불(French)

언어 간의 차이에 관계없이 외국어 학습은 무조건 똑같이 어렵다. 맞는 얘길까요? 언어학자들은 반드시 그렇지는 않다는 것을 매우 흥미롭게 입증했습니다. 즉, 외국어끼리도 학습에 있어 상대적인 어려움의 차이가 존재할 수 있다는 것입니다. 글쎄요, 관심이 있을지는 모르겠지만 한번 얘기해볼게요. 만일 관심이 있다면 어문학계열 적성이 있다고 보이는데요, 한번 따져 보세요. 가령 (1) 독일인이 영어를 배우는 경우와 (2) 미국인이 불어를 배우는 경우 중 어느 편이 더 힘들까요? 독일어와 영어는 모두 게르만어(German)를 조상 언어로 두고 있으니 전자가 더 쉬울까요? 아니지, 그렇게 따지면 영어와 불어도 더 먼 과거이기는 하지만 인구어(Indo-European)를 조상 언어로 두고 있으니 그리 볼 수만은 없다고 할까요?

(1) 독일인이 영어를 배우는 경우

독일어는 어말 자음이 무성음화(final consonant devoicing) 되는 경향이 있습니다. 그래서 가령 Hund(=dog)라는 독일어 단어는 [훈드, hund]가 아니라 [훈트, hunt]로 발음합니다. 당연히 독일인들이 영어를 배우기 위해서는 어말 자음이 유무성의 음가로 모두 나타날 수 있다는 구별을 익혀야만 하는 것입니다. 외국어를 익힌다는 것은 이처럼 모국어에 없는 현상을 배우는 것이라고 할 수 있습니다. 사실 문법(grammar)이라고 하는 것은 넓은 의미로 이러한 일련의 과정을 모두 포함하는 것이라고 할 수 있지요.

(2) 미국인이 불어를 배우는 경우

영어를 모국어로 하는 화자가 불어를 배우기 위해서는 어두음에서 나타날 수 있는 치경구개마찰음 [쥬~, ʒ]를 배워야 합니다. 물론 영어에도 어두음이 아니라면 이 소리는 들을 수 있습니다. 가령 measure [메쥬어ㄹ~, méʒər], pleasure [플레쥬어ㄹ~, pléʒər] 등과 같은 단어에서 표시된 철자 s가 나타내는 소리가 그것이지요. 그렇지만 잘 생각해 보십시오. 그런 소리가 영어에서 단어의 첫 소리로 올 수 있는가 말입니다. 영어에서는 어두 자음으로 우리가 보통 한국어의 'ㅈ' 소리쯤으로 알고 있는 [dʒ] 소리나 [z]소리는 올 수 있어도 [ʒ] 소리는 절대 오지 못합니다. 그런데 불어에서는 얼마나 흔합니까. 일단 불어의 1인칭 주어인 Je(=I)의 첫 소리가 그렇지 않습니까? '당신을 사랑합니다'라는 불어 '쥬뗌므, Je t'aime'에서 왜 많이 들어봤잖아요.

새로운 논리가 필요하다

언어학자들이 갑자기 큰 고민에 빠졌습니다. 모국어에 없는 현상은 분명이 새로 학습되어야 하는 것이기에 배우는 이에게 부담이 될 것임은 자명한데 그냥 그렇게 진술하고 만다면 이론이니 또는 학문이니 논하기에 뭔가 좀 허전하지 않습니까? 즉, 독일인이 [d], [t]와 같은 영어 어말 자음의 유무성(voicing)을 구별하는 것과 미국인이 어두 자음 중 [ʃ]의 유성음 짝이라고 할 수 있는 불어의 [ʒ]을 배우는 것 중 어느 것이 더 어려울 것인가라는 질문을 그저 단순히 '새로운 것은 습득하기 어려울 것이다'라는 간단한 논리로 대답을 할 수 없었던 것입니다.

그래서 제시된 것이 바로 유표가설(markedness hypothesis)이라는 것입니다. 이를 위해 세상에 있는 수많은 언어들의 분포(distribution)를 연구하게 된 것이지요. 참 머리들 좋아요. 연구를 해 보았더니 어두에서의 유무성 구별이 어말음에서의 구별보다 훨씬 광범위한 분포를 보이고 있더라는 겁니다. 즉, 더 흔하다는 얘기이지요. 흔한 것은 덜 유표적인(less marked) 것으로 나타내어지는데, 근데요 흥미로운 사실은 학습자들이 새로운 언어에 노출될 때 덜 유표적인 것을 더 빨리 배우더라는 것입니다.

모범답안

따라서 오늘 제가 제기한 질문의 정답은 '(2) 미국인이 불어의 어두 유성 자음 [ʒ]을 배우는 것이 (1) 독일인이 영어의 어말 유성 자음 [d]를 배우는 것보다 더 쉽다' 입니다. 실제로 피실험자들을 놓고 조사를 해 보았더니 예상한 결과가 그대로 나온 것이지요.

영어 잘 한다고 영문과?

어떠하셨나요? 무질서하고 복잡해 보이지만 언어의 어떤 메커니즘, 아니면 이론과 학문의 매력 같은 것을 혹시 느끼셨나요? 근데요, 영문과 오면 다른 것도 있지만 어학 방면으로는 이런 거 합니다. 그러니 단순히 영어가 좋아서, 영어 점수가 높아서 영문과에 온다고 하는 학생들을 종종 주변에서 보았는데, 어쩌면 진학 후에 고민할 일이 생길지도 모릅니다. 어문학과에 진학하려는 학생들은 우선 자신이 언어 자체에 대한 관심이 있는지 먼저 고민해 보아야 할 것입니다. 만일 오늘 얘기가 흥미로웠다면 언어학이란 것에 한번 도전해 보는 것도 나쁘지는 않을 것 같네요.

사회지도층과 공인

다르면 틀리다?

　직업과 나이와 신분을 막론하고 대한민국은 어디를 가나 "나의 정의와 신념을 너에게 반드시 심고야 말겠다"는 사명감 충천한 자들로 가득합니다. 바로 그 사명감의 절정은 많이 배우고 높은 자리에 있는 분들일수록 더 심해지는 것 같습니다. 희한한 것은 대립의 어느 편에 서는 사람들이건 간에 그들에게는 공통점이 하나 있는데 그건 "나와 다르면 그것은 무조건 틀린 것"이라는 겁니다. 하기야 영어 선생들도 늘 사소한, 싸우는 것이 전혀 의미가 없는 자잘한 문법 사항을 가지고 서로를 폄훼하는 것이 부지기수이거늘, 어찌 이 사회를 지도하시는 대단한 분들이 근지러운 입을 잠시라도 참고 있을 수 있었겠습니까?

누가 임명했나

　가끔 그런 화려한 논쟁의 자리에 한번 끼어들고 싶어도 내용을 몰라 입을 잘 떼지 못하는 필자는, 그래도 한 가지 참 이상하게 들리는 것이 있습니다. 우리가 도대체 언제부터 "사회지도층" 또 어떨 때는 "공인"이라는 직함을 그들에게 허용해 준 것입니까? '공인(公人)'이란 '사인(私人)이 아닌 사람' 즉 '공적 자격으로서의 사람'이라고 사전에조차 분명히 나와 있습니다. 그리고 도대체 우리한테 뭘 어떻게 지도했다는 겁니까? 그게 폼이 나 보여서 그런 건가요? 별로 멋있어 보이지 않습니다. 목숨을 걸고 신념을 지키며 때로 억울한 비난마저도 무릅쓴 채 일관되게 지금의 자리에 계속 서 있었던 것이 확실하다면 당연히 그래야 하겠지만, 내 자리와 내 밥그릇이 안전한지 먼저 확인을 한 다음에야 나서는 것 같아 어째 영 신통치 않아 보입니다. 그런 거 하지 마세요. 우리도 다 압니다. 지금이 옛날처럼 꽉 막혀서 세상 어떻게 돌아가는지 가르쳐 주셔야 겨우 아는 줄 아십니까? 제발 지도자인 척 하지 마셨으면 좋겠습니다.

그러니 어린 사람들이 못된 것만 배워서, TV에 잘 나오는 철부지들은 (그렇지 않은 훌륭한 극히 일부의 공인을 흉내 내어 욕보이면서) 스스로를 가리켜 떳떳하게 '공인'이 어쩌고저쩌고 해대는 겁니다. 그 공인이라는 녀석은 수많은 하인들을 대동하고 다니며 억대가 넘는 고급 외제차를 타고 등장하는가 하면 마치 자신들이 우리의 문화를 대표하는 것처럼 말들을 합니다. 그들이 과연 '공적 자격으로서의 사람'이 맞습니까? 정말 불안한 것은 이제 공인을 넘어 문화의 대표자들이니 사회지도층이니 함부로 막 되어야겠다고 나서면 어쩌나 하는 겁니다.

어색하게도 철마다 Noblesse Obliges를 외치는 소위 그 지도자들과 공인들의 삶은 여전히 풍족합니다. 풍족하다는 것이 잘못된 것은 아니지만, 아무튼 성경 '누가복음 12장 48절'에 기초한 빌게이츠의 연설문 중 일부를 소개해 드리며 이만 글을 맺고자 합니다.

> Much is required from those to whom much is given, and much more is required from those to whom much more is given.

많이 받은 자에게는 많은 것이 요구되고, 더 많이 받은 자에게는 더 많은 것이 요구된다.

필자 주1: 그러니 만일 100원을 가진 사람이 10원을 낸다면 1000원을 가진 사람이 90원을 내면서 '노블레스가 어쩌니 저쩌니'하지 마시라.

필자 주2: 그러니 대형교회들은 건물의 크기와 교세의 확장에만 열을 올리지 말고 진정 그대들이 무엇을 하여야 하는지 경전에 기초하여 각성하시라. 그대들의 신이 결코 교회의 건물 안에 계시지 않다는 것을 진정 몰라서 그러는 것인가?

필자 주3: 그러니 운이 좋아 부유하게 되었다면 운이 나빠 가난하게 된 친구를 언제나 돌아보라. 그대가 농담 삼아 던진 말 한마디로 인해 너의 친구는 밤새 눈물을 흘릴 수도 있다. 그런데 잊지 마라. 그 눈물을 하늘이 함께 흘리고 있다는 사실을.

필자 주4: 이 내용은 빌게이츠가 하버드대학의 졸업식 연설에서 어머니가 자신에게 보냈던 편지의 내용이라며 인용했던 구절임

양단간(兩端間)

시절 탓

(12월의 어느 날에 씀) 어느덧 한 해의 마지막 달이 되었습니다. 분명 분주하게 산 것 같긴 한데 뚜렷하게 뭘 했다고 말하기는 어려운 것 같습니다. 머릿속은 무척이나 복잡하기 그지없는데 개운하게 정리될 기미는 도통 보이지 않는군요. 왜 그럴까 생각해 봤습니다. 우선 시절 탓을 좀 하지요.

그렇지 않은 적이 언제 있었겠습니까마는 특히나 요즘 같은 때는 날마다 조간신문을 펼쳐드는 것이 참으로 부담스러운 일입니다. 어찌됐건 늘 강단에 서야하고 글을 써 내야 하는 필자로서는 최근의 시사적 이슈를 아는 것이 필요악일 수밖에 없습니다. 그러나 그나마 얼마 되지도 않는 필자의 지력이 늘 흔들흔들 하는 것은 언제나 모종의 선택을 강요받으며 살고 있다는 것 같은 느낌 때문이었습니다.

이거 아니면 저거

    찬반(贊反), 흑백(黑白), 동서(東西), 좌우(左右), 신구(新舊) … 학문이 되었건 종교가 되었건 기타 무엇이 되었건 결코 무너질 수 없는 영원한 진리를 추구하는 동안 인간 사회는 끊임없이 양편으로 나뉘었었고 또 앞으로도 나뉘게 될 것입니다. 사실 그래야만 이른바 문명의 균형 있는 발전이라는 것이 가능하겠지요. 그렇다고 해서 내가, 아니면 어린 학생들이, 아니면 아이 엄마가, 결국 이 사회의 모든 구성원이 그 양단간의 논리 중 어느 한 쪽에 날마다 꼭 서 있어야 하는 지는 의문입니다. 그냥 팔짱을 끼고 일단은 지켜 볼 수도 있는 것은 아닌지 모르겠습니다. 솔직히 저는 그러고 싶을 때도 있습니다. 이건 어떻게 생각하느냐, 저건 어떻게 생각하느냐, 누구를 지지하느냐, 정말이지 매번 괴로운 일이 아닐 수 없습니다. 논쟁을 좋아하고 첨예한 대립 속에서 스릴과 서스펜스를 즐기는 이들도 있겠지만 적어도 아직 배움의 길을 걷고 있는 자들이 꼭 그럴 필요는 없다고 생각합니다. 늘 그들과 함께 배움의 길에 서 있어야 하는 한참 모자란 저 역시 아직은 그저 고전(classic)이 가르쳐주는 이런저런 지혜의 이야기를 듣고 싶을 뿐입니다.

    세상이 날마다 쏟아놓는 그 숱한 이슈들을 놓고 얼마나 많은 이들이 서로 등을 돌려야 했습니까? 어제까지만 해도 잘 지내던 친구들이 정치 논쟁을 벌이다 주먹다짐까지 갔다는 얘기는 이제 흔한 가십거리가 된지 오래입니다. 명절날 각종 이슈에 대해 친척끼리 찬반을 놓고 벌이던 격론이 이제는 서로 얼굴을 보지 않는 사태로까지 번진 집도 있다고 합니다. 왜 우리는 선택을 강요받아야 합니까? 정말 부담스럽습니다. 역사를 돌이켜보건대 그토록 더없이 평화롭고 자유로우며 정의만을 실천하고 도덕만이 힘을 쓰는 그런 시대가 과연 있기는 있었습니까?

선택의 타이밍

시대의 소용돌이에 개의치 않고 일단 자신의 길을 걷는 젊은이더러 우리는 꼭 방관자라고만 할 수는 없습니다. 왜냐하면 시기가 무르익어 그들은 장차 우리 미래의 이슈를 제대로 선점할 합리적인 지도자가 될지도 모르기 때문입니다. 중요한 점은 더 세련되고 이성적으로 논쟁을 벌일 수 있는 장치를 갖추기 위해 아직은 내적인 힘 쌓기에 더 신경을 써야 한다는 것입니다. 그러므로 어설픈 논술이니 담론이니 뭐니 해가며 대안도 없고 실체적 지식도 없이 그저 서로를 비판하는 모양새만을 최고의 지성으로 가르치는 것도 이제는 한번 돌이켜 생각해 보아야 할 때입니다.

지금 각 분야의 최선두에서 이 나라를 이끌고 가는 서로 패가 극명하게 갈린 이쪽저쪽의 지도자들, 그렇지만 수십 년 전에는 밤을 하얗게 새우며 미래의 비전을 향해 똑같이 한발 한발 내딛던 그 시절의 순수했던 그 공통의 열정, 배움의 길에 있는 우리는 일단 바로 그것을 보기만 하면 되는 겁니다. 그들이 지금 어떻게 변해있건 말입니다. 그러므로 지금은 서둘러 판단할 때가 아니라 정확한 판단을 할 수 있는 내공을 기를 때입니다. 선택이라는 것은 나의 안에서 주체할 수 없는 자신감이 그렇게 하라고 소리칠 때 두려워하지 말고 꼭 해야 하는 것입니다. 누구에게 등이 떠밀리거나 남들이 하니까 하는 것이 아니라 말입니다.

부록

절대어휘 2000

A

1. abandon 버리다
2. abide 머무르다; 참다; 지키다(by)
3. abnormal 비정상적인
4. aboard (배, 비행기 등을) 탑승하여
5. abolish 폐지하다
6. abound 풍부하다(in/on/with)
7. above (~의) 위쪽에
8. abroad 해외로
9. abrupt 갑작스러운
10. absolute 절대적인
11. absorb 흡수하다
12. abstract 추상적인; 추출하다
13. absurd 불합리한
14. abuse 남용하다
15. academic 학문적인
16. accelerate 가속하다
17. access 접근
18. accident 사고; 우연

B

19. bait 미끼
20. banish 추방하다
21. barbarian 야만인, 미개인
22. barely 간신히, 거의 ~ 않다
    (= hardly, scarcely)
23. barometer 기압계; 척도
24. barren 불모의

C

25. calamity 재난
26. calculate 계산하다
27. campaign 캠페인
28. canal 운하, 수로
29. cancel 취소하다
30. cancer 암
31. candidate 후보
32. capable 능력 있는 (명) capacity (수용) 능력
33. capricious 변덕스러운
34. capture 잡다, 포착하다
35. career 경력
36. caricature 만화
37. carve 새기다, 조각하다
38. case 경우, 사건
39. cast 던지다
40. castle 성
41. casual 우연한
42. catastrophe 대이변, 재난
43. category 범주
44. cause 야기하다; 원인; 주의, 주장, 대의
45. caution 조심, 경고(하다)

D

46. damage 손해(를 입히다)
47. dare 감히 ~하다
48. daring 용감(한)
49. date 날짜; 데이트(하다)
50. dawn 새벽
51. deal 거래(하다); 다루다(with)
52. debate 토론(하다)
53. debt 빚
54. decade 10년
55. decay 썩다; 쇠퇴하다; 부패
56. deceive 속이다
57. decent 예의 바른, 점잖은
58. decide 결정하다
59. declare 선언하다; (세관에) 신고하다
60. decline 기울다; 거절하다

E

61. **earnest** 열렬한
62. **eccentric** 괴짜(의)
63. **economic** 경제(의)
64. **ecstasy** 황홀, 희열
65. **edition** 판(版)
66. **education** 교육
67. **effect** 영향(을 미치다)
68. **efficiency** 효율성
69. **effort** 노력
70. **elastic** 탄성이 있는

F

71. **fable** 우화
72. **facilitate** 촉진하다; 용이하게 하다
73. **facility** 쉬움; 솜씨; 설비, 시설
74. **factor** 요소
75. **faculty** 능력; 교수진, 교직원
76. **fade** 희미해지다
77. **fail** 실패하다
78. **faint** 희미한; 기절하다
79. **fair** 공평한; 맑은; 아름다운

G

80. **gallant** 용맹한
81. **game** 놀이; 경기, 사냥감
82. **garbage** 쓰레기
83. **gaze** 응시(하다)

H

84. **habit** 습관
85. **halt** 정지하다
86. **hardship** 역경, 고난
87. **hardy** 튼튼한; 대담한, 용감한
88. **harm** 손해(를 입히다)

I

89. **ideal** 이상 휑 idealistic
90. **identical** 동일한
91. **identify** 식별하다, 동일시하다
92. **ideology** 이데올로기, 이념
93. **ignoble** 비천한 (↔ noble)
94. **ignorance** 무지, 무식 동 ignore
95. **illustrate** 설명하다
96. **image** 영상
97. **imagination** 상상(력) 동 imagine
98. **imitation** 모방
99. **immemorial** 태고의, 아주 옛날의
100. **immense** 거대한

J

101. **jealousy** 질투 휑 jealous

K

102. **keen** 날카로운, 예민한

L

103. **label** 라벨[꼬리표, 이름](을 붙이다)
104. **labor** 노동(하다)
105. **laboratory** 실험실
106. **lack** 부족(하다)

M

107. **magic** 마법(의)
108. **magnificent** 장대한, 거대한
109. **main** 주요한
110. **maintain** 유지하다 명 maintenance
111. **majestic** 장엄한, 위엄 있는
112. **majesty** 위엄; 폐하
113. **major** 주요한; 전공(하다)
114. **majority** 대부분, 과반수, 다수

115. **male** 남성(의) (↔ female)

N
116. **naked** 벌거벗은
117. **narrate** 말하다, 서술하다
118. **narrow** 좁은

O
119. **oath** 맹세
120. **object** 물체; 목적어; 반대하다
121. **objection** 반대
122. **objective** 객관적인; 목적
123. **oblige** 의무를 지우다 명 obligation

P
124. **pace** 걸음; 속도
125. **panel** 판; 토론의 패널
126. **pang** 고통
127. **panic** 공포
128. **pant** 헐떡거리다
129. **paradigm** 전형
130. **paragraph** 단락
131. **parallel** 평행(의)
132. **paralyze** 마비시키다
133. **parameter** 매개변수
134. **parliament** 의회
135. **part** 부분; 역할; 헤어지다
136. **partake** 참가하다
137. **partial** 부분적인; 불공평한
    (↔ impartial)
138. **participate** 참가하다(in)
    명 participation
139. **particular** 특별한
140. **partner** 상대; 동료; 배우자

Q
141. **qualify** 자격을 주다

R
142. **race** 경주(하다); 인종
143. **radical** 근본적인; 급진적인
144. **rage** 격노(하다)
145. **raise** 올리다
146. **random** 임의의 (= arbitrary)
147. **range** 정렬하다; 산맥; 범위
148. **rank** 계급; 서열
149. **rapid** 빠른
150. **rapture** 환희, 황홀
151. **rare** 드문
152. **ratio** 비율
153. **rational** 합리적인
154. **ravage** 파괴(하다)
155. **raw** 날것의

S
156. **sacred** 신성한
157. **sacrifice** 희생
158. **safe** 안전한; 금고
159. **sage** 현명한 (사람)
160. **salute** 인사하다, 경례하다
161. **sanitary** 위생의
162. **satellite** 위성
163. **satire** 풍자
164. **satisfy** 만족시키다 명 satisfaction
165. **savage** 야만인; 야만적인
166. **save** 구조하다; 저축하다;
    ~을 제외하고
167. **scale** 눈금, 저울; 규모
168. **scanty** 부족한
169. **scatter** 흩뿌리다

Book 1

170. **scent** 향기, 냄새
171. **schedule** 스케줄
172. **scheme** 계획
173. **scope** 범위
174. **score** 득점(하다)
175. **scorn** 경멸(하다)
176. **scratch** 할퀴다, 긁다; (할퀴거나 긁은) 자국, 상처
177. **scrutiny** 조사
178. **sculpture** 조각

T
179. **tact** 재치, 기지
180. **taint** 얼룩, 더러움; 얼룩지게 하다
181. **talent** 재능
182. **tame** 길들이다
183. **tape** 테이프(로 붙이다)
184. **target** 목표
185. **task** 업무, 과업
186. **taste** 맛(을 보다)
187. **tax** 세금(을 지우다)
188. **tea** 차

U
189. **ultimate** 궁극적인 🔄 ultimately
190. **unanimous** 만장일치의

V
191. **vacant** 비어있는
192. **vacuum** 진공
193. **vague** 모호한
194. **vain** 헛된, 무익한

W
195. **wage** 임금, 급료
196. **want** 원하다; 필요, 결핍
197. **warfare** 전쟁

X
198. **x-ray** 뢴트겐선, X선

Y
199. **yacht** 요트

Z
200. **zeal** 열정

A

1. accommodation 숙박; 편의; 적응
2. accompany 동반하다; (음악) 반주하다
3. accomplish 성취하다
4. accordance 조화, 일치
5. account 계산; 설명하다(for)
6. accumulate 모으다, 축적하다
7. accurate 정확한
8. accuse 고발하다
9. accustom 익숙하게 하다
10. achieve 성취하다
11. acknowledge 인정하다
12. acquaint 친숙하게 하다
13. acquire 획득하다 명 acquisition
14. activity 활동
15. actual 사실의, 실제의
16. acute 날카로운; 급성의
17. adapt 적응시키다
18. addition 첨가

B

19. barrier 장벽
20. basis 기초, 토대
21. bear 나르다, 지니다; 견디다, 참다; (아이를) 낳다; 곰
22. beast 짐승
23. beckon 손짓으로 부르다

C

24. cave 동굴
25. cease 멈추다
26. celebrate 기념하다; 축하하다
27. cell 세포; 작은 방
28. censure 비난(하다)
29. ceremony 의식, 의례

30. challenge 도전(하다)
31. chamber 방
32. chance 기회, 우연
33. channel 해협, 수로
34. chaos 혼란
35. chapter 장(章)
36. character 특성; 인격; 문자
37. chart 해도; 도표
38. chemical 화학의
39. chemistry 화학
40. cherish 소중히 여기다
41. chivalry 기사도
42. choice 선택
43. circulate 순환하다
44. circumstances 상황, 환경
45. cite 인용하다

D

46. decorate 장식하다
47. decrease 감소(하다)
48. decree 법령, 판결
49. deduce 연역하다, 추론하다
50. deduct 공제하다, 빼다
51. deduction 공제; 연역 (↔ induction) 귀납
52. defeat 무찌르다, 이기다
53. defect 결함, 단점
54. defense 방어
55. deficient 결핍된, 부족한
56. definite 명확한
57. definition 뜻, 정의(定義)
58. defy 저항[반항]하다 명 defiance
59. degrade 지위[품질]를 떨어뜨리다

Book 2

E
60. **election** 선거
61. **elegance** 우아함
62. **elegy** 애가(哀歌), 슬픈 노래
63. **element** 요소
64. **eliminate** 제거하다
65. **eloquence** 웅변, 능변
66. **emancipate** 해방시키다
67. **embark** (배·비행기를) 타다; 출국하다
    (↔ disembark 상륙시키다)
68. **embarrass** 당황하게 하다
69. **embody** 구체화하다

F
70. **faith** 믿음
71. **fall** 떨어지다; 가을
72. **fallacy** 오류
73. **fame** 명성
74. **familiar** 친숙한
75. **famine** 기근; 굶주림
76. **fancy** 공상(의); 훌륭한, 고급의
77. **fantasy** 공상, 판타지
78. **fascinate** 매혹시키다

G
79. **gender** 성(性)
80. **generalize** 일반화하다
    몡 generalization
81. **generate** 발생시키다
82. **generation** 세대; 발생

H
83. **harmony** 조화
84. **harsh** 가혹한
85. **harvest** 추수

86. **haste** 서두름; 서두르다

I
87. **immigrate** 이민 들어가다 (↔ emigrate)
    몡 immigration
88. **impact** 충돌; 영향
89. **imperative** 강제의; 명령문
90. **imperial** 황제(의)
91. **implement** 실행하다
    몡 implementation
92. **implication** 함축; 연루
93. **implicit** 암시적인 (↔ explicit) 동 imply
94. **implore** 간청하다, 애원하다
95. **impose** 부과하다; 강요하다
96. **impoverish** 가난하게 하다
97. **impression** 인상
98. **imprison** 투옥하다

J
99. **jeans** 청바지

K
100. **key** 열쇠, 실마리

L
101. **lade** 짐을 싣다 (= load)
102. **lament** 한탄(하다)
103. **land** 땅, 토지
104. **landscape** 경치

M
105. **malice** 악의
106. **manage** 다루다; 관리하다;
     가까스로 ~하다
107. **manifest** 명백한; 명백히 하다

108. manipulation 조작
109. mankind 인류, 인간
110. manual 손으로 하는; 육체의; 소책자
111. manufacture 제조(하다)
112. manuscript 원고
113. mar 손상시키다

N
114. nationality 국적
115. native 토착의, 원주민(의)
116. nature 자연; 본성

O
117. oblivion 망각
118. obscure 모호한, 어두운
119. observe 관찰하다 몡 observation; 준수하다 몡 observance
120. obstacle 장애
121. obstinate 완고한

P
122. party 모임, 파티; 정당; 당사자
123. pass 지나가다, 통과(하다)
124. passage 통과; (글의) 단락
125. passion 열정
126. passive 수동적인; 수동태
127. pastime 기분전환, 오락
128. pasture 목초지
129. patent 특허(의)
130. pathetic 애처로운, 슬픈
131. patience 인내
132. patriotism 애국심
133. pattern 본보기; 양식, 형(型); 무늬
134. pause 중단(하다)
135. peculiar 독특한 몡 peculiarity

136. peer 동료; 응시하다
137. penetrate 꿰뚫다, 관통하다
138. pensive 생각에 잠긴
139. perceive 지각(知覺)하다

Q
140. quality 질 몡 qualitative

R
141. ray 광선
142. reach 도달하다
143. reaction 반응
144. read 읽다
145. ready 준비된
146. realize 실현하다; 깨닫다
147. realm 영역
148. reap 수확하다 cf. leap 뛰다
149. rear 뒤, 후방; 기르다
150. reason 이유; 이성 몡 reasonable
151. rebel 반역자; 반역하다, 배반하다
152. rebuke 비난(하다), 꾸짖다
153. recall 회상(하다)
154. recede 후퇴하다, 물러나다

S
155. seclude 격리하다
156. section 절단; 구분, 부분
157. sector 부채꼴; 분야
158. secure 안전한, 확보하다 몡 security
159. seed 씨앗
160. seek 추구하다
161. seize 잡다
162. select 선택하다
163. selfish 이기적인
164. sell 팔다

165. **senior** 윗사람의; 연장자
166. **sensible** 분별력 있는
167. **sensitive** 민감한
168. **sentence** 문장; 판결(을 내리다)
169. **separate** 분리하다; 분리된
170. **sequence** 순서; 연쇄
171. **serene** 평온한 ⑲ serenity
172. **series** 연속, 시리즈
173. **sermon** 설교
174. **settle** 정착시키다
175. **severe** 엄격한, 심한
176. **shabby** 초라한, 남루한
177. **shame** 수치(를 주다)

T

178. **technical** 기술적인 ⑲ technique 기술, 기법
179. **technology** 기술, 과학
180. **tedious** 지루한
181. **tell** 말하다; 구별하다
182. **temper** 기질, 성질; 기분
    (= temperament)
183. **temperance** 절제, 자제
184. **temperature** 온도
185. **temporary** 일시적인
186. **tempt** 유혹하다
187. **tend** 경향이 있다; 돌보다, 간호하다

U

188. **undaunted** 용감한 ⑧ daunt 위협하다
189. **undergo** 겪다, 받다, 당하다

V

190. **validity** 정당성, 유효성
191. **value** 가치

192. **vanish** 사라지다
193. **vanity** 허영
194. **variable** 변하기 쉬운; 변수 ⑧ vary

W

195. **warn** 경고하다
196. **warrant** 보증(하다)
197. **waste** 낭비(하다)

Y

198. **yard** 야드(길이의 단위); 마당

Z

199. **zebra** 얼룩말
200. **zero** 제로, 영

A

1. adequate 적당한
2. adhere 집착하다, 들러붙다
3. adjacent 인접한
4. adjust 조정하다
5. administer 관리하다; 집행하다
6. admiral 해군 장성, 제독
7. admire 감탄하다
8. admit 인정하다
9. adolescence 청소년기, 사춘기
10. adopt 채택하다; 양자삼다
11. adore 숭배하다
12. adorn 장식하다
13. adult 어른(의)
14. advance 전진(시키다)
15. advantage 이익
16. adventure 모험
17. adversary 적, 상대방
18. adversity 역경 cf. anniversary 기념일

B

19. become ~이 되다; ~에 어울리다
20. befall 일어나다, 생기다, 닥치다
21. beguile 속이다
22. behalf 이익; 대신 ※ 주로 on[in] behalf of의 형태로 쓰임
23. behavior 행동
24. behold 보다
25. bend 구부리다; (노력을) 기울이다 图 bent 구부러진, 열중하는

C

26. civil 시민의
27. civilization 문명
28. claim 요구하다
29. clarity 명료, 명확 图 clear
30. classic 고전(의)
31. classify 분류하다
32. clause 절
33. cliff 절벽
34. cling 들러붙다; 매달리다
35. clue 단서
36. clumsy 서투른
37. coarse 조잡한; 거친
38. code 법전; 암호
39. cohesion 응집, 결합 图 cohesive
40. coincide 동시에 일어나다
41. collapse 붕괴(하다)
42. colleague 동료
43. collect 모으다
44. colloquial 구어(口語)의
45. colony 식민지
46. combine 결합하다
47. comfort 위로(하다)

D

48. degree 정도; 학위
49. delay 연기(하다)
50. deliberate 의도적인; 숙고하다(on)
51. delicate 섬세한
52. delicious 맛있는 (주관성이 강해서 잘 사용하지 않음. 보통 taste good, good-tasting을 사용); 유쾌한
53. delight 기쁨; 기쁘게 하다
54. deliver 배달하다; 해방시키다; 해산[분만]하다
55. demand 요구(하다)
56. demonstrate 입증하다; 시연하다; 시위하다
57. denote 나타내다, 의미하다

Book 3

58. **dense** 빽빽한
59. **deny** 부인하다; 거절하다
60. **departure** 출발
61. **depend** 달려있다(on)

E

62. **embrace** 포옹(하다)
63. **emerge** 나타나다
64. **emigrate** 이민 나가다 (↔ immigrate)
    명 형 emigrant 이주하는, 이주민
65. **eminent** 저명한
66. **emotion** 감정
67. **emphasis** 강조 동 emphasize
68. **empirical** 경험의
69. **enable** ~할 수 있게 하다
70. **enchant** 매혹시키다
71. **encounter** 우연한 만남; 우연히 만나다

F

72. **fast** 빠른; 빨리; 단식(하다)
73. **fatal** 치명적인
74. **fate** 운명
75. **fatigue** 피로
76. **fault** 잘못; 결함
77. **favor** 호의
78. **feat** 위업, 업적
79. **feature** 특징 cf. figure 형상; 숫자
80. **federal** 연방의

G

81. **generosity** 관대함
82. **genial** 온화한; 다정한
83. **genius** 천재(성)
84. **genuine** 진짜의, 순수한

H

85. **hatred** 증오
86. **haughty** 오만한
87. **haunt** 자주 나타나다, 출몰하다
88. **haven** 항구; 피난처

I

89. **improve** 향상시키다
90. **impudent** 뻔뻔한 cf. imprudent 경솔한
91. **impulse** 충동
92. **inability** 무능력
93. **inborn** 타고난
94. **incentive** 격려(금)
95. **incessant** 끊임없는
96. **incident** 사건
97. **inclination** 기울기; 경향 동 incline
98. **include** 포함하다
99. **income** 수입
100. **incompatible** 양립하지 않는

J

101. **job** 일, 직업

K

102. **kidnap** 납치하다

L

103. **languish** 시들다, 쇠하다; 갈망하다(for)
104. **last** 마지막의; 지속하다
105. **launch** 진수시키다; 시작하다
106. **layer** 층(으로 하다)

M

107. **marginal** 가장자리의
108. **marvel** 놀라운 일; 놀라다

109. **master** 주인; 대가
110. **masterpiece** 걸작
111. **match** 성냥; 시합; 어울리는 짝; 필적하다, 맞추다
112. **material** 물질의; 재료, 자료
113. **matter** 물질; 중요하다
114. **mature** 성숙한
115. **maxim** 격언, 금언

N
116. **naughty** 장난의, 못된
117. **navigation** 운항, 항해
118. **navy** 해군

O
119. **obtain** 획득하다
120. **obvious** 명백한
121. **occasion** 경우
122. **occupation** 직업
123. **occupy** 차지하다

P
124. **perform** 수행하다
125. **perfume** 향수
126. **peril** 위험
127. **period** 기간; 마침표
128. **periodical** 주기적인; 정기간행물
129. **perish** 멸망하다
130. **permanent** 항구적인, 영속적인
131. **permit** 허락하다; 허가
132. **perpetual** 영속적인
133. **perplex** 당황하게 하다
134. **persecute** 박해하다
135. **perseverance** 인내
136. **persist** 지속하다 형 persistent

137. **personality** 개성, 인격
138. **perspective** 전망; 원근법
139. **persuade** 설득하다
140. **pertinent** 적절한; 관계가 있는
 (↔ impertinent 건방진; 적절하지 않는, 무관계한)
141. **pessimism** 비관, 염세주의
 (↔ optimism)

Q
142. **quantity** 양 형 quantitative

R
143. **reckless** 무모한
144. **reckon** 세다(count); 간주하다(consider)
145. **recognize** 인식[인정]하다
146. **recollect** 회상하다
147. **recommend** 추천하다
148. **reconcile** 화해시키다
149. **recover** 회복하다 명 recovery
150. **recreation** 휴양, 레크리에이션
151. **reduce** 줄이다
152. **refer** 언급하다(to); 보내다; 참고하다
153. **refine** 세련하다; 정제하다
154. **reflect** 반사[반영]하다
155. **reform** 개혁(하다)
156. **refrain** 그만두다, 삼가다(from)

S
157. **share** 몫; 나누다
158. **sheer** 완전한, 순수한
159. **shelter** 피난처
160. **shift** 바꾸다; 변경
161. **shoot** 쏘다
162. **shortage** 부족

Book 3

163. **shortcoming** 단점
164. **shrewd** 빈틈없는, 영리한
165. **shrink** 움츠리다
166. **shy** 수줍어하는
167. **side** 측면; 편들다
168. **siege** 포위
169. **sigh** 한숨 (쉬다)
170. **significance** 중요성 형 significant
171. **silly** 어리석은
172. **similar** 유사한
173. **simple** 단순한
174. **simultaneous** 동시의
175. **sin** 죄(를 범하다)
176. **sincere** 성실한, 진실한 명 sincerity
177. **single** 하나의, 독신의
178. **singular** 유일한, 하나의
179. **sinister** 불길한

T

180. **tendency** 경향
181. **tender** 부드러운
182. **tension** 긴장
183. **term** 학기; 조건; 말, 용어
184. **termination** 종결 동 terminate
185. **terrible** 무서운, 끔찍한
186. **territory** 영토, 영역
187. **testimony** 증언, 증거 동 testify
188. **text** 본문, 문서, 텍스트
189. **textile** 직물, 옷감

U

190. **underlying** 밑에 있는, 기초가 되는
191. **undertake** 떠맡다, 착수하다

V

192. **vast** 광대한
193. **vehement** 맹렬한
194. **vehicle** 탈 것; 매개물
195. **vein** 정맥 (↔ artery)

W

196. **wealth** 부, 재산
197. **weapon** 무기
198. **weary** 피로한

Y

199. **yawn** 하품하다

Z

200. **zest** 풍미, 흥취

A

1. advertisement 광고
2. advocate 옹호자; 옹호하다
3. affect 영향을 미치다; ~인 체하다
4. affection 애정
5. affirmative 긍정(의), 찬성(의)
6. afford 주다; ~할 여유가 있다
7. aggregate 모으다; 모이다
8. aggressive 공격적인; 적극적인
9. agony 고통
10. agriculture 농업
11. aid 도움; 돕다
12. aim 목표; 겨냥하다
13. air 공기, 대기; 분위기
14. akin 친족의; 유사한
15. alarm 놀라게 하다
16. alert 방심하지 않는
17. algebra 대수학(代數學)
18. alien 외국[계]의; 외국[계]인

B

19. benefactor 은혜를 베푸는 사람
20. benefit 이익
21. bestow 주다, 수여하다
22. betray 배신하다
23. beware 조심하다

C

24. command 명령하다
25. commence 시작하다
26. comment 논평, 의견
27. commerce 상업
28. commission (임무의) 위탁; 위원회; 수수료
29. commit 맡기다; (죄를) 범하다
30. commitment 위임; 약속
31. commodity 일용품; 상품
32. commonplace 평범한
33. communicate 의사소통하다(with); 전달하다 명 communication
34. communism 공산주의
35. community 공동체, 지역사회
36. compare 비교[비유]하다
37. compassion 동정
38. compatible 양립하는, 조화되는
39. compel 강제하다
40. compensate 보상하다(for) 명 compensation
41. compete 경쟁하다 명 competition
42. compile 편집하다; 수집하다
43. complain 불평하다
44. complement 보충; 보어
45. complete 완전한; 완성하다

D

46. deplore 한탄하다
47. deposit 맡기다; 예금, 보증금; 퇴적물
48. depress 내리누르다; 우울하게 하다 명 depression 우울(증); 불경기
49. deprive 박탈하다(of)
50. derive 끌어내다; 유래[파생]시키다
51. descend 내려가다 (↔ ascend) 명 descent 하강
52. describe 설명하다, 묘사하다, 기술하다
53. desert 사막; 버리다 cf. dessert (식후의) 디저트
54. deserve ~할 만하다, 받을 자격이 있다
55. design 디자인(하다); 설계(하다)
56. despair 절망(하다)
57. despise 경멸하다

Book 4

58. despite ~에도 불구하고 (= in spite of)

E
59. end 끝; 목적
60. endeavor 노력(하다)
61. endow 부여하다
62. endure 견디다, 참다
63. enforce 강제하다 명; enforcement
64. engagement 약속; 약혼
65. enhance 향상시키다
66. enormous 거대한
67. ensure 확실하게 하다, 보장하다
68. enterprise 진취적 정신; 사업

F
69. fee 요금, 수수료; 수업료
70. feminine 여성의
71. fertile 비옥한; 다산의
72. feudal 봉건시대의
73. fever 열
74. fiction 소설, 허구
75. field 들판; 분야
76. fierce 맹렬한
77. figurative 비유적인

G
78. geometry 기하학
79. germ 세균
80. gesture 동작
81. gift 선물; 재능

H
82. hazard 위험; 우연
83. heal 치유하다
84. heaven 하늘; 천국

85. heed 조심, 주의

I
86. incorporate 통합하다; 회사로 만들다
87. increase 증가(시키다)
88. indebted 빚을[신세를] 진
89. independence 독립
90. index 색인; 지수
91. indicate 가리키다
92. indifferent 무관심한
93. indignation 분개
94. indispensable 필수불가결한
95. individual 개인(의)
96. indolent 나태한, 게으른
97. induce 유도하다, 귀납하다 (↔ deduce 연역하다)

J
98. journal 간행물, 잡지

K
99. kidney 신장, 콩팥

L
100. lead 인도(하다) [led] 납(pb)
101. lean 기대다, 의지하다; 야윈(thin)
102. leave 남기다; 떠나다; 허가; 휴가
103. lecture 강의(하다)

M
104. maximum 최대(의)
105. meadow 풀밭, 목초지
106. meager 빈약한, 야윈
107. mean 의미하다; 의도하다; 비천한; 비열한; 중간(의), 평균(의)

108. **measure** 측정하다; 치수, 크기; 수단
109. **mechanical** 기계적인
110. **mechanism** 기계(장치); 메커니즘
111. **media** 매개체, 미디어
    ※ 단수형은 medium
112. **mediation** 중재

N
113. **negative** 부정적인
114. **negligence** 태만
115. **negotiate** 협상하다

O
116. **occur** 일어나다, 생기다
117. **odd** 홀수의; 이상한
118. **offend** 기분을 상하게 하다 명 offense
119. **official** 공식적인
120. **offset** 상쇄(하다)

P
121. **petty** 사소한
122. **phase** 단계, 국면
123. **phenomenon** 현상
124. **philosophy** 철학
125. **physical** 육체의; 물리적인; 자연의
126. **physics** 물리학
127. **picture** 그림; 사진
128. **pierce** 꿰뚫다
129. **pioneer** 개척자, 선구자
130. **pious** 경건한, 신앙심이 깊은 명 piety
131. **pity** 연민, 동정
132. **plague** 역병; 재앙
133. **plain** 명백한; 쉬운; 평범한; 평지
134. **planet** 행성; 지구
135. **plant** 식물; 심다

136. **plausible** 그럴듯한
137. **playwright** 극작가
138. **plea** 탄원, 간청

Q
139. **quarter** 4분의 1

R
140. **refresh** 상쾌하게 하다; 새롭게 하다
141. **refuge** 피난(처)
142. **regard** 간주하다; 존경하다; 관계; 존경
143. **regime** 정권
144. **region** 지역
145. **register** 기록(하다); 등록(하다)
146. **regret** 후회(하다)
147. **regulate** 조절하다 명 regulation
148. **reign** 통치(하다)
149. **reinforce** 강화하다
150. **reject** 거절하다
151. **rejoice** 기뻐하다
152. **relate** 관계시키다; 이야기하다

S
153. **site** 위치, 장소
154. **situation** 상황
155. **skeptical** 회의적인
156. **skill** 기술
157. **skin** 피부, 가죽
158. **skyscraper** 고층건물, 마천루
159. **slang** 속어
160. **slavery** 노예 상태
161. **slender** 가느다란
162. **slight** 약간의, 가벼운
163. **slumber** 잠; 졸다
164. **sly** 교활한

Book 4

165. **smart** 영리한
166. **snare** 덫, 올가미
167. **sneer** 조롱(하다)
168. **soar** 치솟아 오르다
169. **sob** 흐느끼다
170. **sober** 술 취하지 않은
171. **society** 사회
172. **soil** 토양
173. **solace** 위안, 위로
174. **sole** 유일한, 하나의; 발바닥, 신바닥
    (분) solely
175. **solemn** 엄숙한

T
176. **theme** 주제
177. **theory** 이론
178. **thereby** 그것에 의해서
179. **thermometer** 온도계
180. **thesis** 논문
181. **thirst** 갈증, 목마름 (형) thirsty
182. **thorough** 철저한, 완전한
183. **threat** 위협
184. **thrift** 검소, 검약
185. **thrive** 번영하다

U
186. **unemployment** 실업
    (↔ employment)
187. **uniform** 한결같은; 제복, 유니폼

V
188. **venerable** 존경할 만한
189. **venture** 모험(하다)
190. **verify** 입증하다
191. **verse** 운문 (↔ prose)

192. **version** 버전, 판
193. **vertical** 수직의
194. **vessel** 그릇, 용기; 배, 선박

W
195. **welfare** 복지
196. **well** 우물; 잘
197. **well-being** 복지, 행복

Y
198. **yearn** 갈망하다

Z
199. **zigzag** 지그재그(의)
200. **zinc** 아연(으로 도금하다)

A

1. **allocate** 할당하다
2. **allot** 할당하다
3. **allowance** 수당, 용돈
4. **allude** 언급하다
5. **allure** 유혹하다
6. **ally** 동맹(하다)
7. **aloof** 멀리 떨어진; 초연한
8. **altar** 제단
9. **alter** 바꾸다
10. **alternative** 대안, 양자택일
11. **altogether** 완전히
12. **amaze** 놀라게 하다
13. **ambiguous** 모호한
14. **ambition** 야망
15. **amend** 수정하다
16. **amount** 양; 총계 (~ 이다)
17. **ample** 광대한; 넉넉한
18. **amuse** 즐겁게 하다

B

19. **bewilder** 당황하게 하다
20. **bias** 편견
21. **bid** 명령하다; 입찰(하다)
22. **biography** 전기
23. **biology** 생물학

C

24. **complex** 복잡한
25. **complicated** 복잡한
26. **component** 구성요소
27. **compose** 구성하다; 작문[작곡]하다; 진정시키다
28. **composition** 구성; 작문, 작곡
29. **composure** 침착, 평정
30. **compound** 합성(하다)
31. **comprehend** 이해하다; 포괄하다
32. **comprehensive** 이해의; 포괄적인
33. **comprise** 구성하다
34. **compromise** 타협(하다)
35. **compulsory** 강제의
36. **conceal** 숨기다
37. **concede** 인정하다; 용인하다; 양보하다
38. **conceit** 자만
39. **conceive** (생각을) 품다; 임신하다
40. **concentrate** 집중하다
41. **concentration** 집중
42. **concept** 개념
43. **conception** 개념; 임신
44. **concerning** ~에 관하여
45. **concise** 간결한

D

46. **destiny** 운명
47. **destitute** 결여한(of)
48. **destroy** 파괴하다 명 destruction 형 destructive
49. **detach** 떼다 (↔ attach)
50. **detail** 세부(내역)
51. **detect** 발견하다; 탐지하다 명 detective 탐정, 형사
52. **determine** 결심시키다; 결정하다
53. **develop** 발전시키다, 개발하다; (사진을) 현상하다
54. **deviation** 이탈, 일탈 동 deviate
55. **device** 장치
56. **devil** 악마
57. **devoid** 결여된(of)
58. **devote** 전념하다, 헌신하다, 바치다
59. **dialect** 방언, 사투리

Book 5

E
60. **entertain** 즐겁게 하다
61. **enthusiasm** 열정
62. **entire** 전체의, 완전한
63. **entitle** 제목을 붙이다; 자격을 부여하다
64. **entity** 실체, 개체
65. **entreat** 간청하다
66. **entrust** 맡기다
67. **environment** 환경
68. **envy** 질투(하다), 부러움
69. **epidemic** 유행병 cf. pandemic 유행병, endemic 풍토병

F
70. **file** 파일; 제출하다
71. **final** 마지막의; 결승전
72. **finance** 재정 형 financial
73. **fine** 좋은; 벌금
74. **finite** 한정된
75. **firm** 단단한; 회사
76. **fit** 꼭 들어맞는; 맞추다; 발작
77. **fix** 고정시키다
78. **flat** 편평한, 납작한

G
79. **glacier** 빙하
80. **glance** 흘긋 바라보다; 흘긋 바라봄
81. **globe** 공; 지구 형 global
82. **gloomy** 우울한

H
83. **heir** 상속인
84. **hell** 지옥
85. **hence** 그래서
86. **heredity** 유전

I
87. **indulge** 만족시키다; 빠지다, 탐닉하다
88. **industry** 산업; 근면
89. **inevitable** 피할 수 없는 (부) inevitably
90. **infant** 유아
91. **infect** 감염시키다
92. **infer** 추론하다
93. **inferior** 열등한
94. **infinite** 무한한
95. **inflict** (고통, 타격을) 가하다
96. **influence** 영향(을 미치다)
97. **inform** 알리다
98. **informal** 비공식적인

J
99. **justice** 정의; 사법, 재판

K
100. **kin** 친척

L
101. **legal** 법적인
102. **legend** 전설
103. **legislation** 입법
104. **legitimate** 적법한

M
105. **medical** 의학의
106. **medieval** 중세의
107. **meditate** 명상하다, 숙고하다
108. **meet** 만나다; 충족시키다
109. **melancholy** 우울(한)
110. **menace** 협박(하다)
111. **mental** 정신의
112. **mention** 언급하다

113. **merchandise** 상품

N
114. **nerve** 신경
115. **net** 그물(로 잡다)
116. **network** 그물망, 네트워크

O
117. **offspring** 자손
118. **omen** 전조, 징조
119. **ongoing** 진행(되는)
120. **operate** 작동하다; 수술하다
121. **opponent** 반대하는; 적, 상대

P
122. **plot** 음모; 줄거리
123. **plow** 쟁기; (쟁기로) 갈다
124. **poison** 독
125. **policy** 정책
126. **polite** 공손한
127. **pollution** 오염
128. **ponder** 숙고하다
129. **poor** 가난한; 서투른
130. **popularity** 인기
131. **portion** 부분
132. **portray** 그리다, 묘사하다
133. **pose** 자세(를 취하다)
134. **positive** 긍정적인; 양수(陽數)의
     (↔ negative)
135. **possess** 소유하다
136. **possibly** 아마도; 어떻게든지; 도저히
137. **posterity** 자손, 후손
138. **postpone** 연기하다
139. **potent** 힘이 센

Q
140. **queer** 이상한 (= quaint, strange)

R
141. **relative** 비교의, 상대적인; 친척
142. **relax** 완화하다, 느슨하게 하다
143. **release** 풀어 놓다; 해방, 석방
144. **relevant** 관련된; 적절한
145. **relic** 유적, 유물
146. **relief** 구원
147. **religion** 종교
148. **relish** 맛, 풍미; 흥미
149. **reluctant** 꺼리는
150. **rely** 의지하다, 신뢰하다 명 reliance
151. **remain** 남다, 머무르다
152. **remark** 주목하다; 말하다
     형 remarkable
153. **remedy** 치료(하다)
154. **remote** 먼, 떨어진

S
155. **solid** 고체(의)
156. **solitude** 고독
157. **solution** 해결, 용해
158. **somebody** 누군가; 대단한 사람
159. **somewhat** 다소, 어느 정도
160. **soothe** 위로하다
161. **sort** 종류; 가려내다, 분류하다
162. **soul** 영혼
163. **sound** 소리(가 나다); 건강한, 건전한
164. **source** 출처, 원천
165. **sovereign** 주권자(의), 군주(의)
166. **space** 공간; 우주
167. **spare** 아끼다; 여분의
168. **specialize** 전공하다(in)

Book 5

169. **species** 종류
170. **specific** 특유한, 구체적인
171. **specify** 상술하다, 구체적으로 열거하다
172. **specimen** 견본, 샘플
173. **spectacle** 광경, 장관 (~s) 안경
174. **speculate** 사색하다, 숙고하다
175. **spell** 철자하다; 주문, 주술
176. **sphere** 구(球); 영역
177. **spirit** 정신

T
178. **throb** 고동(치다)
179. **throne** 왕좌
180. **throng** 군중; 몰리다
181. **tide** 조수, 밀물과 썰물
182. **tidy** 말쑥한, 단정한
183. **tight** 단단한, 빈틈없는
184. **till** ~까지; 경작하다
185. **timber** 목재, 재목
186. **timely** 때에 알맞은, 적시의
187. **timid** 겁 많은, 소심한

U
188. **unify** 통합하다
189. **union** 결합; 조합

V
190. **vex** 짜증나게 하다
191. **via** ~을 경유하여
192. **vice** 악덕
193. **victim** 희생자
194. **victory** 승리

W
195. **whereas** ~인 반면
196. **whimsical** 변덕스러운
197. **wholesome** 건전한, 건강한

Y
198. **yeast** 이스트, 누룩; 발효하다

Z
199. **zip code** 우편번호
200. **zipper** 지퍼

A

1. analogous 유사한
2. analogy 유사, 유추
3. analysis 분석
4. anarchy 무정부(無政府)
5. ancestor 조상
6. ancient 고대의
7. anguish 고통
8. animate 생명을 불어넣다; 살아 있는
9. annihilate 전멸시키다
10. anniversary 기념일
11. annoy 괴롭히다; 귀찮게 하다
12. annual 연간의
13. anticipate 예상하다
14. antique 고대의; 골동품
15. apology 사과, 사죄
16. apparatus 장치
17. apparent 명백한
18. appeal 호소하다
19. appendix 부록; 맹장

B

20. blame 비난하다
21. bless 축복하다
22. bliss 행복
23. blood 피
24. bloom 꽃(이 피다)

C

25. conclusion 결론
26. concrete 구체적인
27. condemn 비난하다; 유죄판결을 내리다; 운명지우다
28. conduct 행위; 지도; 인도하다; 행동하다; 지휘하다
29. confer 수여하다
30. conference 회담, 회의
31. confess 고백하다
32. confidence 자신; 신뢰
33. confine 제한하다, 한정하다
34. confirm 확인하다
35. conflict 갈등, 싸움
36. conform 순응하다, 따르다
37. conformity 유사, 일치; 순응
38. confound 혼동하다
39. confront 직면하다
40. confuse 혼란시키다
41. congratulate 축하하다
42. congress 국회
43. conquest 정복
44. conscience 양심
45. conscious 의식하는

D

46. diameter 지름, 직경
47. dictator 독재자
48. differ 다르다 혱 different 똉 difference
49. diffuse 확산시키다
50. digestion 소화
51. dignity 위엄, 권위
52. dimension 차원; 크기; 치수
53. diminish 감소시키다
54. diplomacy 외교 똉 diplomat 외교관
55. direction 방향
56. disappoint 실망시키다
57. disaster 재난
58. discard 버리다
59. discern 식별하다

Book 6

E
60. **epoch** 시대
61. **equal** 동등한 ⑲ equation 동등; 방정식
62. **equator** 적도
63. **equip** 장비를 갖추다 ⑲ equipment
64. **equivalent** 동등한; 상당하는
65. **erosion** 부식, 침식
66. **erroneous** 잘못된 ⑲ error
67. **essay** 에세이, 수필
68. **essential** 본질적인, 필수적인
69. **establish** 설립하다

F
70. **flatter** 아첨하다
71. **flavor** 맛(을 내다)
72. **flaw** 결점, 결함
73. **flesh** 육체, 살
74. **flexibility** 유연성 ⑱ flexible
75. **flourish** 번영하다
76. **fluctuation** 오르내림
77. **fluent** 유창한
78. **fluid** 유동체

G
79. **glory** 영광
80. **goal** 목표
81. **goods** 물건
82. **gorgeous** 훌륭한, 멋진, 아름다운

H
83. **heritage** 유산
84. **hesitate** 망설이다
85. **hideous** 무서운, 끔찍한 ⑧ hide
86. **hierarchy** 위계, 계급

I
87. **ingenious** 독창적인, 발명의 재주가 있는
88. **inhabit** 살다, 거주하다 cf. inhibit 금지하다
89. **inherent** 타고난
90. **inherit** 물려받다
91. **inhibition** 금지 ⑧ inhibit
92. **initial** 처음의; 머리글자
93. **initiative** 선도, 주도; 독창성 ⑧ initiate
94. **injure** 상처를 입히다 ⑲ injury
95. **innocent** 무죄의; 순수한
96. **innovation** 혁신
97. **innumerable** 셀 수 없는
98. **input** 입력 (↔ output)

J
99. **justification** 정당화 ⑧ justify

K
100. **kind** 친절한; 종류

L
101. **leisure** 여가
102. **lessen** 줄이다
103. **letter** 문자; 편지
104. **levy** 부과(하다)

M
105. **mercy** 자비, 긍휼
106. **merit** 장점; ~받을 만하다(deserve)
107. **method** 방법
108. **metropolis** 수도; 대도시
109. **might** 힘; may의 과거형
110. **migration** 이주, 이동

111. **military** 군대(의)
112. **mine** 나의 것; 광산
113. **mingle** 섞다

N
114. **neutral** 중립의
115. **nevertheless** 그럼에도 불구하고
     (= nonetheless)
116. **nightmare** 악몽

O
117. **opportunity** 기회
118. **oppress** 억압하다
119. **option** 선택
120. **oracle** 신탁(神託)
121. **orator** 연설자

P
122. **potential** 잠재적인; 잠재력, 가능성
123. **poverty** 가난
124. **practical** 실제의, 실용적인
125. **practice** 연습(하다); 실행(하다)
126. **practitioner** 의사; 변호사
127. **prairie** 대초원
128. **praise** 칭찬(하다)
129. **pray** 기도하다 명 prayer [prεər] 기도,
     [preiər] 기도하는 사람
130. **preach** 설교(하다)
131. **precede** 선행하다, 앞서다
132. **precious** 귀중한
133. **precise** 정확한
134. **predecessor** 선배, 전임자
135. **predict** 예언하다
136. **predominant** 우세한 (= dominant)
137. **preface** 서문, 머리말

138. **preferable** 차라리 나은, 바람직한
139. **prejudice** 편견

Q
140. **quit** 끝내다

R
141. **remove** 제거하다
142. **render** 만들다; 표현하다, 번역하다
143. **renounce** 포기하다; 부인하다
144. **renown** 명성
145. **repair** 수리(하다), 고치다
146. **repeat** 반복(하다)
147. **repel** 내쫓다
148. **repent** 후회하다
149. **replace** 대신[대체]하다
150. **repose** 휴식(하다)
151. **represent** 묘사하다, 나타내다;
     대표하다
152. **reproach** 비난(하다)
153. **reproduce** 재생하다; 번식하다
154. **reprove** 꾸짖다
155. **republic** 공화국

S
156. **splendid** 화려한, 멋진
157. **spoil** 망치다
158. **spontaneous** 자발적인
159. **spot** 점; 장소
160. **spring** 봄; 용수철; 샘
161. **spur** 박차(를 가하다)
162. **stability** 안정성
163. **stable** 안정된; 마구간
164. **stage** 무대; 단계
165. **stand** 서다; 키가 ~이다; 참다

166. **standard** 표준(의)
167. **standpoint** 입장, 관점
168. **staple** 주요 산물; 호치키스의 심
169. **stare** 응시하다
170. **starve** 굶주리다
171. **state** 상태; 진술하다
172. **stately** 당당한
173. **statistics** 통계
174. **statue** 상(像), 조상(彫像)
175. **stature** 키, 신장
176. **status** 상태; 지위
177. **steadfast** 확고부동한
178. **steady** 안정된, 흔들리지 않는
179. **steal** 훔치다

T
180. **tiny** 작은
181. **token** 표시, 상징
182. **tolerable** 참을 수 있는 동 tolerate
183. **toll** 통행료; 종을 울리다
184. **tomb** 무덤
185. **tongue** 혀; 언어
186. **tool** 도구
187. **topic** 주제
188. **torment** 고통(을 가하다) (= torture)
189. **touch** 만지다, 접촉하다

U
190. **unique** 유일한, 독특한
191. **universe** 우주

V
192. **view** 전망; 견해; 관점; 바라보다
193. **vigor** 활력
194. **vile** 나쁜, 지독한, 역겨운

195. **violate** 위반하다 명 violation

W
196. **wicked** 사악한
197. **widespread** 널리 퍼진
198. **will** 의지

Y
199. **yell** 고함치다

Z
200. **zodiac** 12궁도

A

1. appetite 식욕
2. applause 박수갈채
3. apply 적용하다; (연고 등을) 바르다
4. appoint 지명하다, 임명하다
5. appreciate 가치를 평가하다
6. apprehend 염려하다; 체포하다; 이해하다
7. approach 접근(하다)
8. appropriate 적절한
9. approve 승인하다
10. approximate 대략적인
11. arbitrary 임의의
12. architecture 건축
13. arctic 북극의
14. ardent 열렬한
15. argue 논쟁하다
16. aristocracy 귀족(정치)
17. arithmetic 산수
18. armament 장비; 무기
19. arrest 체포하다

B

20. blow (바람이) 불다; 강타, 일격
21. boast 자랑하다
22. bold 대담한 cf. bald 대머리의
23. bomb 폭탄
24. bond 유대, 결속

C

25. consent 동의(하다)
26. consequence 결과; 중요성
27. conservative 보수적인
28. consider 고려하다
29. considerable 상당한
30. considerate 이해심 많은; 사려 깊은
31. consistent 일치하는
32. console 위로하다
33. conspicuous 두드러진
34. conspiracy 공모
35. constant 지속적인
36. constitution 구성; 헌법
37. constrain 강요하다; 구속하다
38. constraint 강제; 구속
39. construction 건설; 구성
40. constructive 건설적인; 구조의
41. consult 상담하다; 참고하다
42. consume 소비하다
43. consumer 소비자
44. contact 접촉(하다)
45. contain 포함하다

D

46. discharge 짐을 내리다; 면제하다; 석방[퇴원]시키다
47. disciple 제자, 사도
48. discipline 규율, 훈련
49. disclose 나타내다, 드러내다
50. discourse 담화, 이야기
51. discreet 신중한 명 discretion cf. discrete 분리된
52. discriminate 차별하다
    명 discrimination
53. disdain 경멸(하다)
54. disgrace 불명예
55. disguise 변장(하다)
56. disgust 혐오; 구역질
57. dish 접시; 음식
58. disillusion 환멸(을 느끼게 하다)
59. disinterested 사심 없는; 무관심한

Book 7

E

60. estate 토지; 재산
61. esteem 존경(하다)
62. estimate 추정(하다)
63. eternal 영원한
64. ethical 윤리적인 몡 ethics 윤리학
65. ethnic 인종의, 민족의
66. evaluation 평가
67. event 사건; 결과 튄 eventually 결국
68. evidence 증거
69. evolution 진화; 전개

F

70. focus 초점(을 맞추다)
71. foliage 잎
72. folk 사람들; 대중적인
73. follow 따르다
74. folly 어리석음
75. forbear 삼가다, 참다
76. forbid 금지하다
77. forest 숲
78. forgive 용서하다

G

79. government 정부, 통치
80. grade 등급(을 매기다)
81. gradual 점진적인
82. graduate 졸업하다; 졸업생

H

83. highlight 강조하다
84. hindrance 방해 동 hinder
85. historian 역사가
86. hobby 취미

I

87. inquire 묻다 몡 inquiry
88. insane 미친 (↔ sane)
89. insert 삽입(하다)
90. insight 통찰력
91. insist 주장하다
92. insolent 거만한
93. inspect 조사하다 몡 inspection
94. inspiration 영감(靈感)
95. instance 사례, 경우
96. instinct 본능
97. institute 설립하다, 세우다; 협회, 연구소, 대학 몡 institution
98. instruct 가르치다, 지시하다
    몡 instruction 혱 instructive

J

99. juvenile 청소년(의)

K

100. kindle 불을 붙이다 cf. candle 양초

L

101. liable ~하기 쉬운; 책임이 있는
102. liberal 자유주의의, 진보적인 몡 liberty
103. license 허가, 면허
104. likewise 마찬가지로

M

105. miniature 모형; 소형의
106. minimum 최소 혱 minimal
     동 minimize
107. minister 목사; 장관
108. minority 소수 (민족)
109. minute (시간의) 분; [mainjúːt] 상세한

110. **miracle** 기적
111. **mischief** 해(악); 장난
112. **miser** 구두쇠
113. **misery** 불행, 비참

N
114. **nobody** 누구[아무]도 ~않다
115. **norm** 규범, 기준
116. **normal** 정상의 (↔ abnormal)

O
117. **orbit** 궤도
118. **ordain** 운명을 정하다
119. **order** 명령(하다); 질서, 순서
120. **ordinary** 보통의
121. **organ** (신체의) 기관

P
122. **preliminary** 예비의; 예선전
123. **preoccupy** 먼저 차지하다, 선취하다
124. **prescribe** 규정하다; 처방하다
125. **present** 출석한; 현재(의); 선물(하다); 제시하다
126. **presently** 이내, 곧(soon)
127. **preserve** 보전[보존]하다
128. **press** 누르다
129. **pressure** 압력
130. **presume** 추정하다, 가정하다
     명 presumption
131. **pretend** ~인 체하다
132. **pretty** 예쁜; 꽤, 상당히
133. **prevail** 우세하다, 널리 퍼지다
134. **previous** 이전의
135. **prey** 먹이, 희생양
136. **primary** 첫째의, 으뜸가는 (= prime)

137. **primitive** 원시의
138. **principal** 주요한; 교장
139. **principle** 원리

Q
140. **quote** 인용하다 명 quotation

R
141. **reputation** 명성
142. **require** 필요로 하다
143. **rescue** 구조(하다)
144. **research** 조사(하다)
145. **resemble** 닮다
146. **resent** 분개하다
147. **reserve** 떼어두다; 예약하다; 비축
148. **reside** 살다, 거주하다 형명 resident
149. **resign** 사임하다; 포기하다
150. **resistance** 저항 동 resist
151. **resolute** 결심한 동 resolve
     명 resolution
152. **resort** 의지(하다); 휴양지
153. **resources** 자원
154. **respect** 존경(하다); 관계, 점(point)
155. **respond** 반응하다 명 response

S
156. **steep** 가파른
157. **steer** 조종하다
158. **sterile** 불모의; 불임의; 살균한
159. **stern** 엄격한
160. **stick** 막대기; 찌르다, 내밀다; 고수하다(to)
161. **stiff** 뻣뻣한
162. **stifle** 숨 막히게 하다
163. **stimulus** 자극

Book 7

164. sting 찌르다, 쏘다
165. stir 휘젓다
166. stoop 웅크리다
167. store 가게, 상점; 저장하다
168. stout 단단한
169. straightforward 똑바른; 똑바로
170. strain 긴장시키다
171. strategy 전략
172. strenuous 활발한; 힘을 필요로 하는
173. stress 강조(하다)
174. stretch 뻗치다, 늘이다
175. strict 엄격한
176. stride 걷다, 활보하다
177. strife 투쟁, 싸움
178. strike 치다, 때리다; 파업(을 일으키다)
179. stroll 어슬렁거리며 걷다

T

180. tough 강인한, 질긴; 어려운
181. trace 추적하다; 자취, 흔적
182. tradition 전통 형 traditional
183. traffic 교통
184. tragedy 비극 (↔ comedy)
185. train 기차; 열
186. trait 특성
187. traitor 배반자
188. tranquil 고요한, 평온한
189. transfer 옮기다, 갈아타다

U

190. unprecedented 전례가 없는
191. uphold 지지하다, 떠받치다

V

192. violence 폭력

193. virtually 사실상
194. virtue 미덕
195. visible 보이는, 명백한

W

196. wisdom 지혜
197. withdraw 철회하다; 물러나다
198. wither 시들다

Y

199. yet 이제, 아직; 그러나

Z

200. zone 지역, 지대

A

1. arrogant 오만한
2. article 품목; 기사; 관사
3. artificial 인공적인
4. ascend 오르다
5. ascertain 확인하다
6. ascribe ~의 탓으로 돌리다
7. ashamed 부끄러워하는
8. aspect 양상, 국면
9. aspire 갈망하다
10. assemble 모으다; 모이다
11. assembly 모임, 집회
12. assent 동의(하다)
13. assert 단언하다
14. assessment 평가
15. assign 할당하다
16. assimilate 동화시키다; 흡수하다
17. assist 돕다
18. assistance 도움, 원조
19. associate 연합시키다; 동료, 친구

B

20. bone 뼈
21. bore 지루하게 하다
22. boss 상관
23. botany 식물학 cf. zoology 동물학
24. bother 괴롭히다
25. brave 용감한 명 bravery

C

26. contemplate 명상하다; 숙고하다
27. contemporary 동시대의; 현대의
28. contempt 비난, 경멸
29. contend 다투다; 주장하다
30. contention 싸움, 투쟁
31. contest 경쟁(하다)
32. context 문맥; 환경
33. continent 대륙
34. contract 계약(하다); 수축시키다
35. contradict 부인하다; 모순되다
36. contrary 반대의
37. contrast 대조
38. contribute 공헌하다; 기고하다
    명 contribution
39. contrive 고안하다
40. controversy 논쟁
41. convenience 편리
42. convention 집회; 관습
43. converse 반대의; 이야기하다
44. convert 전환하다
45. convey 나르다
46. convince 확신시키다

D

47. dismal 음울한, 황량한, 우울한
48. dismiss 해고[해산]시키다
49. disorder 무질서
50. dispense 분배하다; 없이 지내다(with)
51. disperse 흩뜨리다
52. displace 위치를 바꾸다; 제거하다
53. display 전시(하다)
54. disposal 처리, 처분 동 dispose
55. dispute 논쟁(하다), 토론(하다)
56. disregard 무시하다, 경시하다
57. dissolve 녹이다
58. distinct 뚜렷한 명 distinction
59. distinguish 구별하다
60. distort 왜곡하다; 비틀다 명 distortion

Book 8

E
61. **exact** 정확한
62. **exaggerate** 과장하다
63. **exceed** 초과하다 명 excess
64. **excel** 능가하다
65. **exchange** 교환하다
66. **exclude** 배제하다, 제외하다
67. **execute** 실행하다
68. **exempt** 면제된
69. **exercise** 운동(하다); 연습(하다)
70. **exert** (힘을) 쓰다, 발휘하다 명 exertion

F
71. **forlorn** 버려진, 고독한
72. **format** 포맷, 형식
73. **formula** 공식
74. **forsake** 버리다
75. **forthcoming** 다가오는
76. **fortitude** 용기, 참을성, 의연함
77. **fortune** 행운; 재산
78. **foster** 기르다, 양육하다
79. **foundation** 기초 동 found

G
80. **grant** 주다, 수여하다
81. **grasp** 붙잡다; 이해하다
82. **gratitude** 감사
83. **grave** 무덤; 무거운, 중대한

H
84. **hold** 잡다; 유지하다; 생각하다
85. **holy** 신성한
86. **homage** 존경
87. **honesty** 정직

I
88. **instrument** 도구
89. **insult** 모욕(하다)
90. **insurance** 보험
91. **integrate** 통합하다, 완전하게 하다
    형 integral 명 integration 통합
92. **integrity** 성실, 완전
93. **intellect** 지성, 지식인
94. **intelligence** 지성, 지능; 정보
95. **intense** 강렬한 명 intensity
96. **intent** 의향; 집중된, 열중하는 동 intend
97. **interact** 상호작용하다 명 interaction
98. **intercourse** 교제
99. **interest** 흥미(를 갖게 하다); 이익, 이자

K
100. **kite** 연

L
101. **limit** 제한(하다)
102. **link** 연결(하다)
103. **literate** 읽고 쓸 수 있는 (↔ illiterate)
104. **literature** 문학
105. **livelihood** 생계, 살림

M
106. **miss** 놓치다; 그리워하다; (호칭) ~양
107. **mix** 혼합(하다) 명 mixture
108. **mob** 폭도 cf. mop 자루걸레(로 닦다)
109. **mock** 조롱(하다); 가짜의
110. **mode** 방식
111. **moderate** 온건한, 적당한
112. **modesty** 겸손
113. **modify** 수정하다
114. **moisture** 습기

N

115. **notable** 유명한, 주목할 만한 동 note
116. **notice** 알아차리다; 주목, 주의
117. **notion** 개념

O

118. **organization** 조직
119. **orientation** 동쪽으로 향하기;
     오리엔테이션
120. **origin** 기원
121. **ornament** 장식(하다)
122. **otherwise** 그렇지 않으면

P

123. **prior** 이전의
124. **priority** 우선순위
125. **private** 사적인
126. **privilege** 특권
127. **prize** 상
128. **procedure** 절차, 순서
129. **proceed** 나아가다
130. **process** 과정; 처리하다
131. **prodigal** 낭비하는, 방탕한
132. **profess** 공언하다
133. **professional** 직업의; 전문적인
134. **proficient** 능숙한
135. **profit** 이익
136. **profound** 심오한
137. **progress** 전진(하다), 진보(하다)
138. **prohibit** 금지하다
139. **project** 계획(하다); 투영하다
140. **prolong** 연장하다, 연기하다

R

141. **responsibility** 책임

142. **rest** 휴식(하다)
143. **restore** 회복하다, 되돌리다
144. **restrain** 제약하다 명 restraint
145. **restrict** 제한하다
146. **resume** 재개하다
147. **retain** 보유하다
148. **retire** 은퇴하다
149. **retort** 말대꾸하다, 반박하다
150. **retreat** 물러나다; 퇴각
151. **reveal** 드러내다
152. **revenge** 복수(하다)
153. **revenue** 소득, 수입
154. **reverence** 존경
155. **reverse** 거꾸로 하다; 반대의; 역
156. **review** 복습(하다); 재검토(하다)

S

157. **structure** 구조
158. **struggle** 발버둥(치다), 노력(하다)
159. **stubborn** 완고한, 고집 센
160. **study** 공부(하다), 연구(하다); 서재
161. **stuff** 재료; 자료; 물건
162. **stumble** 넘어지다, 비틀거리다
163. **stupid** 어리석은
164. **style** 문체, 양식, 스타일
165. **subdue** 정복하다
166. **subject** 주제; 과목; 백성, 신하
167. **subjective** 주관적인 (↔ objective)
168. **sublime** 장대한, 웅장한
169. **submit** 제출하다; 복종하다
170. **subordinate** 종속하는; 종속시키다
171. **subscribe** 서명하고 승낙하다;
     정기구독하다
172. **subsequent** 뒤의, 계속하는
173. **subside** 가라앉다

174. **subsidiary** 보조의, 부차적인; 자회사
175. **substance** 물질
176. **substitute** 대체하다 명 substitution
177. **subtle** 미묘한
178. **suburb** 교외
179. **succession** 연속, 계승 형 successive
180. **sufficient** 충분한

T

181. **transform** 변형시키다
    명 transformation
182. **transient** 일시적인
183. **transit** 통과(하다)
184. **transition** 변이, 변천
185. **transmit** 보내다 명 transmission
186. **transparent** 투명한
187. **transport** 수송하다
188. **trap** 덫(으로 잡다)
189. **treachery** 배반 (= treason)
190. **treasure** 보물; 소중히 여기다

U

191. **upright** 똑바로 선
192. **upset** 뒤집어엎다, 당황시키다

V

193. **vision** 시력; 비전
194. **visual** 시각의
195. **vital** 생명의
196. **vivid** 생생한

W

197. **withhold** 억누르다
198. **within** ~의 안에; 내부
199. **withstand** 저항하다, 견디다

Y

200. **yield** 생산하다; 양보하다

A

1. assume 떠맡다; 가정하다
2. assure 보증하다
3. astonish 놀라게 하다
4. astound 놀라게 하다
5. astray 길을 잃은
6. astronomy 천문학
7. athletic 운동의
8. atmosphere 대기; 분위기
9. atom 원자
10. attach 붙이다
11. attain 얻다, 획득하다
12. attempt 시도(하다)
13. attitude 태도
14. attract 끌어당기다, 매혹하다
15. attribute ~의 탓으로 돌리다

B

16. break 깨다, 부수다
17. bribe 뇌물
18. brief 간결한
19. bright 빛나는; 영리한
20. brilliant 빛나는; 영리한
21. brisk 활발한
22. broadcast 방송하다

C

23. cooperate 협력하다 형 cooperative
24. coordinate 대등의; 조화시키다
25. cope 대처하다(with)
26. cordial 충심의, 진심어린
27. core 핵심
28. corporate 회사의 명 corporation
29. correspond 상응하다; 서신왕래하다
    형 corresponding

30. corrupt 부패한; 부패시키다
31. cost 비용, 가격; ~의 비용이 들다
32. cottage 오두막
33. counsel 조언(하다)
34. count 세다
35. countenance 용모, 생김새
36. couple 둘, 쌍, 커플
37. courage 용기
38. courtesy 예의
39. cover 덮다; 뉴스로 보도하다
40. coward 겁쟁이
41. cowardice 겁
42. cradle 요람
43. craft 기술; 항공기, 선박
44. crash 충돌(하다)

D

45. distress 고통[고민]; 괴롭히다
46. distribute 분배하다 명 distribution
47. district 지역
48. disturb 방해하다, 막다; 교란하다
49. diverse 다양한 명 diversity
50. divide 나누다
51. divine 신(神)(의)
52. doctrine 교의, 교리, 주의
53. document 문서, 서류
54. domain 영토, 영역
55. domestic 국내의; 가정의
56. dominant 지배의 동 dominate
57. donation 기부
58. doom 운명(을 지우다)

E

59. exhaust 다써버리다; 배기가스
60. exhibit 보여주다, 전시하다

Book 9

61. **exist** 존재하다 ⑱ existence
62. **exotic** 이국적인
63. **expansion** 팽창 ⑧ expand
64. **expedition** 탐험
65. **expense** 지출, 비용
66. **experiment** 실험(하다)
67. **expert** 전문가
68. **explain** 설명하다 ⑱ explanation
69. **explicit** 명백한
70. **explode** 폭발하다

F
71. **frame** 틀(을 짜다)
72. **framework** 뼈대, 틀
73. **frank** 솔직한
74. **free** 자유로운; 공짜의
75. **friction** 마찰
76. **fright** 공포 cf. freight [freit] 화물
77. **frivolous** 경박한
78. **frugal** 검소한
79. **frustration** 좌절, 욕구불만
80. **fuel** 연료(를 공급하다)

G
81. **gravitation** 중력, 인력
82. **gravity** 무게감, 중요성; 중력
83. **greed** 탐욕
84. **greet** 인사하다
85. **grief** 슬픔
86. **ground** 땅, 운동장; 근거

H
87. **horizon** 수평선, 지평선
88. **horror** 공포
89. **hospitality** 친절, 환대
90. **hostility** 적개심
91. **huge** 거대한

I
92. **interfere** 간섭하다, 방해하다
93. **intermediate** 중간(의)
94. **internal** 내부의 (↔ external)
95. **interpret** 해석하다 ⑱ interpretation
96. **interrupt** 가로막다; 방해하다
97. **interval** 간격
98. **intervention** 중재; 간섭 ⑧ intervene
99. **intimate** 친한
100. **intoxicate** 취하게 하다; 중독 시키다
101. **intricate** 복잡한
102. **intrinsic** 본질적인, 내재적인
103. **introduce** 소개하다

K
104. **kitten** 새끼 고양이 (= kitty)

L
105. **local** 지역의
106. **location** 장소, 위치
107. **lofty** 높은; 고상한
108. **logic** 논리
109. **lonely** 외로운
110. **long** (길이가) 긴; 갈망하다(for)

M
111. **mold** 형(型), 틀(에 넣어 만들다)
112. **monitor** 감시하다
113. **monopoly** 독점
114. **monotony** 단조로움
115. **monument** 기념비
116. **moral** 도덕의

117. **mortal** 죽을 운명의
118. **motivation** 동기 부여, 자극
119. **motive** 동기
120. **mourn** 애도하다

N
121. **notorious** 악명 높은
122. **notwithstanding** ~에도 불구하고; 그럼에도 불구하고
123. **nourish** 자양분을 주다
124. **novel** 소설; 새로운

O
125. **outcome** 결과
126. **outlook** 조망, 전망
127. **output** 산출 (↔ input)
128. **outstanding** 눈에 띄는
129. **overall** 전체적인
130. **overcome** 극복하다

P
131. **prominent** 현저한; 저명한
132. **promise** 약속(하다)
133. **promote** 촉진시키다; 승진시키다
134. **prompt** 신속한
135. **prone** ~하기 쉬운, 경향이 있는
136. **proof** 증거
137. **propaganda** (주의, 믿음의) 선전
138. **proper** 적당한; 고유의
139. **property** 재산; 특성
140. **prophecy** 예언 동 prophesy
141. **proportion** 비율; 몫
142. **proposal** 제안 동 propose
143. **proposition** 제안; 명제
144. **propriety** 적절성

145. **prose** 산문 (↔ verse)
146. **prosecute** 수행하다; 기소하다
　　명 prosecution

R
147. **revise** 수정하다 명 revision
148. **revival** 부활, 소생 동 revive
149. **revolt** 반란(을 일으키다)
150. **revolution** 혁명; 회전
151. **revolve** 회전하다
152. **reward** 보답(하다)
153. **riddle** 수수께끼; 벌집(구멍투성이)을 만들다
154. **ridicule** 비웃음; 비웃다, 조롱하다
155. **right** 옳은; 오른쪽의; 직각의
156. **righteous** 올바른, 정당한
157. **rigid** 엄격한
158. **riot** 폭동(을 일으키다)
159. **ripe** 익은

S
160. **suggest** 제안하다, 암시하다
161. **sullen** 무뚝뚝한
162. **sum** 총계; 금액
163. **summary** 요약 동 summarize
164. **summit** 정상, 꼭대기
165. **summon** 호출하다
166. **superficial** 표면의, 피상적인
167. **superfluous** 남는, 여분의
168. **superstition** 미신
169. **supplement** 보충(하다)
　　형 supplementary
170. **supply** 공급하다
171. **support** 지지(하다), 원조(하다), 부양(하다)

172. **suppress** 누르다, 억압하다
173. **supreme** 최고의
174. **surface** 표면
175. **surmount** 오르다
176. **surpass** 초월하다, 능가하다
177. **surplus** 잉여, 나머지

T

178. **treat** 대접하다; 다루다
179. **treaty** 조약, 협상
180. **tremble** 떨다; 떨림
181. **tremendous** 무시무시한, 거대한
182. **trend** 경향
183. **trespass** 침입(하다)
184. **trial** 시도; 시련; 재판
185. **tribe** 부족, 종족
186. **trick** 묘기; 재주; 속임수
187. **trifle** 하찮은 것
188. **trigger** 방아쇠(를 당기다)
189. **trim** 다듬다

U

190. **urge** 재촉하다; 충동
191. **usage** 쓰임새, 용법
192. **usher** 안내인; 안내하다

V

193. **vocation** 직업
194. **vogue** 유행
195. **volume** (책의) 권; 양; 음량
196. **voluntary** 자발적인

W

197. **witness** 목격(하다), 목격자; 증언(하다)
198. **worry** 걱정(하다)
199. **worship** 숭배(하다); 예배

Z

200. **zoo** 동물원

A

1. audience 관객
2. author 작가
3. authority 권위
4. automatic 자동의
5. avail 이용하다
6. available 이용 가능한
7. avenge 복수하다
8. average 평균(의)
9. aviation 비행 cf. navigation 항해
10. avoid 피하다
11. award 수여하다; 상
12. aware 인식하고 있는
13. awe 경외, 두려움
14. awkward 서투른

B

15. bronze 청동
16. brute 짐승
17. budget 예산
18. bulk 크기
19. burden 짐(을 지우다)
20. burst 파열(하다)
21. but 그러나; 단지(only); ~을 제외하고

C

22. create 창조하다
23. creature 피조물, 생명체
24. credit 신용
25. credulous 쉽사리 믿는
26. creed 교의, 신조, 강령
27. crime 범죄
28. crisis 위기
29. criteria 기준 ※ 단수형은 criterion
30. criticism 비평, 비판
31. crop 농작물
32. crucial 결정적인, 중요한
33. crude 가공하지 않은; 조잡한, 거친
34. cruel 잔인한 명 cruelty
35. crust 껍질; 지각(地殼)
36. cultivate 경작하다
37. culture 문화 형 cultural
38. curable 치료할 수 있는 (↔ incurable)
    동 cure
39. curiosity 호기심
40. currency 통용; 통화, 화폐
41. current 통용의; 현재의
42. curse 저주(하다)
43. cycle 순환, 주기

D

44. draft 초안, 초고; 징병; (기체, 액체의)
    한 모금
45. dramatic 극적인
46. drastic 격렬한; 극단적인
47. draw 끌다; 그리다
48. dread 두려워하다; 공포
49. dreary 황량한; 울적한
50. drought 가뭄
51. due (하기로 한) 날짜가 된; 응당 돌려져야
    할, 적당한
52. dumb 말을 못하는
53. durable 내구성이 있는 명 duration
    내구성, 지속
54. duty 의무; 관세
55. dwell 살다; 곰곰이 생각하다(on)
56. dynamic 역동적인

E

57. exploit 이용하다; 착취하다

Book 10

명 exploitation
58. **explore** 탐험하다
59. **export** 수출(하다) (↔ import)
60. **expose** 노출시키다 명 exposure
61. **expression** 표현
62. **exquisite** 수준 높은; 멋진
63. **extend** 확장하다 명 extension
64. **extent** 범위, 정도
65. **external** 외부의
66. **extinguish** (빛, 불 등을) 끄다
67. **extract** 추출(하다)
68. **extravagant** 낭비하는
69. **extreme** 극단적인

F
70. **fulfill** 이행하다
71. **function** 기능(을 하다)
72. **fund** 기금, 자금
73. **fundamental** 근본적인
74. **funeral** 장례식(의)
75. **furnish** 공급하다, 설비를 갖추다
76. **furniture** 가구
77. **furthermore** 게다가, 더구나
78. **fury** 분노, 격노
79. **futile** 쓸데없는, 무익한

G
80. **growth** 성장
81. **grudge** 원한(을 품다); 싫어하다
82. **grumble** 불평하다
83. **guarantee** 보증(하다)
84. **guard** 보호(하다)
85. **guilty** 유죄의

H
86. **humble** 비천한; 겸손한
87. **humiliation** 굴욕 동 humiliate
88. **hygienic** 위생의 명 hygiene
89. **hypocrisy** 위선
90. **hypothesis** 가설

I
91. **intrude** 밀어넣다; 침입하다 (↔ extrude 밀어내다)
92. **invade** 침입하다
93. **invalid** [ínvəlid] 무효한 (↔ valid); 병자
94. **invert** 거꾸로 하다
95. **invest** 투자하다 명 investment
96. **investigate** 조사하다 명 investigation
97. **invoke** 기원하다, 신(神)을 부르다; 호소하다
98. **involve** 말려들게 하다; 포함하다, 수반하다
99. **irresistible** 저항할 수 없는 (↔ resistible)
100. **irritate** 짜증나게 하다
101. **isolate** 격리하다
102. **issue** 발행하다, 생기다; 논쟁
103. **item** 항목, 품목

K
104. **kneel** 무릎을 꿇다 명 knee

L
105. **lose** 잃다
106. **lot** 제비; 운명; 많음
107. **loyal** 충실한
108. **lung** 폐, 허파

109. **lure** 유혹(하다)
110. **lurk** 숨다, 잠복하다
111. **luxury** 사치(품)

M
112. **move** 움직이다; 감동시키다
113. **multiply** 증가시키다; 곱하다
114. **multitude** 다수; 군중
115. **muscle** 근육
116. **muse** 명상하다; (M~) 학문, 예술의 여신
117. **mutual** 상호의
118. **myriad** 무수(한)
119. **mystery** 신비
120. **myth** 신화

N
121. **nuclear** 핵의; 핵무기
122. **nuisance** 성가신 일, 짜증나는 것
123. **numerous** 다수의
124. **nutrition** 영양

O
125. **overlap** 중복(하다)
126. **overlook** 내려다보다; 간과하다
127. **overseas** 해외로
128. **overtake** 따라잡다
129. **owe** 빚지다, 신세지다
130. **own** 자기 자신의; 소유하다

P
131. **prospect** 전망
132. **prosper** 번영하다 명 prosperity
    형 prosperous
133. **protect** 보호하다
134. **provide** 공급하다 명 provision

135. **providence** 섭리; 하나님
136. **provoke** 일으키다; 화나게 하다
137. **prudent** 신중한 (↔ imprudent)
138. **psychology** 심리학
139. **publish** 출판하다, 발표하다
    명 publication
140. **pulse** 맥박; 진동
141. **punctual** 시간을 지키는
142. **punish** 처벌하다
143. **purchase** 구매(하다)
144. **pure** 순수한
145. **purpose** 목적
146. **pursue** 추구하다
147. **puzzle** 수수께끼; 당황하게 하다

R
148. **risk** 위험(을 무릅쓰다)
149. **robust** 강건한
150. **role** 역할
151. **route** 길, 통로
152. **routine** 판에 박힌 일상
153. **royal** 왕(족)의
154. **rude** 무례한
155. **ruin** 망치다
156. **rumor** 소문
157. **run** 달리다; 운영하다
158. **rural** 시골의
159. **ruthless** 무자비한

S
160. **surrender** 항복(하다)
161. **surround** 둘러싸다
162. **survey** 조사
163. **survive** 살아남다
164. **suspect** 의심하다; 용의자

Book 10

165. **suspend** 매달다; 중지하다
166. **sustain** 떠받치다
167. **sustainable** 지속가능한
168. **swear** 맹세하다; 욕하다
169. **swell** 부풀다
170. **swift** 빠른
171. **sword** 검, 칼
172. **symbol** 상징 형 symbolic
173. **symmetry** 좌우 대칭
174. **sympathy** 동정; 공감
175. **symptom** 증상
176. **system** 시스템, 체계

T

177. **triumph** 승리
178. **trivial** 사소한
179. **tropical** 열대의
180. **truce** 정전, 휴전
181. **trustworthy** 신뢰할만한
182. **trying** 괴로운
183. **tumult** 소동, 소란
184. **turn** 회전(시키다)
185. **twilight** 땅거미, 황혼
186. **typical** 전형적인
187. **tyranny** 전제정치

U

188. **utility** 유용성; (전기, 가스, 수도) 요금
189. **utilize** 이용하다
190. **utmost** 최대한도(의)
191. **utter** 말하다; 완전한

V

192. **vote** 투표(하다)
193. **vouch** 보증하다

194. **vow** 맹세(하다)
195. **vulgar** 천한, 저속한

W

196. **worth** 가치(가 있는)
197. **wrap** 싸다, 포장하다
198. **wretched** 가련한, 불쌍한

Y

199. **yoke** 멍에(를 지우다)

Z

200. **zoology** 동물학 cf. botany 식물학